国家社会科学基金重大项目

20世纪以来乡贤文化的影像传播

周凯 邱其濛 黄一斓 谷鹏 著

江蘇鳳凰教育出版社

图书在版编目(CIP)数据

20世纪以来乡贤文化的影像传播/周凯，邱其濛等著. —
南京：江苏凤凰教育出版社，2023.12
ISBN 978-7-5743-0791-9

Ⅰ.①2… Ⅱ.①周… ②邱… Ⅲ.①农村文化—视听传播—研究—中国—20世纪 Ⅳ.①G12

中国国家版本馆CIP数据核字(2023)第252882号

书　　名	**20世纪以来乡贤文化的影像传播**
著　　者	周　凯　邱其濛　黄一斓　谷　鹏
策　　划	章俊弟
统　　筹	李明非　周敬芝
责任编辑	薛　柏
责任监制	石贤权
装帧设计	夏晓烨
出版发行	江苏凤凰教育出版社(南京市湖南路1号A楼　邮编210009)
苏教网址	http://www.1088.com.cn
照　　排	南京前锦排版服务有限公司
印　　刷	南京爱德印刷有限公司(电话:025-57928000)
厂　　址	南京市江宁区东善桥秣周中路99号
开　　本	787毫米×1092毫米　1/16
印　　张	15.25
版　　次	2023年12月第1版 2023年12月第1次印刷
书　　号	ISBN 978-7-5743-0791-9
定　　价	98.00元
网店地址	http://jsfhjycbs.tmall.com
公 众 号	苏教服务(微信号:jsfhjyfw)
邮购电话	025-85406265，025-85400774
盗版举报	025-83658579

序言

乡贤文化是植根于中国传统乡村社会的一种特有的文化现象。它在中国社会的稳定和中华文明的传承上发挥了重要作用,助力于农村建设、民生改善、农业生产等事业。源远流长的中华农耕文明孕育了诗书传家、造福桑梓、回馈乡村、凝聚人心、引领价值的乡贤文化,也造就了一批乡贤人才和沿用至今的乡贤事业。乡贤一般指传统乡村中德高望重、才能出众,并借此获得村民们普遍敬重和好评的贤达人士。他们以美德和才能造福家乡,为中国乡村的社会伦理和精神文明建设贡献智慧和力量,被当世和后人爱戴与赞赏。乡贤文化在我国源远流长,深深扎根于传统文化之中,是我国社会发展的重要推动力量。作为中华优秀传统文化的组成部分、传统农耕文明的现代延续,乡贤文化对于当下我国坚定文化自信自强与全面推进乡村振兴有着直接的借鉴价值。

从本体性维度看,乡贤通常是儒家伦理精神的秉承者,他们从社会整体利益、根本利益和长远利益的高度出发,较为公平地争取村民们的利益诉求,通过自己的影响力和威信开展立己达人的道德教育和文明建设工作。作为一种在乡村教育、村庄治理和乡村建设中引导和督促他人“见贤思齐”的伦理文化,乡贤文化崇尚美德和善良,以“先进性”引领“广泛性”,使“广泛性”走向“先进性”。它以弘扬和践行传统民族美德为基本价值追求,注重“化理为德”,从实践中总结丰富的道德生活经验,以引领乡村社会文明建设。

从历时性维度看,中国的乡贤文化可以追溯到虞舜时期。《史记·五帝本纪》记载:“舜耕历山,历山之人皆让畔;渔雷泽,雷泽之人皆让居;陶河滨,河滨器皆不苦窳。一年而所居成聚,二年成邑,三年成都。”到了汉代,乡里间形成了敬老贤德的伦理风尚,乡贤实际上是乡村社会精神文化的带头人,带头维护乡里社会治安，服务于乡里社会的文化、风俗习惯培养和道德文明建设，乡贤概念逐渐明晰。据清代梁章钜在《称谓录》中的记载，乡贤的概念最早可见于东汉末年，“东海孔融为北海相，以甄士然祀于社。此称乡贤之始。”唐朝《史通·内篇·杂述》记述道：“郡书者，矜其乡贤，美其邦族。”北宋吕大临兄弟作为关学创始人张载的弟子，致力于乡村伦理文明建设，他们在践行儒家伦理文化的同时，也重视当地的风土人情和社会文明，他们订立乡约，要求乡民“德业相劝”“过失相规”“礼俗相交”“患难相恤”。明清以来，大凡州、县都建有乡贤祠以赞誉其教化乡民的贤德功绩。到了清代，不仅一些村庄建了乡贤祠，而且乡贤也被列入了方志。

从共时性维度看，纵观中华文明，乡村始终是中国发展的沃土，不论是物质财富的增加，还是社会科技的发展、精神文化的积淀，始终都与乡村保持着密切联系。以“乡风文明”“地域文化”“民风民俗”等要素构成的“乡村文化”，是乡村振兴的核心要义与战略要求，是乡村振兴之“魂”，在一定程度上决定了我国乡村振兴当下的建设质量、未来的发展方向。因此，如何振兴乡村文化、建设什么样的乡村文化成为当前乡村振兴发展的关键问题，并对乡村产业、乡村人才、乡村教育等内容产生重要影响。与此同时，乡村文化的发展也与“讲好中国故事、传播好中国声音”“中华优秀传统文化创造性转化、创新性发展”等国家层面的命题密切相关。一方面，在推进中华民族伟大复兴历史进程中，尤其是文化自信建设过程中，乡村文化愈加发挥重要作用。作为中华文明之根，乡村文化既滋养了我国优秀传统文化，又孕育了现代文化，还拥有最为广泛的群众基础，能够凝聚最为深厚的情感认同、最为坚定的情感归属、最为广泛的文化自信。另一方面，在中国共产党的领导下，在现代科学技术、文化教育、产业体系、金融资金等社会要素的反哺下，乡村文化更具开放性、能动性与包容性，能被更多主体所继承和共享，也成为社会生产与再生产的重要资料，在文旅融合、现代农业体系构建、具有中国特色话语体系建构等方面，发挥积极作用。

因此，乡村文化的振兴既要统筹兼顾，又要针对突破，既要着眼于乡村振兴的实际需要，又要服务于国家宏观战略规划，既要有理论层面的前瞻性学理研究，又要有实践层面的针对性应用。乡贤文化，正是贯穿其中的复合要素，而乡贤则是乡村文化振兴的重要组成部分与实际参与者、带动者，为乡村振兴、社会经济发展，为我国优秀传统文化科学保护、活态传承与充分利用作出积极贡献。

乡贤既指某一个个体，也泛指一个群体，是由一人或多人组成的植根于乡村沃土的社会力量。纵然时代不同、地域文化各有千秋，对于乡贤的认同标准仍然具有一定的普遍性，即乡贤都是在乡里德行高尚，得到公众肯定，且对乡里公共事业有所贡献的人。有学者认为，乡贤有四个判别要素：一是地域性身份要素，即本土本乡之人；二是品德要素，即拥有为同时代人所仰慕的道德品格；三是能力要素，即有出众的才干或学问；四是声望要素，即受到乡人的推崇和赞誉，享有崇高的声誉。

我国乡村发展一度面临着“文化萧条”“人才流失”“产业落后”等问题。近年来，为了能有效改善这种现象，新乡贤这一群体频频出现在人们的视野范围内。具体而言，新乡贤主要指农村优秀基层干部、道德模范、“身边好人”等先进典型。新乡贤概念诞生于对传统文化科学保护、活态传承与充分应用的新历史阶段，最早可见于2008年的《绍兴晚报》。2014年，《光明日报》推出“新乡贤新乡村”系列报道。随后在2015—2017年的中央一号文件里，新乡贤在有关乡村文化建设的论述中出现；在2018年的中央一号文件里，新乡贤在有关深化村民自治实践的论述中出现。自此，新乡贤这一概念正式被引入乡村治理层面。人才培养是乡村振兴、持续发展的原动力之一。2020年党的十九届五中全会提出要“振兴乡村人才”。2021年的中央一号文件中提到高素质农民的重要性，同年出台的《关于加快推进乡村人才振兴的意见》中明确指出要注重乡村治理人才的培养。新乡贤作为衔接国家和乡村的人才，是促进乡村振兴进程的重要力量。以上这些政策文件的颁布，都一再强调了新乡贤在乡村振兴中的重要性。

2015年，中共中央、国务院发布《关于加大改革创新力度加快农业现代化建设的若干意见》，提出：“创新乡贤文化，弘扬善行义举，以乡情乡愁为纽带吸引和凝聚各方人士支持家乡建设，传承乡村文明。”此后，2016年的中央一号文件、2017年的中央一号文件以及《中华人民共和国国民经济和社会发展第十三个五年规划纲要》等都提到了“乡贤文化”的有关内容。党的十九大报告指出“推动中华优秀传统文化创造性转化、创新性发展”。2018年，《中共中央国务院关于实施乡村振兴战略的意见》发布，其中第六个方面“加强农村基层基础工作，构建乡村治理新体系”提到了“积极发挥新乡贤作用”，将新乡贤定位为社会治理参与者。《乡村振兴战略规划（2018—2022年）》提到要弘扬中华优秀传统文化，其中就包括乡贤文化。加强对乡贤文化的深入挖掘和创新发展，对于推进乡村振兴具有重要的时代价值。与此同时，学界也对新乡贤的概念内涵及其外延进行了深入探讨。学者普遍认为，新乡贤是指以自己的经验、知识、专长、技能、财富、文化修养服务和参与社会主义新农村建设及治理的乡村精英。新乡贤成长于乡土、奉献于乡里，在乡村邻里间威望高、口碑好，能够担当农民和政府沟通桥梁，协助政府治理乡村。随着社会各界对于新乡贤认识的不断深化，后者在乡村振兴战略中的作用和意义也呈现出更加多元化的形式。

乡贤文化对乡村发展意义重大。其一，乡贤文化是乡村产业振兴的重要引领。《国务院关于促进乡村产业振兴的指导意见》特别指出，要“更好彰显地域特色、承载乡村价值、体现乡土气息”。乡贤文化是乡土文化的构成要素与精髓所在，是与时俱进、着眼发展的活态要素。新乡贤作为当前乡贤文化的具体承载者，是乡村文化创造性转化与创新性发展、产业振兴的促进者，城乡要素高效流通的牵线者。他们为激活广大乡村的内生动力发挥积极作用。其二，乡贤文化是乡村人才振兴的重要支撑。在当下乡村发展过程中，随着政策落地、资金支持、技术引进，更需要针对人才统筹，尤其是结合乡村发展实际，善加利用不同资源。在此情况下，加强乡贤文化建设，营造良好的人才培养生态，是推动乡村振兴的重要一环。不论是吸引年轻一代回乡创业，还是探索“告老还乡”制度，都需要激活乡贤文化，从而提升新乡贤的归属感、参与感与成就感。其三，乡贤文化是乡村文化振兴的重要内容。当前我国社会的主要矛盾已经转化为人民日益增长的美好生活需要和不平衡不充分的发展之间的矛盾。乡贤文化作为乡村特色文化的有机构成，可以成为我国精神文化建设的资源库，有助于我国多元、开放的文化生态构建，也为文化产业发展提供素材。其四，乡贤文化是乡村生态振兴的重要因素。中国自古追求人与自然的和谐共处，在现代化发展进程中，乡村成为沟通人与自然、传统与现代的重要场域。有学者将生态要素划分为社会经济、生态和文化三个维度，在此系统中，生态与文化要素融通，成为乡村发展的“一体两翼”。乡贤是乡村生态发展的倡导者，乡贤对生态建设的认知水平高于普通村民，乡贤对乡村生态建设的追求可以引导村民发挥创造力，遵循自然规律，探寻村庄的整体循环发展路径，实现乡村生态发展。因此，乡贤文化的普及有助于提升乡村居民的环保意识。其五，乡贤文化是乡村组织振兴的重要力量。无论是沈从文笔下的湘西世界，还是陈忠实笔下的白鹿原，都能见到乡村的“自治”，而乡贤作为乡村的精神领袖，是乡村管理的主力。当前，乡贤中一部分人员转变为村两委干部，直接参与乡村管理，另一部分人员独立于村两委之外，积极参与村里各项事务，成为民事民议、民事民管、民事民办的村民自治的重要力量。在以乡贤文化为纽带的乡村发展体系中，乡贤既是实际工作者，又是智库储备人才，积极优化了我国乡村治理体系。如何将乡贤文化有机融入乡村建设、社会发展，如何提升大众对乡贤文化的认可，成为不同历史时期人们思考的内容，影像传播成为被考虑的路径之一。

在“前影像”时代，纸媒是乡贤文化传播的主要载体，乡贤文化主要承载在乡贤文学中，并以报刊和书籍为主要介质进行传播。比如，鲁迅创作的《阿Q正传》《祝福》等作品，都采用了小说的形式。新中国成立后，随着社会转型，周立波的《山乡巨变》等小说作品应运而生。乡村文学随着时代的变迁，不断地发生着变革。乡贤作为乡村文学中的一个重要形象，在公众的视野中展现得淋漓尽致。改革开放以来，技术创新的日益进步带来了乡贤文学传播媒介的变革。这种变革不是新媒体取代传统媒体，而是传统的文学传播形式被新媒体改造并与其融合成新的传播形式，二者共存，使受众的接受体验更丰富、更便捷。典型的乡贤文学作品如《白鹿原》。1992年至1993年，作家陈忠实在《当代》杂志上发表了该作品，使乡贤文化和乡贤文学通过传统的纸质媒体进入大众传播领域；1993年6月，《白鹿原》发行了单行本，进一步扩大了小说的传播范围；2012年，电影《白鹿原》在全国范围内正式发行，其故事内容转化为生动的影像语言，并且使乡贤文化与商业深度融合；2017年，电视连续剧《白鹿原》播出，电视媒介覆盖了更大的观众群体。通过网络新媒体的话题发酵，观众对于乡贤文化和乡土题材影视作品的讨论热潮再度掀起。泛娱乐化和市场化的环境改变了文学传播的内容和形式，推动文学向大众化、草根化的方向发展。令人担忧的是，科技变革带来强烈的感官冲击和新奇体验，使文化消费的娱乐功能不断扩大，文学的内容和形式因此变化。人人都能写作，“把关人”的角色被弱化，乡贤文化传播的熏陶功能逐渐淡化。

自1905年中国第一部电影《定军山》问世以来，始于动荡时代的中国电影开始走上了探索民族化、个性化发展的道路。中国电影走过了第一代、第二代导演历练的荆棘道路，最终诞生了一大批具有中国特色的现实主义作品。在20世纪的中国电影中，乡贤形象在现实主义和启蒙精神的视野下得到了一定程度的积极呈现。虽然他们的形象并不清晰，登场的机会也不多，却隐隐勾勒出中国传统社会的衰落和变迁，特别是中国乡村社会的艰难转型，展现了乡贤文化的曲折变迁。改革开放后，随着城市化进程的加快和农村经济文化的转型，乡贤作为历史文化形象再次进入人们的视野。20世纪八九十年代影视作品中的乡村叙事，尤其是乡贤形象的重建，经历了历史转折引致的困惑、反思、重建和涅槃，呈现出中国社会、城市的变迁。影像中城市和乡村、现代和传统的激烈碰撞，反映出乡村社会现代化的复杂性和艰巨性。随着乡村社会文明建设和发展的进一步深入，乡土题材影视作品的创作逐渐摆脱20世纪90年代中后期低迷沉寂的状态，这不仅是国家乡村发展政策的视听表达，也是乡村转型的现实影像记录。进入21世纪以来，影视创作紧跟时代脉搏，聚焦时代特征，以新乡贤为主要形象载体，承载和建构新型的乡贤文化，在题材选择、人物塑造、艺术表现和叙事风格等方面进行时代革新。但近年来，乡土题材电影也面临着发行渠道不畅、票房较为低下、人才队伍缺乏等诸多挑战。

在网络化社会、网络传播的大背景下，县市区域性媒体报道的重要内容之一便是乡贤。乡贤的根在家乡，他们的魂在家乡。他们从一个地方出发，最终会回到这里。其中突出的人物楷模是一个地方引以为傲的文化宣传教材。传统主流媒体充分发挥媒体优势，利用多媒体手段，以继承和创新乡贤文化、培育社会主义核心价值观为重要内容，引发社会各界的广泛关注，取得良好的传播效果。一是梳理典型报道和理论，挖掘乡村文化宣传的深度。乡贤文化宣传既要注重发现典型，以小见大、扩大影响，又要注重从理论层面进行梳理，继承、改造和创新传统乡贤文化。在媒体笔下或镜头中，更多的老百姓用自己的辛勤劳动来展示草根的力量，这些精彩动人的故事引起周边广泛的共鸣，成为当地乡民家庭教育的活生生的样本。二是将传统媒体与新兴媒体相结合，创新乡贤美德文化宣传手段，扩大乡贤文化的覆盖面。主流媒体在利用采编优势做好乡贤文化原创内容制作的同时，也利用自身的技术和渠道优势，提升宣传活动的传播力和影响力。

利用影视化手段传播乡贤文化，主要出于以下三方面的考虑。其一，着眼乡村社会关系对血缘、亲缘、族缘的维系。乡贤文化是一种必要的价值寻根，也是乡村发展的内生动力。无论传统的乡贤形象还是新乡贤形象，都是传统文化中具有传承价值的珍贵的历史文化资源，寄托着人们对传统美德和乡村文化振兴的期待，这也说明了当下乡贤文化有利于建设更好的社会秩序和文明。中国电影应该承担起文化传承的责任，从历史中汲取营养，理清中国电影与乡贤文化的关系，迸发出鲜活的创作灵感，为乡村文化的振兴和乡村文化的发展提供力量。其二，国家政策及各级政府的支持。2014 年，中宣部部长刘奇葆指出，要继承和弘扬有益于当代的乡贤文化，发挥新乡贤的示范引领作用，用他们的嘉言懿行垂范乡里，涵育文明乡风，让社会主义核心价值观在乡村深深扎根。2016 年发布的《中华人民共和国国民经济和社会发展第十三个五年规划纲要（草案）》提出要“培育文明乡风、优良家风、新乡贤文化”。新乡贤群体成为在新时代弘扬乡贤文化、建设社会主义新农村、实施乡村振兴战略的重要力量。乡贤文化影像建构的核心是在影视作品中塑造新乡贤形象。21 世纪以来，越来越多热衷于乡村建设事业的人投身到社会主义新农村的建设中来，具有新时代特征、适应新时代需要的新乡贤大量涌现。相应地，这一时期的影视作品塑造的新乡贤形象在人物类型、道德品质和贡献功绩方面也呈现出一系列新特征。其三，文化价值和社会舆论的正向引导。改革开放以来，乡村经济发展迅速。在乡村景象日新月异的同时，“空心村”等问题也逐渐暴露出来。当代乡村建设面临诸多社会问题，其中最关键的问题是乡村精英的流失。乡村社会已经失去了固有的自主性和发展动力，农村人口和人才流失等问题和矛盾日益突出。近年来，从经济学的角度来看，许多农村治理政策在实施中得到了良好的反馈。但是，要唤醒人们的乡土意识，就要从文化重建的方向出发，让乡土文化扎根在中国大地。电影是大众文化，其文化特征与功能是大众文化形态的重要体现，电影也是意识形态的工具，其影响力是潜移默化的。传播优秀的影视作品，能够鼓舞人们扎扎实实地留在农村，激起其发展的内生动力，延缓农村人口流失，留住乡愁留住人，解决乡村实际发展问题。麦克卢汉（1964）关于电视对“部落化”影响的观点表明，人们的身份是通过大众传媒组织和广泛共享的信息获得的。随着媒体传播渠道的多维演进，乡贤影视作品的传播渠道也将更加多元化和丰富化。重建乡贤文化、传播时代特色和社会主义核心价值观，优秀的乡贤题材影视作品将成为一张重要的文化名片和一条重要的宣传途径。

有鉴于此，本书的主要框架分为七个部分。第一章将从历时性维度出发，主要梳理改革开放前影像资料中的乡贤形象及其流变。第二章聚焦 20 世纪八九十年代乡贤文化的影像传播，从乡土文化的多重话语与乡贤文化传播，传统乡村文化的消解与传统乡贤影像的艰难重返，传统乡村精英的没落与新乡贤影像雏形的生成三个维度展开阐述。第三章通过描绘城市化乡贤文化影像传播的世纪转型、21世纪乡贤形象的理想化建构与新乡贤形象的生长，聚焦21世纪乡贤文化的影像传播。第四章着眼乡贤的影像叙事及新乡贤的变异研究，从“乡贤的影像叙事及其特色”与“新乡贤的蜕变和异化”两个维度展开论述。第五章关注乡贤文化与政务新媒体关系问题，从新时代乡贤文化的内涵与价值、新时代乡贤文化的定位与构建路径、乡贤文化与政务新媒体三个方面展开研究。第六章基于前文论述，探讨乡贤文化新媒体传播的现状与对策，即从乡贤文化新媒体传播的现状、乡贤文化新媒体传播中存在的问题、乡贤文化新媒体传播的对策建议三个部分递进论述。结语部分是对乡贤文化的变迁、意义及新乡贤的高度和限度的阐释。

乡贤文化研究在当代的发展，建立在技术进步、学术视野拓展、学科交叉融合基础上，与我国脱贫致富、乡村振兴、文化自信建设等政治、经济、文化战略同向而行，直接服务于乡村发展与文化建设。数千年来，中国社会经历了无数次的战争和破坏，但村落始终可以保持自己的原初性文化，在各种变化和破坏中不断调整、恢复和发展。在现代化和城市化进程中，虽然农村的价值观念、风俗习惯和生活方式已经发生了巨大的变化，但它们的文化根源依然存在，仍然是极其重要的历史文化资源。进入21世纪以来，中国农村题材影视作品在题材选择上紧跟时代，展现了新农村建设的突出表现；在人物塑造上，聚焦时代人物，并在传统美德与时代精神的融合中塑造新乡贤形象；在影像文体上，倡导时代精神，在日常生活与乡村建设的交织中，推进新农村叙事，以饱满感人的时代故事和积极向上的艺术风格，构筑了承载新时期农村乡贤文化的生动符号，不仅实现了乡贤文化形象建设的世纪转型，同时也充分展示了社会主义新农村建设和新时期乡村振兴战略的成绩。

信息化发展推动新媒体时代的兴盛，以手机、平板电脑等移动终端为主的新媒体早已成为重要的信息传播渠道。在此背景下，积极探索乡贤文化影视传播策略至关重要。当下，不断挖掘史料和现实素材，结合受众需求，根据不同媒体的功能进行内容分发，已成为乡贤文化影像传播的新趋势。利用不同媒体的综合效应，探索符合受众习惯的全媒体传播路径，根据社会化媒介特点创新传播方式，可能是当代乡贤文化、乡土影视和乡村社会文明建设发展的有效途径，也为我国乡村全面振兴、社会主义文化强国建设注入动力。

文化是乡村的灵魂，文化兴，乡村兴。20世纪以来乡贤形象的影像传播正是乡村文化振兴的重要组成部分，也是凝聚乡村人心的主轴、展现中国式现代乡村的窗口。希望本书的问世，能为大众呈现出这片古老土地千余年的变化，尤其是20世纪以来，其在影像技术加持下的记录、留存、发展、变化。

2023年12月

目录

第一章 乡贤与乡贤文化的影像记忆 1

第一节 启蒙和革命：20 世纪 20—40 年代影像中的乡贤形象 1

一、启蒙视野中的传统乡绅 1

二、左翼电影运动中的农民乡贤雏形 4

三、民族救亡运动中的抗敌乡贤 12

第二节 崛起和消隐：20 世纪 50—70 年代的“农村新人”和乡贤命运 15

一、翻身做主的“农村新人” 16

二、传统乡贤的消隐和“农村新人”的“变异” 22

第二章 20 世纪八九十年代乡贤文化的影像传播 26

第一节 乡土文化的多重话语与乡贤文化传播 26

一、什么是乡土文化 26

二、乡土文化变迁的影响因素和现实表现 28

三、乡土文化多重话语中的乡贤文化传播 32

第二节 传统乡村文化的消解与传统乡贤影像的艰难重返 40

一、传统乡村文化的价值规范：传统乡贤的行为逻辑 40

二、传统乡村文化的消解：传统乡贤的困惑与迷茫 43

三、“困惑”与“迷茫”中的传统乡贤影像 45

第三节 传统乡村精英的没落与新乡贤影像雏形的生成 49
一、传统乡村社会格局分化与乡村精英没落 50
二、萌芽与成长中的在地新乡贤影像 52
三、“由城而乡”的青年乡贤影像 55

第三章 21世纪乡贤文化的影像传播 60

第一节 城市化乡贤文化影像传播的世纪转型 60
一、在历史困境与现实新政的观照中展现新农村建设 61
二、在传统美德与时代精神的整合中塑造新乡贤形象 68
三、在日常生活与乡村建设的交织中推进新农村叙事 72
第二节 21世纪乡贤形象的理想化建构 76
一、21世纪乡贤理想化影像建构的历史语境与文化背景 76
二、21世纪乡贤理想化的影像类型与精神内核 79
三、21世纪乡贤理想化影像的受众认知与文化价值 84
第三节 新乡贤形象的生长 88
一、新乡贤的主体构成与时代特征 89
二、新乡贤的精神内涵与社会功能 91
三、新乡贤的影像表达与文化价值 95

第四章 乡贤的影像叙事及新乡贤的“变异” 106

第一节 乡贤的影像叙事及其特色 106
一、日常生活叙事 106
二、形象的立体化塑造 113
三、景别与色彩的画面表达 116
四、语言与声音的情感烘托 118
第二节 新乡贤的蜕变和异化 121
一、观念的陈旧 121
二、金钱的诱惑 125

三、权力的膨胀 127

第五章 乡贤文化与政务新媒体 132

第一节 新乡贤文化的内涵与价值 132

一、新乡贤文化的时代内涵 132

二、新乡贤文化的时代特征 135

三、乡贤文化传播的价值内涵 138

第二节 新乡贤文化的定位与构建路径 147

一、新乡贤角色和功能的转变 147

二、新乡贤的类型构成 149

三、新乡贤文化的构建路径 151

第三节 新时代乡贤文化与政务新媒体 153

一、政务新媒体的内容生产与呈现方式 154

二、乡贤文化及其传播意义 163

三、乡贤文化宣传的“接收与接受” 167

第六章 乡贤文化新媒体传播的现状与对策 171

第一节 乡贤文化新媒体传播的现状 171

一、传统媒体与新媒体对乡贤文化传播的差异性 171

二、传统媒体与新媒体对乡贤文化传播的共同目标 179

三、乡村文化传播的新媒体复合型人才 187

四、乡贤文化新媒体传播的运行维护 192

第二节 乡贤文化新媒体传播中存在的问题 194

一、乡贤文化传播主体分散,缺少高知名度的乡贤精英 195

二、乡贤文化传播内容流于表面,受众认同感较弱 195

三、乡贤文化传播形式单一,社会影响力较低 196

四、乡贤文化新媒体传播面临的挑战 197

第三节 乡贤文化新媒体传播的对策建议 198
一、乡村干部提升新媒体素养,发挥新媒体传播的引领性 199
二、发挥政策杠杆作用,专项降低新媒体使用费用 201
三、聚焦文本生产质量,凸显微传播优势 202
四、组合发声,占领乡贤文化传播的舆论高地 205

结语 乡贤文化的变迁、意义及新乡贤的高度和限度 208

一、乡贤文化的嬗变与中国现代化历程 208
二、新乡贤的高度与限度 215

参考文献 220
后记 226

第一章
乡贤与乡贤文化的影像记忆

从1905年中国第一部电影《定军山》起，发轫于动荡年代的中国电影就走上了探寻民族化、个性化发展的道路，第一代、第二代导演们披荆斩棘、筚路蓝缕，创作出了大量极具中国特色的现实主义影视作品。本章将以20世纪20年代至70年代末中国影视作品中具有乡贤特点的乡村代表人物或典型乡贤人物形象为研究对象，梳理乡贤形象在中国20世纪影视作品中的具体表现，并通过影像透视彼时政治文化背景下乡贤形象的变迁以及中国乡村文化的现代性转折和复杂进程。

第一节　启蒙和革命：
20世纪20—40年代影像中的乡贤形象

一、启蒙视野中的传统乡绅

从中国第一部电影《定军山》的拍摄开始，第一代电影人为中国电影的发展打下了坚实的基础，其中尤以郑正秋、张石川为代表的明星公司的贡献为大。他们主张电影的社会"教化"功能。郑正秋认为，"剧场者，社会教育之实验场也，优伶者，社会教育之良师也"[①]，而乡绅阶层作为当时大环境下社会教育的主

① 夏衍.纪念郑正秋先生[N].文汇电影时报，1989-02-04(3).

要力量，也逐渐得到了一些关注。

1923年，郑正秋编剧、张石川导演的《孤儿救祖记》作为五四以后比较有代表性的中国影片，开启了中国社会伦理题材片的先河。影片中，富翁杨寿昌晚年丧子，儿媳余蔚如怀有身孕，杨寿昌的侄子道培为霸占家产，诬告蔚如不贞。杨寿昌不知余蔚如已有身孕，将其赶出家门，余蔚如离家后生下了一子余璞。10年后，余璞进入杨寿昌所建的学校读书，经常与杨翁相遇，虽然祖孙二人并不相识，但余璞彬彬有礼的态度令杨寿昌颇为赞赏。有一日，道培为谋取钱财，竟欲谋害杨寿昌，正在危难时刻，前来玩耍的余璞救下了杨寿昌的性命，随之祖孙二人相认，最终真相大白，举家欢乐。杨寿昌在忏悔之余，拿出家产兴办义学，收留平民子弟。影片中，郑正秋将其擅长的家庭伦理故事与社会现实问题相结合，一方面批判了在传统"遗产制"下产生的道培之类没落子弟的丑行，揭露"遗产制"的危害，另一方面，肯定了余蔚如忍辱负重将余璞培养成才的良母形象，"他将余蔚如置于'被诬—被赶出门—含辛教子—抚育成人—终成正果'的情节过程，在传统'节烈之妇'的苦戏框架里，完整地体现了'恭、宽、信、敏、惠，孝、智、礼、勇、忠'的传统儒道美德。于哀、怨、忍、韧之间，达成了饱含中国道德审美内涵与哀情情愫的审美性捏合"[①]。在影片最后，杨寿昌兴办义学、收留平民子弟的行为其实就是传统乡贤行为的缩影，影片借此对中国传统道德中"教孝""劝学"这一类传统乡绅形象进行了赞扬和肯定。

《孤儿救祖记》取得成功的关键是在传统的故事模式下又加入了许多新的要素。一方面，电影是舶来品，在20世纪20年代初的上海滩，外来电影对于本土市场的冲击日益强烈，且在当时的欧美电影中，中国人的形象被丑化也成了家常便饭："我中国人，见于电影片者，皆为恶党匪类之附从，从未有正人君子焉。"[②]民族形象的丑化也逐渐影响到了民众对于民族的认同感。当时正处于社会转型期，制度的冲突也让民众感到迷茫与痛苦。郑正秋正是基于当时特有的社会环境以及强烈的民族危机感，才格外注意了《孤儿救祖记》中的人物、情节设置，"从民众心理上看，民国时期，中国人几千年传承下来的民族文化性格和儒家文化情结并没有因为帝制的结束和新文化运动的发起而彻底中断，传

① 虞吉.中国电影史(第二版)[M].重庆:重庆大学出版社,2017:13.

② 秦喜清.欧美电影与中国早期电影[M].北京:中国电影出版社,2008:26.

统文化中'重感情、重家庭、重人伦道德'的思想依然是民国社会中得到普遍认可的民众心理。……例如《孤儿救祖记》中,'杨翁助建校舍,杨媳慨捐巨产……余璞之劝举,蔚如之抚孤'等情节,都是将传统伦理道德寄寓影片情节主线之中的实例,'全片结构以贤母教儿、富翁兴学、为恶报应、不涉迷信等为宗旨',这样自然使影片取得大多数民众的社会认同"①。同时,强烈的社会现实感也加强了观众的代入感,从而产生了进一步的社会认同和社会思考。这对于当时迷茫、彷徨的民众来说无疑是一剂良药,能够使他们重新认识社会,审视这个国家。

另一方面,郑正秋在《孤儿救祖记》中对于传统乡绅的塑造秉承了几千年传承下来的乡贤应重道德、重教化且能得到乡民认可的理念,这一点在当时以文人和小市民为主要观影对象的群体中依然得到普遍认可。如助建校舍的杨寿昌、含辛抚孤的余蔚如等人物形象,都是传统伦理道德集中体现于乡绅形象之上的实例,全片以贤母教儿、富翁兴学、不涉迷信等为宗旨。影片塑造的传统乡绅形象虽处于社会变革的大环境,但仍然以宣扬传统文化认可的美德为主,在新旧文化的转型之际,传统乡贤在影片中仍占有一席之地。

当然,郑正秋对于传统乡绅的塑造并不是一味地复制再现,在他的其他作品中,我们可以看到,对一些传统陈规陋习,他是抱着一种带有自身审视和批判的意味在里面的。"郑正秋运用字幕说明,直接表达自己的思想倾向……杨道培与陆守敬图害杨翁的画面后插入字幕:'不责祸由自始,反敢铤而走险。小人之心毒矣!'"②《最后之良心》(1925)中富绅秦仁伯强迫债户王燮堂的女儿秀贞给自己儿子做"童养媳",在儿子坠马死亡后让秀贞"抱牌位成亲";尔后又强迫另一个债户的儿子家麟入赘。在女儿勾结外人携款私奔后,秦仁伯才幡然醒悟,临终前让秀贞与家麟成亲并继承秦家遗产。故事中的"童养媳""抱牌位成亲""入赘"等所谓的传统习俗都给主人公带来了痛苦。但是,郑正秋对于这些陈规陋习仍然抱有谨慎的态度——《最后之良心》中秦仁伯的幡然醒悟,使得剧本原有的社会批判意味遭到了大大的削弱,这在当时也是褒贬不一的。"是片剧旨,对于旧社会恶劣婚姻制度……童养媳妇抱牌位做亲招女婿……抨击甚

① 张晓玲.从《申报》影评看民国社会对《孤儿救祖记》的社会认同[J].社会科学家,2007(S2):241-242.
② 李少白.影史榷略[M].北京:文化艺术出版社,2003:338.

力，可为一般头脑陈旧者下一针砭……或病其果报以为太深，不脱弹词旧套，而予则谓是剧能受普通社会欢迎者，即在此也。"①

从杨寿昌到秦仁伯，虽然乡贤形象在当时的影片中仍占一席之地，但他们身上的"仁""德"正随着时代的变化而日渐消失。不仅仅是郑正秋，也不仅仅是电影界，当时的思想文化界在启蒙精神和现代性思想的引领下，大多抱着"改良人生"的创作目的，具有很强的现实主义精神。因此，在当时的文艺的创作中，虽然多多少少留下了乡贤们的真实身影，亦显示出他们的道德境界和一定的影响力，但在时代潮流的冲击下，传统乡贤终究成为"明日黄花"。

郑正秋作品中的乡绅形象可以说是中国电影对于传统乡绅这一概念的第一次深入探究。一方面，它挣脱了以往艺术作品中同类型人物概念化、脸谱化的定式，第一次赋予了其一定的社会功能；另一方面，郑正秋在塑造乡绅形象时，仍然对中国传统道德中的一些优良品德给予了肯定，虽与当时的时代主流和启蒙语境有些不符，却有继承和发扬中国传统文化的作用，保留了传统乡绅身上一部分值得认可的品德。我们也要看到，相比五四时期的文学启蒙，郑正秋、张石川的"启蒙"更多体现为一种电影表现的背景和视野，批判意识较弱，现实主义的人道关怀较为明显："相较而言，鲁迅、郭沫若和茅盾等人的思想启蒙更具民主、科学的理性精神，那么，郑正秋电影的人道关怀视野则具备一种足以令人动容的情感力量。"②

二、左翼电影运动中的农民乡贤雏形

我国著名剧作家和电影评论家柯灵说过："在所有的姐妹艺术中，电影受五四洗礼最晚，五四运动发轫后，有十年以上的时间，电影领域基本上处于与新文化运动绝缘状态……早期的国产电影，不容一笔抹杀，但就总体而言，鸳鸯气和文明气，封建文艺的流风余韵是笼罩银幕的主要倾向，和新文化主流泾渭异途。"电影发展的迟滞，导致早期中国电影在对现实题材的反映上虽有成绩但迟迟无法获得很大的突破，直至左翼文学运动时期，真正关注现实题材的电影才

---

① 徐耻痕.《最后之良心》述评[N].新闻报，1925-05-02(3).

② 李道新.电影启蒙与启蒙电影——郑正秋电影的精神走向及其文化涵义[J].当代电影，2004(2):16-25.

大量出现。

由于上海的特殊地理位置，其在20世纪20年代初就成了当时中国的经济文化中心，这就使得中国电影发轫于上海，但上海影业长期在被西方电影排挤的环境中蹒跚前行。"九一八"和"一·二八"事变发生之后，广大民众的民族危机感加剧，当时的形势迫切地需要能够反映社会现实和人民精神需求的电影，特别是在《孤儿救祖记》出现之后，"《孤儿救祖记》开创的社会（伦理）片模式同样在一定程度上改变了上海、民新、神州、大中华百合、新人等影片公司的创作格局。在对各种社会（伦理）问题的影像展陈过程中，中国早期社会（伦理）片充分描摹出世纪初年中国社会的时情万象与物欲潮流里的世道人心，并逐步形成了中国早期电影关注社会（伦理）的传统。正是在20世纪20年代社会（伦理）片问题模式的基础上，1932年中国电影文化运动以后蓬勃兴起的各种进步电影创作，都能在提出尖锐的社会与道德问题的同时，将反帝反封建的时代母题与愈益强烈的阶级、民族意识贯穿在各种影片类型之中，进而提高了中国早期电影类型的现实意义与文化品位"①。另一方面，"九一八"事变后，大量的知识分子迁入上海，这些知识分子为上海文化界带来了新的知识、新的想法、新的思潮，极大地影响了左翼电影运动的形成："一是由于北洋政府所在地北京政局混乱，经济萧条，文化倒退，尤其是思想政治方面对知识分子的迫害，使得知识分子不得不选择远离白色恐怖的北京而前往相对开放自由的南方，首先是上海。如朱自清、徐志摩、沈从文、叶公超等。鲁迅、梁实秋等也经过辗转最终到了上海。二是国共分裂，一批从政治斗争特别是北伐战争的前线退下来的文化人也多来到上海，转入地下，主要投身于文化领域的工作。如瞿秋白、郭沫若、冯雪峰、潘汉年、周扬、阳翰笙、钱杏邨（阿英）等。他们是那个年代上海文化斗争的领导者和主要力量。三是从国外留学归来的文化人和学生。他们选择上海的原因，也是多方面的，除了前面提到的，上海此时形成的文化氛围和比较习惯的生活方式也很重要。他们有巴金、李健吾、戴望舒、徐志摩、赵元任、梁实秋。四是从东北沦陷区和西南地区来上海的，如萧军、萧红、沙汀、艾芜等。随着一群流亡作家从东北抵达上海，这种新型的地区文学的政治重要性得到了提升。这

① 李道新. 电影启蒙与启蒙电影——郑正秋电影的精神走向及其文化涵义[J]. 当代电影，2004(2)：16-25.

些青年作家处于迅速席卷全国的爱国主义旋涡之中，他们身为日本侵略的最早见证人，几乎一夜之间便成了名人。他们的作品描绘了遭到异族蹂躏的东北乡村，为地区文学带来了新鲜感和生命力……”[①]同时，作为一个国际化大都市，上海有着与国际接轨的消费理念和文化需求，这些都为左翼电影的出现提供了坚实的社会基础和文化土壤。

1930年，田汉在《南国》上发表了论文《我们自己的批判》，认为“电影早已脱出她的好奇的存在时代而成为一种普遍、极有力的新艺术形式了”，电影是“组织群众、教育群众的最良工具。所以我们应该很坚决而鲜明地使用它”[②]。1931年，中国左翼戏剧家联盟在《中国左翼戏剧家联盟最近行动纲领》中强调：“除演剧而外，本联盟目前对于中国电影运动实有兼顾的必要。除产生电影剧本供给各制片公司并动员参加各制片公司活动外，应同时设法筹备自制影片……组织‘电影研究会’，吸收进步的演员与技术人才，以为中国左翼电影运动的基础。”[③]这被学界普遍看作左翼电影的开端。

如果说以郑正秋、张石川为代表的第一代电影导演是在“启蒙”视野中为中国电影推开了大门，那么以左翼电影人为代表的第二代电影导演，则真正地把中国电影与挽救民族危机相结合。1933年2月，在中国共产党领导下，中国电影文化协会在上海成立，协会《宣言》总结了以往的经验教训：“十余年来，电影事业在艰苦的环境里，外受侵略，内遭压迫，而尤其是自身的步骤的零乱，路线的分歧，不明了整个电影文化的重大使命，不能一致去奋斗，以致进步迟缓，建树极少。”《宣言》还分析了当时的现实：“帝国主义的侵略和封建势力的压迫，在今日已更见严重。但中国的各文化运动的分野都有着极速度的进展。电影文化如不能和整个社会文化运动协力前进，无疑是最大的自暴自弃。”《宣言》同时要求：“我们必须亲切地组织起来，集中我们的力量，来认清过去的错误，来探讨未来的光明，来扩大我们有力的电影文化的前卫运动，来建设我们的新的银色世界。”中国电影文化协会是在参加电影工作的左翼文艺工作者推动下，在电影界人士的共同努力下，以爱国、进步为共同目标而组成的电影界群众团体。它与中国共产党组织领导的左翼文艺工作者进入电影界和建立“党的电影小组”

① 高小健. 重论1930年代的中国电影[D]. 中国艺术研究院，2006.

② 田汉. 我们自己的批判[J]. 南国，1930(4)：1.

③ 左翼戏剧家联盟. 中国左翼戏剧家联盟最近行动纲领[J]. 文学导报，1931(6－7)：31－32.

具有同样重大的意义。中国共产党领导的左翼电影工作者为这一爱国、进步的电影文化运动起到了倡导的先锋作用；中国电影文化协会的成立，则标志包容了各阶层、各方面的电影人士愿意与左翼电影工作者合作，共同举起反帝反封建的旗帜，把中国电影推向前进，使中国电影的进步有了现实基础——人力的和物质的条件。①

1932—1937 年，《火山情血》(1932)、《狂流》(1933)、《铁板红泪录》(1933)、《丰年》(1933)、《神女》(1934)、《盐潮》(1934)、《渔光曲》(1934)、《大路》(1935)、《风云儿女》(1935)、《春到人间》(1937)、《马路天使》(1937)等一大批左翼电影登上银幕，而随着左翼电影的出现，一大批具有革命思想、革命行为的新乡贤雏形开始活跃于电影银幕之上。

1933 年 3 月 5 日，由夏衍编剧、程步高导演的《狂流》在上海首映，“在国产影片当中，能够抓取现实的题材，而以正确的描写和前进的意识来制作的，这还是一个新的纪录”，是“中国电影新路线的开始”。作为左翼电影开山之作的《狂流》讲述了这样一个故事：地主傅柏仁为富不仁，他的女儿秀娟与教师铁生相爱却被傅柏仁棒打鸳鸯。一日，长江水位上涨，铁生带领村民连夜修补堤坝，傅柏仁却将赈灾巨款占为己有。洪水退去后，傅柏仁又携眷返回，阻挠铁生率众人修补堤坝，对峙之际，傅柏仁被狂流冲走。《狂流》以 1931 年长江流域的特大洪水为背景，第一次将地主阶级与农民阶级在银幕上明确地划分开来，展现了阶级对立的社会环境，解释了民众苦痛的来源，具有鲜明的社会意义和时代意义。“在国产影片当中，我们是找不出社会意义和时代意识的。而《狂流》是我们电影界有史以来第一张能抓取了现实的题材，以正确的描写和前进的意识来制作的影片。”②

左翼电影滥觞于《狂流》，标志着革命话语与传统乡贤的正式割裂。我们可以看到一条十分清晰的发展脉络——《孤儿救祖记》中的乡贤杨寿昌重道德、重教育，是传统文化中“仁义”的代表；《最后之良心》中的富绅秦仁伯已经开始向土豪劣绅转变；到了《狂流》，土豪劣绅的形象在银幕上正式确立，他们站到了农民阶级的对立面，彻底与传统乡贤分裂开来。“1905 年废科举设学堂的制度改

---

① 李少白. 简论中国 30 年代“电影文化运动”的兴起[J]. 当代电影，1994(3)：8.
② 芜村. 关于《狂流》[N]. 晨报，1933－02－26.

革……从制度上切断了传统乡绅与国家权力直接联系的管道，改变着乡绅阶层固有的角色和功能，从而引动了乡村社会结构和权力结构的重构。一方面，新学教育为士绅社会地位的重新选择提供了最基本的途径，而且对由身份社会转向职业社会过程的近代开放性流动机制的形成起着一定的催化作用，从而使大量壅滞在乡间的乡绅进一步得以疏导。新学教育从社会结构层面导致乡村权力主体发生明显变化，即占据乡村权力中心地位的传统士绅让位于具有新时代特征的绅商或绅学阶层，传统时代作为社区权威的士绅们借助于新学途径开始直接介入公共权力，成为与行政权力体系密切相关的绅董、局绅、团绅等。传统中国乡村的社会权力结构发生了历史性变动。另一方面，随着那些借助于新学资格能适应社会变化的士绅向城市的流动和新式知识分子在城市的滞留，占据乡村权力中心的士绅阶层失去了制度性补充，从而在很大程度上中断了士绅阶层的继替常规，所谓'绅出为官，官退为绅'的制度连接被迫中断。士绅的社会文化威望开始疏离于乡村权力，致使乡间土豪劣绅一跃而起，填补了权力真空。由此，乡村政权的私利性变得更加赤裸裸，无复有道德之掩饰，'中国农村的黑暗，算是达于极点'。"①

这一时期，受到《狂流》的影响，一大批左翼电影中都出现了土豪劣绅的形象。如《凯歌》(1935)中描述了代表了封建迷信的地主阶级与代表了科学精神的劳动阶级所产生的剧烈冲突。某地农村久旱不雨，村民皆望天叹气，当地的恶棍三太爷乘机勾结龙王庙庙祝，以"天之降灾"为由，发起迎神赛会，骗取村民钱财。彼时，村中有一所由龙王庙改建而成的学校，教员徐思源力图从科学的角度找寻到干旱的原因以破除当地的封建迷信，老农沈二公和他的孙子春生以及邻女张桂英接受徐思源破除迷信的宣传，不听三太爷的煽动，坚决反对恶霸地主的欺骗行为。于是三太爷又煽动村民，扬言"天不下雨是因为徐思源在龙王庙办了农民子弟学校，得罪了龙王"，并纠集一帮人捣毁了学校，扛回了龙王爷的神像，结果仍是赤日炎炎，旱灾依然，这导致越来越多的村民对求神拜佛的骗人把戏彻底失望。之后，在徐思源的倡导下，村民们群策群力，开坝引水，终于打通了江水，以科学的方法战胜了干旱。"《凯歌》在科学与迷信的表面冲突

① 王先明.乡绅权势消退的历史轨迹——20世纪前期的制度变迁、革命话语与乡绅权力[J].南开学报(哲学社会科学版)，2009(1):95-107.

之下，揭示出地主绅士之流如何利用封建迷信思想来欺骗和剥削农民的实质。当时就有人这样评价《凯歌》：‘它虽然以旱灾为背景，实欲揭示整个所谓‘天灾’的原因与解救的真正办法。我们可以看到封建余孽怎样靠着劣绅的操纵而蔓延，我们更看到绅士是怎样利用愚昧的农民在救灾的假面具之下发起了迎神赛会从中渔利……土豪劣绅和封建势力的相互利用形成了灾荒益加严重的局面’。”[①]更有诸如《铁板红泪录》(1933)中，本应保境安民的孙团总仗着自己的身份肆意敛财、欺压乡里，成了远近闻名的恶霸，最后死在了村民的枪下，《丰年》(1933)中，面对奸商的压价与地主傅诚高利贷的不断压迫，农民就算是获得了丰收也没有办法生存，《渔光曲》(1934)中的渔霸何仁斋租船给渔民，靠着逼租、强迫别人抵债等方式敛财，《中国海的怒潮》(1933)中勾结日本帝国主义的劣绅张荣泰，等等，这些反映了阶级斗争、揭示了帝国主义侵略目的的电影，极大地激发了电影界人士以及观影群众的爱国情感。

在一片革命“狂流”之中，诞生了一些新的农民革命的领导人。他们身上体现了新时代的革命意识、民族复兴意识，也隐约可见传统乡贤身上的一些优良品德，可以被看作新乡贤的雏形。如上文提到的《狂流》中的铁生。一方面，从社会功能上看，他的身上带有一些传统乡贤重道德、重教化的优良品德，继承了传统乡贤知识分子的身份(铁生是教师)。在洪水来临之际，铁生能够自觉带领乡民合力抗击洪水，能够领导乡民来反抗为富不仁的秦柏仁，他是受压迫农民的领头人，相当于传统乡贤中的德高望重者；另一方面，铁生作为一种新的乡贤雏形，他在阶级层面上是向农民阶级靠拢的，这种阶级的转变是符合当时的时代环境的，也是他作为新乡贤雏形的新的特质。左翼电影运动是在中国共产党的领导下兴起的，进步的知识分子自觉地肩负起了民族复兴、革新社会的责任，因此左翼电影在塑造人物形象时会不自觉地将知识分子摆在一个领导者的位置上。当然，这类新出现的乡贤形象还没有完全摆脱所属阶级的影响，与乡绅阶级之间仍然有着藕断丝连的关系，像是《狂流》中的铁生，他一边领导乡民反抗地主的暴行，一边又与地主家的小姐互相爱慕，给人一种“剪不断，理还乱”的复杂观感，“夏衍在剧作中加入了刘铁生与傅秀娟被阻碍的曲折爱情与斗争这一主线结合，但对于人物的塑造并没有起到很好的丰富作用，反而在诸

① 周仲谋. 中国早期电影的重要一翼——艺华影业公司研究[D]. 复旦大学，2013.

次斗争中让人觉得他在个人感情和村民利益之间没有任何犹豫，这对于一个并未经受过锻炼和思想斗争的人其实不可想象，这些方面的缺失使得人物稍显孤立且不够十分真实”①。

而另一种新乡贤雏形则萌生于农民阶级。他们不一定具备传统乡贤的人伦道德，既无丰富的知识储备，也无法承担“教化”职责，但他们具有自主的反抗意识，有革命的热情和担当，他们是从农民中成长起来的、符合时代要求的新的乡村领头人。1934年，由郑伯奇、阿英编剧，徐欣夫导演的电影《盐潮》上映。剧情如下：东部海滨的某个村子，世代以烧盐为生，村中的豪绅李大户和富商少爷胡心吾霸占了烧盐需要的茅草公地，盐民如果想在此烧盐就必须征得他们同意。烧盐的成本上升了，盐商又拒不加价，当地的盐民苦不堪言，遂铤而走险加入“私烧”和“贩私”的队伍。在地主和奸商的压迫下，盐民们终于集结起来发起了反抗，李大户抵挡不住，狼狈逃往上海。电影细致地展现了“乡村的贫乏、盐民生活的困苦、都会恶少的狡猾、压迫阶级的剥削和土豪劣绅与贪官污吏之狼狈为奸”②，真实地反映了当时农民的生活现状，对剥削阶层进行了严厉的抨击。虽然《盐潮》中并没有形象鲜明的领头人物，但盐民们在压迫下敢于反抗、敢于斗争的群体形象大大激励了当时的中国社会，为广大劳苦农民指明了抗争的道路。《中国海的怒潮》(1933)讲述了沿海某渔村渔民反抗劣绅和日本侵略者的故事。渔民焦大为了向劣绅张荣泰借高利贷，不得不将女儿阿菊押给张家做丫头。阿菊在张家受尽虐待，被迫投河自尽，幸亏被青年渔民阿福救起并带回家去。不久，这事被张荣泰得知，他又用暴力将阿菊抢了回去。张荣泰由于勾结日本侵略者的渔船，让其侵入中国领海捕鱼，遭到渔民们的反抗，于是他密谋逮捕为首的阿福和阿德兄弟俩。这事让阿菊听见了，她逃出张家，告诉了阿福和阿德，于是三人逃离渔村，在海上过着艰辛的流浪生活。不久，阿福惨死。秋汛过后，渔民们被渔债渔税所困，日本侵略者的渔船又加紧侵略，阿德忍无可忍，和阿菊一起回到渔村，团结全村渔民，驾着小船，向侵略者举起了土枪，在中国的领海上，掀起了反抗的怒潮。在《壮志凌云》(1936)中，背井离乡的农民老王带着女儿黑妞儿和孤儿顺儿逃难到了边远地区，他们通过辛勤劳动建立起了太

① 艾青. 中国电影事业的开拓者——明星影片公司研究[D]. 复旦大学，2010.

② 壮游. 观《盐潮》后[N]. 申报，1934-01-09.

平村。不久，太平村遭到了匪盗，顺儿被村民推举为领袖，与敌人展开对抗。虽然同伴们都牺牲了，太平村也毁于一旦，但是站在废墟上的顺儿依然鼓舞着大家的士气："我们要抵抗下去，敌人还是要来的！"。从这些影片来看，彼时的中国农民阶层在土豪劣绅以及帝国主义的打压下，长期地处于一种受凌辱、受压迫的状态中，他们麻木、不知反抗，一如《盐潮》中的张德三迫于生计贩卖私盐被抓，却对自己的"救命恩人"胡心吾感恩戴德，不知造成他生活窘困的罪魁祸首正是眼前这个霸占了公地的男人，胡心吾救他也是图谋不轨。在《中国海的怒潮》中，焦大无钱还债只得把女儿阿菊抵给了张荣泰，却未曾想到反抗这不合理的高利贷。此外，还有《壮志凌云》中拖家带口逃难的老王。他们是典型的受到了传统封建思想桎梏的老一辈农民，吃苦耐劳，逆来顺受，其身上反映了当时社会大环境下底层被剥削、被压迫人民的真实状况。与此同时，在这些影片中也出现了一批"觉醒者"。他们一开始往往也是被剥削、被压迫者中的一员，默默忍受着土豪劣绅的压榨，但是在血和泪的冲击下，他们产生了自我觉悟，认识到在那样的环境下，只有反抗才是唯一的出路。在《中国海的怒潮》中，阿福、阿德两兄弟一开始只是拼命地逃，岸边不行就往海上跑，直至阿福被日军战舰撞落水后淹死，阿德才真正意识到不反抗唯有死亡的道理。"人创造环境，同样环境也能创造人。"①"觉醒者"的出现正是将人物置于这样外敌环伺的环境中，虽然他们大多数的反抗行为都是基于外界苦难的不断刺激，但也是这一时期电影所希望反映出的底层人民日益增长的寻求改变自身悲惨命运的时代愿景。虽然将单个人物看成独特的乡贤形象不太能够站得住脚，但笔者认为可以将这一类"觉醒者"视作一群特殊的"乡贤群像"，他们肩负着引领底层劳苦大众摆脱自身困境、勇敢反抗压迫的重任，也为之后革命年代催生出的新乡贤雏形奠定了重要的基础。

这一时期，还有一种比较特殊的乡贤形象。在《到西北去》(1934)中，男主角顾策是一个年轻有为的水利工程师，在"开发西北"的号召下，他毅然放弃了在大都市的优渥生活，来到西北的水利局任职。顾策看到了陕西的旱灾严重，农民经常因抢水而发生矛盾。顾策因此极力主张修建水渠，但是在开工的过程

---

① 中共中央马克思恩格斯列宁斯大林著作编译局. 马克思恩格斯选集：第二卷[M]. 北京：人民出版社，1995：92.

中，各地的土豪劣绅勾结官吏巧取豪夺，反而搞得民不聊生、怨声载道，参加修渠的村民也就很少了。顾策为此十分自责，于是亲自主持修渠一事，凡事亲力亲为，逐渐赢得了村民的信任，修渠工作也得以进行下去。像顾策这一类由城市去往乡村带动村民致富的青年知识分子形象，在当时是罕见的，他与现今的下乡科技干部在某种程度上类似，同样可以视作为了农村发展而放弃城市优良条件的“外来乡贤”。虽然《到西北去》在当时社会没有引起太大的反响，但是，顾策的出现确实可以算得上是20世纪30年代影片中的一种特殊存在，也是电影作品中最早出现的“外来乡贤”形象。

三、民族救亡运动中的抗敌乡贤

1937年七七事变后，全民族抗战爆发。同年，作为中国电影发源地和中心的上海沦陷，中国电影产业遭到了毁灭性的打击。大部分电影人纷纷逃亡至重庆和延安，上海成了电影“孤岛”。彼时，上海虽然少量产出了《木兰从军》(1939)、《乱世风光》(1942)等反映现实、呼吁抗日的抗战电影，但其内容多为隐喻，缺少乡贤形象的出现，可以说，抗战时期的乡贤形象彻底从上海电影界消失了。与之相反的是，一大批左翼电影人和进步人士在重庆和延安重新开始了他们的民族救亡运动，1938年，中国电影制片厂就摄制了《保卫我们的土地》《热血忠魂》《八百壮士》三部抗战剧情片以及大量抗战纪录片等，此时“中国抗战电影的‘主要任务’，也由反帝、反封建和反资本主义的‘三反主义’，转换为反对日本帝国主义侵略中国的‘一反姿态’”①，而新的抗战乡贤也由此诞生。

在《保卫我们的土地》中，九一八事变后，日军占领了东三省，炮火毁掉了主人公刘山的家，他只好带着妻子和弟弟刘四流亡到了南方小镇。经过夫妇俩六年辛勤的劳动，他们重建了新的家园。但弟弟刘四不思进取，喝酒，赌博，整天不务正业。随着全民族抗战的爆发，战火又燃烧到了新的家园，刘山夫妇深知逃难不是办法，只有拿起武器来抗敌，才能保住自己的土地，保住自己的家园。刘山劝告逃难的人们说：“敌人想抢我们全中国的地方，你们跑到哪儿也逃不

① 李道新.抑制的精神创伤与断裂的历史记忆——中国抗战电影的身心呈现及其文化征候[J].当代电影，2015(8)：16-21.

了。你们不看看我们东北的同胞们，地方失掉了以后，被敌人赶到火线上去打头阵。假如现在我们不起来跟敌人拼命，保卫我们的土地，将来也会有这么一天的，到那个时候，我们亲手杀的是自己的骨肉，自己的同胞!”在刘山夫妇的努力下，村民愿意留下来支援军队以抵抗日军的侵袭。但是弟弟刘四受到汉奸蒙骗，欲为日军指示轰炸目标，刘山晓以大义却无法打动刘四，最后刘山只能忍痛大义灭亲。影片最后，在刘山的带领下，军民团结一致，肃清汉奸，向敌人发起了猛烈的反击。作为全民族抗战爆发后第一部正面描写抗战情节的电影，《保卫我们的土地》不仅揭露了日本军国主义入侵中国的丑恶嘴脸，还展现了中华儿女奋勇抗敌、顽强拼搏的崇高精神。

史东山在《保卫我们的土地》中塑造了一个崭新的以刘山为代表的抗敌乡贤的形象。在刘山身上，我们看到了传统农民吃苦耐劳、坚忍不拔的品质，可以说刘山就是旧中国千千万万受苦受难的农民的一个缩影。同时，我们也能看到一个小人物成长过程，看到刘山如何从老实巴交的农民一步步成长为带领军民合作抗日的领路人，农民阶级从之前被剥削、被压迫的境地一跃而上，成了抗日救亡的主力军，“在战争背景下和炮火硝烟中，个人命运与民族命运第一次发生了前所未有的深切关联”①，“在抵御侵略的战争中，个人小家就是民族大家，‘家’就是‘国’，‘国’就是‘家’，个人命运与民族命运已经紧密地联系在一起。影片中这些普通民众在战争中的觉醒和性格的转变，实际上隐寓的是中华民族在抵御侵略的战争中克服软弱、走向坚强的成长过程。这一时期的抗战电影在爱国主义的主题中构筑的是一个独特的战争与人的命运、个人命运与民族命运的影像寓言”②。

同样由史东山导演的《好丈夫》(1939)讲述了全民族抗战爆发，王二嫂丈夫应征上前线成为抗战勇士的故事。1940 年 1 月 3 日的《时事新闻报》在《〈好丈夫〉与兵役》一文中这样评价该片：“除了有它的教育和国防的意义而外，它将对目前全国最紧张的兵役问题，增加不小的助力”，“片中的几个主要人物不但有着农民朴素、正直的气质，而且深晓民族大义，为抗战不惜牺牲自己暂时的利益。可以说《好丈夫》是《保卫我们的土地》的一个发展，比《保卫我们的土地》更

---

① 李道新. 从《风云儿女》到《鬼子来了》：中国电影叙事的四大段[J]. 艺术评论，2015(4)：38 - 42.

② 王利丽. 民族记忆与影像抒写——中国抗战题材电影的历史文化变迁[J]. 文艺理论与批评，2005(4)：21 - 27.

深入了一步”[①]。

《风雪太行山》(1940)讲述了太行山地区的矿工与农民联合起来与日本侵略者抗争的故事。农民老马在太行山地区种地放牧，日本侵略者占领这里后开建了煤矿，掠夺资源。老马的儿子小马被抓去做矿工，老马为了救儿子，被骗为敌人带路，儿子的眼睛也在反抗中被打瞎。认清敌人本质的老马幡然悔悟，在矿工与农民联合起来展开武装斗争时，他也毅然投入到了抗日战斗中去。[②] 在《风雪太行山》中，以老马为代表的普通农民在残酷的现实面前经历了一次思想上的转变，从逆来顺受地接受压迫到奋起抗战，正是影片想传达出的抗战精神。老马是彼时国内千千万万农民的缩影，他成长为抗日战士的原因不再仅仅是为了自己的土地，而是被激发了民族救亡的自觉性，体现了为了民族和家园而反抗的战斗精神。

抗敌乡贤的产生，究其原因，一方面是全民族抗战爆发后，社会主要矛盾由阶级矛盾变成了中华民族与日本帝国主义的矛盾，呼吁全民族同胞们拿起武器反抗侵略者成了主要目标，农民阶级就成了抗争主角，另一方面，日军侵略的目的之一就是侵占土地，左翼电影人找到了准确的切入点，以最关心土地的农民为主角塑造出了新的乡贤形象。他们可能没有太多的文化，可能不是德高望重的族老，但是他们朴素的理想信念使其成了真正意义上的能够挽救民族危亡的抗敌乡贤。

当然，这个时期的抗战电影也并非仅仅关注农民阶级。1945年，史东山编导了他在抗战时期的最后一部电影《还我故乡》。影片讲述了一个财主弃暗投明的故事。平阳县城沦陷后，大财主王相庭被日伪迷惑，不听从儿子王道元的劝说，从乡下进城当了伪商会会长。不久，日伪露出了真面目，好友的遇害和日伪的侵略暴行让他真正清醒过来：“你们不要当我是怎样糊涂的人，当时我只是为了城里这一点点产业……不过，我现在知道：当国家在受敌人欺侮的时候，老百姓要各顾自己是万万不能的！”于是，他与游击队联系，暗中将武器搬入城中准备暴动，最后不幸牺牲。王相庭这样的人物形象在抗战电影所描写的人物形

① 于鹏亮. 第二次世界大战题材影片中的爱国主义精神[J]. 宁夏大学学报(人文社会科学版)，2008(4)：84-87.

② 周星. 中国电影艺术史[M]. 北京：北京大学出版社，2005：112.

象中是很少见的，该片上映之后也引起了部分争议。作为一个中上层的士绅商人，王相庭是矛盾的，一方面他希望保全家产，出于私心帮助日伪做了许多坏事，最终坑害到了城内的百姓，另一方面他却因日伪的暴行而认清了现实，最终坚定了信念，完成了思想上的升华，加入了抗日的队伍，为革命而献身。这样的人物形象所呈现的矛盾和变化是特定时期人性中的阴暗面和民族大义的较量，最后王相庭选择了民族大义，人物形象得到了提升。而这样的一个形象也告诉我们，乡贤形象不是一种固定的模式，乡贤也是在不断的发展变化中成长的。有些乡贤比较成熟，有些乡贤正在萌芽，而有些乡贤处在变化之中。

晚清至五四时期是中国乡贤发生转折的重要阶段。一直到 20 世纪三四十年代，电影中的传统乡贤形象总体而言比较匮乏，乡贤也几乎不是作为主要人物出现在影片中的。但就是这些不甚清晰的乡贤面孔，依然呈现了现实主义电影对中国农村社会现实问题的关注。乡贤形象的曲折变化，既显示了近现代中国乡贤形象、乡贤文化的演变，也映射出百年来中国乡土社会现代化变迁的复杂与艰难。

第二节　崛起和消隐：20 世纪 50—70 年代的“农村新人”和乡贤命运

传统乡贤是在农业文明的基础上产生的，是传统文化所孕育和催生的。自晚清开始，随着现代启蒙思想的输入，乡贤往往因其为传统文化的体现者而被批评或贬抑。在 20 世纪 50—70 年代的影片中，几乎不见传统乡贤的踪影，由“农村新人”组成的新的基层权力结构开始在乡村社会占据主导地位。

新中国成立后，乡村的政治、经济、文化等发生了天翻地覆的变化，与之相对应，作为乡村基本建设力量的农民队伍也发生了极大的变化，以农民队伍为主导的电影作品也成了这一时期的“主旋律”：“中国的社会主义文化在它的初始阶段，其趣味性是不断地向农民文化倾斜的。这一文化趣味，一方面与中国的农业社会性质有关，与民间的文化传统和接受要求有关，一方面也与文化意识形态长期的引导、动员有关。1942 年以来，‘为工农兵服务’和首先是‘普及’的问题，是长期以来不变的文艺方针。但就中国的具体状况而言，农民占社会人口的绝大多数，真正的产业工人由于历史的短暂，还没有形成自己特有的文化欣赏趣味，中国士兵多为农民出身，他们的趣味事实上就是农民的趣味。因此，社会主义在它形成的最初阶段，就是以农民文化作为基础的。1942 年以后创作出的'红色经典'，不仅题材是农村的，而且人物、故事情节、结构和结局，都是以农民的欣赏方式设置的。"[①]

在这些农民队伍中，涌现出了一大批"农村新人"。这些"农村新人"在功能上有类似于传统乡贤的地方，是乡村社会运转的主要力量，但他们又与传统乡贤有着本质的不同。其一是产生的背景不同。传统乡贤的生存基础深深根植于封建宗法制度，而"农村新人"则是在新民主主义革命和社会主义建设阶段孕育而生的。其二是出身不同。传统乡贤多出身大户人家，文化积淀深厚，有一定社会地位，而"农村新人"则多为在共产党领导下翻身做主的贫苦农民，受教育程度普遍不高。其三是思想理念不同。传统乡贤更多是儒家礼教的践行者，有较为深厚的文化底蕴[②]，而"农村新人"更多接受社会主义新思想，具有大刀阔斧改革、破旧迎新的革命精神。这类"农村新人"具有集体主义思想和新的道德风尚[③]。张拴、东山(《不能走那条路》，1954)，李双双(《李双双》，1962)，郭大娘(《槐树庄》，1962)……这些年龄、性别、身份、性格不一的"农村新人"，却有一个最大的共同点：他们都是走集体化、合作化道路的榜样，是新社会的贤者，是新中国自己培养的新一代乡村精英。

一、翻身做主的"农村新人"

社会主义新农民中的代表性人物被称为"农村新人"。新中国成立后，农民翻身做主人，从根本上改变了农民在政治、文化、生活中的地位，根正苗红、思想端正的社会主义新农民开始占据电影银幕，成为生产劳动和乡村建设的主力军。他们或是带领村民共同奋斗走集体主义道路的乡村党员干部，或是热心家乡建设的年轻人，又或是公社劳动中的生产能手。这一时期的影像客观上展现了"农村新人"在农村建设中的新的奋斗面貌以及导演对社会主义农村发展的

① 孟繁华. 传媒与文化领导权[M]. 济南：山东教育出版社，2003：88.
② 王琳. 解放区乡土文学中的乡贤叙事研究[J]. 南昌大学学报(人文社会科学版)，2020(2)：112 - 118.
③ 陈颙. 为社会主义农村新人雕像——关于话剧《李双双》的排演[J]. 戏剧报，1963(12)：5.

美好展望。尹鸿、凌燕在《新中国电影史》一书中提到:“这些影片通过塑造中国现代农民的全新形象,从正面去表现他们渴望走农业合作化道路的现实主题,并以极大的政治热情和主观意志使中国农村社会主义运动的正确性与必然性得到影像呈现。”①

(一) 带领农民走合作化、集体化道路的领头人

随着 1954—1956 年合作化运动的推进,新的乡村干部逐渐走上舞台,他们带领村民生产劳动,成为农业生产中不可或缺的有生力量。《槐树庄》(1962)中讲述了共产党员郭大娘历经了多次重大改革,不断带领农民群众克服困难,最终建立起人民公社的故事。故事从 1947 年的土地改革讲起,郭大娘是一位贫穷的农村妇女,在影片开始的时候,她已经是一名基层的党员干部了。在党的领导下,她带领群众与地主儿子崔治国进行了斗争,最终胜利完成了土地改革。时间推进到六年后,此时的郭大娘已经是村支部书记了。合作化运动到来,老党员刘老成不愿意合作,只想单干,郭大娘的儿子牺牲在了朝鲜战场,这些困难都没有压倒郭大娘,她坚强地站了起来。她挨家挨户鼓励大家入社,甩开膀子带领村民一起干活,终于把合作社建立了起来。她对刘老成进行了严厉的批评,使他认识到了思想上的错误,重新回到了党的立场上来,终于让合作社风风火火地办了下去。之后,曾经在土改时期被处理的崔治国回到槐树庄煽风点火,挑拨村民反对合作化运动。在上级党组织和郭大娘的领导下,村民认清了现实,经受住了这场阶级斗争的考验。1958 年,槐树庄建立起了人民公社,郭大娘再次得到了党的肯定和群众的拥护。

这时期比较著名的影片还有《李双双》(1962)。李双双是一名普通的公社社员,她热心乡村事务,爱“管闲事”。看到村里生产队修水渠少人,她就拉着几个生产积极分子去帮忙——“谁也没派,我自己想来”,甚至现场还和几个男同胞比赛谁干的活多;为了调动妇女工作的积极性,她向生产队建议整顿评工记分工作;看到金樵、孙有投机取巧,她还向队里检举揭发。由于李双双大公无私,敢说敢当,她被群众选为了妇女队长。在李双双的建议下,正确的评工记分制度调动了村民的积极性,村里的人民公社终于迎来了生产大丰收。

---

① 尹鸿,凌燕. 新中国电影史[M]. 长沙:湖南美术出版社,2002:46.

像《槐树庄》中的郭大娘和《李双双》中的李双双这样带领村民一心一意建设新农村的“农村新人”形象一直活跃在这一时期的电影银幕上。例如，在《水乡的春天》(1955)中，乡长吉春林为了提高亩产，带领群众克服重重困难改造了田地，迎来了丰收。在《春天来了》(1956)中，生产合作社副社长鲁淮生改造洼地，带领村民共同致富。这类“农村新人”是新中国成立后社会主义改造和社会主义新农村建设迫切需要的乡村精英。他们熟悉土地，是土生土长的庄稼人；他们对党忠诚，对国家忠诚；他们大公无私，甘愿牺牲小我，带领村民走合作化、集体化、人民公社的道路；他们敢于和一切艰难困苦、落后势力以及各种自私现象作斗争。“一个新人物的成长，是和他的环境分不开的。正因为他是在新的生活中成长起来的，所以他身上必定要显示出浓厚的健康的时代特征和阶级特征……一个人在有了理想，有了舍己为公的高尚品质的时候，他就能够心怀坦荡而不挟私怨。当然，这个道理或许我们的新人物讲不出来，但像李双双这样的新人物却想到了，而且通过自己的行动体现出来了。”①

（二）充满理想和革命热情的新一代青年农民

新中国成立初期，除了像郭大娘、李双双这样的走集体主义道路的积极分子，还需要一批充满理想和抱负的新生代“农村新人”来积极参与社会主义新农村建设。

梁生宝(《创业史》中的人物)等新人最突出的品格就是对合作化、集体化道路的拥护、追随与践行。当时农村题材的长篇小说叙事主线几乎都是梁生宝式的“合作化新人”的“创业史”。除了《创业史》(柳青著)，其他如《山乡巨变》(周立波著)、《香飘四季》(陈残云著)、《汾水长流》(胡正著)、《金沙洲》(于逢著)、《绿竹村风云》(王杏元著)、《艳阳天》(浩然著)，无不如此。中短篇小说更是集中笔墨塑造“合作化新人”，如李准的《不能走那条路》、马烽的《韩梅梅》、西戎的《灯芯绒》、束为的《老长工》、孙谦的《队长的家事》、胡正的《摘南瓜》、孙犁的《铁木前传》、刘绍棠的《大青骡子》、从维熙的《远离》、房树民的《引力》……此类小说数不胜数，不管“山药蛋派”作家，还是“荷花淀派”作家，抑或其他作家，他们都在不约而同地塑造外貌、性格、年龄各异但信念一致的“合作化新人”。这些

---

① 李准. 我喜爱农村新人——关于写《李双双》的几点感受[J]. 电影艺术，1962(6)：16－19.

新人成为当代文学人物画廊中人数最多的群体，也在当时影片中作为乡村青年的杰出代表得到了积极的反映。

电影《闽江橘子红》(1956)讲述了闽江边上的白花洲开展互助合作运动的故事。青年党员李银花牵头成立了银花互助组，先是解决了组织评分混乱的问题，调动了大家的积极性，又团结组内外的村民消灭了特大虫灾，经受住了严峻的考验，还不计前嫌救助了单干户杨才发的橘树，让杨才发感受到了集体的温暖，选择参加互助组。在李银花这样一个有责任、有担当又有能力的青年党员的带领下，银花互助组的橘树迎来了大丰收，李银花也获得了美好的爱情。

电影《花好月圆》(1958)改编自赵树理的小说《三里湾》。在影片中，华北农村的三里湾村正筹划着开渠、扩社，支部决定让范登高去动员富裕农民"糊涂涂"让出他家祖传的刀把地。范登高非但不做"糊涂涂"的工作，反而带头反对支部决定，进城去跑买卖，搞个人发家致富。民兵队长王玉生对范登高的这种行为极为不满，就在村口把他堵住了。两人争执非常激烈，幸亏村支书等赶到，才将局面暂时缓和下来。范登高仍旧赶着驴进城了。范登高的女儿灵芝与"糊涂涂"的儿子有翼都是共青团员，又是村里仅有的两个中学生，他们都恨自己的家庭落后。灵芝要走社会主义道路，和父亲进行斗争。有翼则怯弱，屈服于家庭的顽固势力。后来，有翼在玉梅等人的帮助下，鼓起勇气和家庭进行斗争，挣脱了家庭的包办婚姻，并促使全家入了社。经过青年们的斗争，三里湾开渠、扩社的事终于成功，村民们迈着幸福的步伐，劳动和生活下去。

电影《我们村里的年轻人》(1959)关注了乡村青年这样一个比较活跃的群体。故事中，高占武和曹茂林不忍家乡常年缺水，提议劈山引水，他们的想法得到了村里年轻人的拥护。他们组成志愿队开始了劈山引水的艰难工程，县委赵书记思想开放，给予了他们最大的支持。经过这帮年轻人的努力，清泉终于流入了山村，在人们欢呼雀跃的同时，这些年轻人也收获了各自的耕耘成果。

在电影《我们村里的年轻人(续集)》(1963)中，同样是之前参与开山的年轻人孔淑贞和李克明从县里学成回村，提出在家乡修建水电站的构想，被提升为副大队长的高占武在赵书记的支持下承担起修建水电站的任务。经过大家的共同努力，工程提前完成，小山村第一次通上了电。影片表现了一群生龙活虎、朝气蓬勃的年轻人用自己的劳动和爱情谱写新生活的赞歌。

影片在描绘富有激情的新生代农民的豪迈干劲的同时，用爱情的辅线丰富了这群农村青年们的内心世界，使他们的形象更为立体化。退伍军人高占武和回乡知识青年孔淑贞作为领头人，他们敢想敢做，相互默默爱慕。在遭遇困难之际，高占武用一场苦中作乐的联欢会调动了年轻人的活力、热情。这个故事中，年轻人为家乡建设不畏艰难，完成了老一辈不敢想象的事业，同时又让相爱的人经历了磨难、冲突、痛苦和甜蜜，从而使得这场开山引水的事业有了甜蜜、欢乐、让人回味的情感细节，让观众们轻松记住了这样一群年轻人。智慧、勇敢、内心丰富的高占武，热爱家乡、敢和男子争锋而又歌声甜美的孔淑贞，老实憨厚的曹茂林等人赢得了众多农民观众尤其是年轻观众的喜爱。电影没有干巴巴地讲工作、讲思想，而是用个性，用情感，用青春的气息，用勇气征服了观众①。他们富有年轻人的朝气，不时穿插的歌舞还有年轻人之间特有的青春爱情，使得影片的内容不再单调，而是充满了甜蜜和希望。他们质朴、活泼、大公无私的品质成为这一时期农村新人的普遍特征，推动了新农村农民精神风貌的形成，他们也成了这一时期社会主义新农民形象的典型代表。

（三）公社劳动生产中的技术能手

“六十年代的开始，在我们伟大祖国的辽阔的大地上，从城市到农村，从工业到农业以至国民经济的一切领域，掀起了声势浩大、波澜壮阔、万紫千红、日新月异的全民性的技术革新技术革命的大风暴。”②在20世纪60年代，我国涌现了一批又一批的技术能手，他们的身影也开始逐渐活跃在银幕之上。电影《抗旱曲》(1960)塑造了自学成才的技术骨干形象。1960年初，陕西省遭遇严重的干旱，杨书记派干部姚宝成和技术骨干小吴下乡安装抽水机以抗旱。姚宝成回社后，由于技术员不在，他和村民大龙费了很大力气才安装好的抽水机只工作了一小会就不行了。为了减少庄稼受损，不死心的两人吃住在抽水机旁，整夜钻研机械原理，姚宝成连媳妇生孩子都顾不上回去看。在深夜的寒风中，姚宝成在村民的帮助下终于发现是因为抽水机的吸水龙头入水太浅，抽水筒里灌满了空气，水才抽不上来。他立即跳进寒冷的河水中，挖开了水口的淤泥。大

① 王文奇. 乡村影像的传播与认同[D]. 华东师范大学，2011.

② 上海社会科学院经济研究所政治经济学组农村人民公社调查组. 在毛泽东思想光辉照耀下的农村技术大革命[J]. 学术月刊，1960(6)：36－44.

龙半夜醒来看到此情景，也跳进河中，和姚宝成一起战斗。终于，抽水机的马达开动了，水管里喷出了银白色的水柱，将要枯死的麦苗饱饮着甘露。姚宝成为了领导群众抗旱，自学科技知识，日夜战斗在抗旱的第一线，同各种困难搏斗，冒着生命危险在塌方的机井中保护井壁。影片塑造了一个吃苦能干、冲在第一线的“科技型”干部形象，驳斥了村民“靠天吃饭”的落后思想，抽水机的组装成功标志着在技术的帮助下“人定胜天”的理念。

电影《神秧手》(1960)里的曹顺才是十里八乡有名的插秧能手，人送外号“神秧手”。正值村里的稻田扩大了三倍，曹顺才想把年轻人都喊来，教他们快速插秧，可是年轻人一时半会学不会，效率不高，于是，他们就派小芹去县里学机器插秧。学成归来的小芹用一些木棍组装成了一个怪模怪样的机器，曹顺成看到后不屑一顾，提出要跟小芹比赛插秧。比赛开始后，曹顺成很快就插完了一排，小芹还在组装机器，得意的他还想等小芹一会，上演了现实版的“龟兔赛跑”。组装好机器的小芹很快便超过曹顺才，赢得了比赛，满头大汗的曹顺才露出了落寞的表情。插秧机很快成了村里新的“神秧手”，连曹顺才也在偷偷地练习插秧机的使用，他说：“往后我也要往前看，看机械化了。”在插秧机的帮助下，插秧任务顺利地完成了，看着田里一片片的秧苗，大家露出了开心的笑容。《神秧手》宣传了以机械革新代替传统人工种植的理念，而机械化农业也正是乡村现代化的必经之路。

同样题材的电影还有《耕云播雨》(1960)。女主角淑英是村里的气象预报员，她根据科学的手段、设备以及村里老农积累的经验，多次为村里准确地预报了天气。一次，上级指示会有大暴雨，要放掉村里水库抗旱用的蓄水，淑英经过缜密观测，坚定认为不会下雨。在她勇于承担责任的坚持下，领导采纳了她的意见。最后，果然只刮了大风，没有下雨，村里成功保住了水库的水源。

技术生产能手的出现，预示着传统农业不再是靠山吃山、靠水吃水的落后面貌，技术的介入大大改善了乡村的生产状况，从农耕文明中走出来的劳动大众再一次依靠自己的知识和智慧战胜了天灾，提升了生产力。而女性角色也开始不断参与技术革新的过程，实现了“妇女能顶半边天”。

综上，进入 20 世纪 60 年代，电影的创作逐渐将镜头对准年轻人，无论是努力建设乡村的领头人还是技术能手，他们都是以充满蓬勃朝气的年轻人形象出现。同时，镜头也在努力还原时代所赋予他们的精神面貌——青春洋溢的活力、顽强拼搏的精神、勇于奉献的价值观，塑造出了20世纪60年代乡村青年的风采。影片中的台词，如“一块儿去建设共产主义”，“只要对社会主义建设有利，什么差事我都干”，等等，体现了新中国成立后广大青年的朴素想法。那个时代的青年，怀揣着理想，怀揣着纯粹而热情的斗志参与乡村建设，镜头记录下来了那个年代独有的精神面貌。那些为了理想努力奋斗的乡村青年是社会主义建设初期的“农村新人”，也是那个时代的乡村精英。

二、传统乡贤的消隐和“农村新人”的“变异”

在中国农业社会，交通工具不发达，村庄与村庄之间几乎是相互隔绝的。乡村以自然村落为主，村民以血缘、亲缘、地缘为纽带集聚在一起。在这种情况下，皇权很难触及基层，由此便形成了乡村自治的局面，而乡贤就是乡村自治的主要执行者。

晚清以降，乡贤逐渐退出历史舞台。一方面，是因为科举制度的式微。传统乡贤文化的生长延续与科举制度关系密切。发达的科举制度造就了大批有功名在身却无官位加身的读书人，使得他们诗书耕读，留在家乡，再加上致仕制度造成大量退休官员返乡，于是，乡贤大量出现。“晚清科举制度废除以后，传统乡贤阶层衰落并最终消失，代之而起的是接受新式教育的新阶层。所以，到民国初年，新的乡贤概念外延有所变化，主要包括受学堂教育出身和任职于各类新式学校的文化人”①。“抗战胜利后共产党在农村实行的土地革命和‘村选政治’，以各级‘劳模’和‘群英’为主体的乡村新式权威逐渐控制了乡村政治生活，传统权威的政治影响力大幅消退。这从根本上改造了乡村社会结构，并挖掘了绅权赖以存在的社会条件，传统乡绅才最终在乡村社会的权力结构中消失。对于中国乡村社会，尤其是对于乡村传统权力结构形态而言，乡绅权势地位的最终退出，才真正标志了一个时代的终结。”②另一方面，晚清到民国，随着国家科层化管理体制的逐渐完备，国家政权不断垂直下移。这意味着国家政权

---

① 赵普光，李静. 当代文学对乡贤文化的书写[N]. 人民日报，2016-08-09(3).

② 王先明. 乡绅权势消退的历史轨迹——20世纪前期的制度变迁、革命话语与乡绅权力[J]. 南开学报(哲学社会科学版)，2009(1)：95-107.

及其意识形态正在重新认识国家力量与乡村社会的关系，更多利用国家政权的垂直科层组织解决乡村治理的诸多难题，而乡贤不再成为乡村治理的主要力量，“自古皇权不下乡”的治理体制成为过去。五四运动和新文化运动带来了民主和科学，在现代启蒙思想的烛照下，作为传统文化一部分的乡贤文化成为被批判、被贬抑的对象。这种情况一直延续至新中国成立后三十年。如前文所述，在20世纪50—70年代的影片中，几乎不见传统乡贤的踪影。传统乡绅、地主在乡村的统治格局被打破，“农村新人”组成的新的基层权力结构日益形成，乡村社会秩序得以重建。作为乡村基本建设力量的农民队伍也发生了极大的变化，出现了一大批“农村新人”。

20世纪60年代中后期至70年代，影像创作和批评中的“新人”形象进一步发展为崇高的英雄形象，作为集体化、合作化榜样的“农村新人”让位于诠释忠诚、担当使命的英雄人物。于是一个个工农兵英雄人物开始活跃于各类电影中。在农村题材影片中，也出现了这种以贫下中农为代表的英雄人物。

电影《青松岭》(1974)的主要人物就是饲养员张万山。他是一个车把式，心地善良，一直为队里工作，兢兢业业，从未出过事。村里办了赶车培训班，请张万山教导年轻人，年迈的张万山不顾自己的老寒腿，坚持给学员们上课。一天，他批评了钱广夹带私活损害集体利益的行为，导致钱广故意不干活并以此来要挟队里，张万山临危受命亲自赶车进城，还在新来的党支部书记方纪云的帮助下，揭穿了钱广的阴谋。方纪云的作用就是辅助、突出张万山的形象，而张万山作为村里的标杆，再苦再累也要上，在与各种困难的斗争中，他表现出了无私奉献的精神和坚韧的毅力，最终在其他人物的帮助下，他戳穿了反面人物钱广的阴谋，提高了周围人的思想觉悟。这一类正面人物与反面人物的矛盾也加剧了电影叙事结构上的冲突，正面人物与反面人物之间的矛盾呈现出无法调和的状态，好人就是极致的好人，坏人就是无恶不作。又如电影《龙江颂》(1972)中，大队党支书记江水英为了支持抗旱而修建大坝，反派人物黄国忠百般阻挠，企图破坏大坝，最终江水英制止了黄国忠的阴谋并将他绳之以法，保住了大坝的安全。

虽然20世纪60年代初期的社会主义“农村新人”形象已经越来越带有理想化的色彩，但跟新中国百废待兴、社会主义农村建设的需要基本合拍。到了20世纪60年代中后期乃至70年代，主人公形象已趋于完美，这样的“英雄”形象“严重脸谱化，几乎千篇一律，无论故事背景如何，是战争年代还是和平年代，无论男女老少，无论从杨子荣到吴清华，还是从喜儿到潘冬子，他们都在做同样的事，说同样的话，表达同样的思想。为了表现出英雄的高大完美，不允许英雄有任何缺点，不允许他历经成长，也不允许有人性的弱点，更不允许有作为正常人的情绪情感”①。

至此，不仅传统意义上的乡贤消失了，具有当代品格的新乡贤雏形——社会主义“农村新人”形象也逐渐隐退了，或者说过度理想化的塑造导致社会主义新农民走上了一个与现代新乡贤成长不同的道路。“‘样板戏’以塑造‘无产阶级英雄’为基本内容，它塑造了一大批传奇式的英雄人物，歌颂了他们的爱国主义、舍己为人的崇高精神，在他们身上表现出强烈的民族气节，如李玉和、洪常青、郭建光、阿庆嫂、杨伟才、杨子荣、少剑波、柯湘……就是其中的代表。他们每个人虽然生活在不同的时间段，但是他们身上崇高的爱国主义精神和强烈的民族气节却是相通的，是值得世代传承的。尽管他们每个人物都是根据时代政治的需要，经过反复修改、精雕细刻而成，其最终结果呈现给观众的是一批‘神化的雕像’。”②

传统乡贤的消隐有其历史必然性。乡贤是农业文明的产物，是在小农经济的基础上产生的。随着新中国成立，工业文明的到来，乡贤产生的土壤发生了衰变。农村集体化、人民公社化带来的行政化管理体制也使乡贤的功能和作用日渐萎缩，同时，与乡贤联系紧密的乡贤文化也成为被批判的对象。其实，相较于乡贤的存在或消隐，乡贤文化遭遇的情况则复杂得多。“在传统社会中，乡贤文化集中体现了乡村的人文精神，在宗族自治、民风淳化、伦理维系及乡土情感激发、集体认同感保持等方面起着无可替代的作用。”③概言之，以礼治、德治为主的乡村治理模式是乡贤文化的精髓和集中体现，浓缩了几千年乡村文化的精华。这样的文化并不一定会，也不应该随着乡贤的退隐而消失，或者说，那些更具物质形态、不适应时代发展变化的内容可以被淘汰，但以乡贤为代表的乡贤文化的精髓应该被保留下来。这也是乡村历经几千年的曲折坎坷，仍然在各种变化中不断调适、恢复和发展起来的重要原因。

---

① 杨今为. 伦理视域下的“文革电影(1966—1976)”研究[D]. 西南大学，2016.

② 邵宇彤. “样板戏”研究[D]. 东北师范大学，2007.

③ 赵普光，李静. 当代文学对乡贤文化的书写[N]. 人民日报，2016-08-09(3).

反观20世纪50—70年代，传统乡贤消隐了，“农村新人”“变异”了，新的乡村文明尚未完成建构。20世纪50—70年代影片中乡贤形象的消隐和“农村新人”的“变异”，曲折地反映了社会主义过渡阶段和社会主义建设初级阶段中国乡村的客观现实。

第二章
20世纪八九十年代乡贤文化的影像传播

第一节　乡土文化的多重话语与乡贤文化传播

费孝通在《乡土中国》中指出，从基层上看，中国社会是乡土性的。数千年的农耕文明，使以血缘和地缘为基础孕育而生的乡土文化成为中国文化的根本所在。在现代文明的冲击涤荡和大众传媒的强势来袭之下，乡土文化以或留存或消解或重构等多种文化姿态和多重话语形态演绎着现代化的转型与嬗变。电影和电视剧作为大众喜闻乐见的传播形态，自觉、主动地将关注的目光投向中国乡村，在与政治、经济和社会发展的“召唤—应答”互动中，用影像符码建构了一个个“虚拟的实体”或“想象的时空”，成为乡土文化变迁与乡贤文化传播的时代镜像。

一、什么是乡土文化

费孝通认为：“‘文化’指的是一个民族，或者群体，共有的生活方式与观念体系总称。”[1]文化是共同生活的人群在长期的历史中逐渐形成起来的。在费孝通看来，中国文化是土地里长出来的，而且一直在土地的封锁线内徘徊：一方面，国家的收入要靠田赋；另一方面，农民的收入要靠农产，离开了土地就没法

---

① 费孝通.费孝通九十新语[M].重庆：重庆出版社，2005：164.

生存。[①] 农耕文明是建立在土地之上的，只有拥有相对稳定的土地所有权或者使用权，才能进行生产资料的再生产，建构起农耕文明特有的宗族文化和乡村传统。鉴于此，我们可以说，乡土文化是在乡村生活中形成的特有且相对稳定的生活方式与价值观念的总称。

从文化的表层结构、深层结构和意义结构三个层次对乡土文化进行分类，乡土文化包括乡村的物质文化、规范文化和表现文化等。乡村的物质文化一般以物质形态作为符号载体，体现为乡村的自然风光、村落的建筑、生活方式等。其中，生活方式是物质文化的重要载体，生活方式的改变折射出思想观念的变化。乡村的规范文化一般指乡村的传统习俗、村规乡约等。规范文化诉诸思想观念，是文化的内核。“在文化变迁的过程中，它不会一成不变，而是随着自然的、社会的环境变化而不断调适，但是总体上变化比较缓慢，具有相当的守成性，一旦其剧变、裂变，就有可能造成文化认同危机，带来深层次的社会心理问题。”[②]乡村的表现文化则是文化的外显，指乡村方言、传统工艺或技艺、民俗节庆等以声音、图像、色彩为表征的文化形式。“这些乡村文化的艺术形态对于我们了解乡村的文化历史，延续民族记忆无疑有着不可替代的重要价值。”[③]

农耕文明的特性与传统农业生产力水平，造成了农民对土地的特殊感情。“我们的民族确是和泥土分不开的了。从土里生长出过光荣的历史，自然也会受到土的束缚。……靠种地谋生的人才明白泥土的可贵。城里人可以用土气来藐视乡下人，但是乡下，‘土’是他们的命根。”[④]乡土文化培育了中国人极其强烈的归属于出生地的乡土习性。“在我们社会的急速变迁中，从乡土社会进入现代社会的过程中，我们在乡土社会中所养成的生活方式处处产生了流弊。陌生人所组成的现代社会是无法用乡土社会的习俗来应付的。”[⑤]但是，我们不能只站在现代化立场上来评价乡土社会，更不能在现代化的过程中抛离乡土社会，因为，“从基层上看，中国社会是乡土性的”[⑥]，“乡土性”才是决定乡村需求的

---

① 费孝通. 费孝通文集：第4卷[M]. 北京：群言出版社，1999：176－180.

② 李静，等. 城市化进程与乡村叙事的文化互动[M]. 北京：中国社会科学出版社，2015：8.

③ 李静，等. 城市化进程与乡村叙事的文化互动[M]. 北京：中国社会科学出版社，2015：8.

④ 费孝通. 乡土中国[M]. 北京：中信出版社，2019：2－3.

⑤ 费孝通. 乡土中国[M]. 北京：中信出版社，2019：9.

⑥ 费孝通. 乡土中国[M]. 北京：中信出版社，2019：1.

根本。

“乡土社会环境不很变，因之文化变迁的速率也慢……乡土社会中个人的欲望常是合于人类生存条件的。两者所以合，那是因为欲望并非生物事实，而是文化事实。”①亚当·斯密认为，“冥冥中那只看不见的手”会安排社会秩序，让每个为自己打算的人好好生活。这种理论所根据的其实并非现代社会而是乡土社会。乡土社会孕育的乡土文化依靠传统和经验，因为乡土社会是传统社会，传统就是经验的积累。现代社会孕育的工业文明需要知识和计划，人们依照已知的手段和目的关系去计划行为。新中国成立之后，中国的政治体制和治理方式较之前发生了翻天覆地的改变，改革开放以来，中国农村也经历了前所未有的变化。因此，只有基于对当前中国农村实际状况的考察，才能恰如其分地对乡土文化的利弊作出评价。

我们必须承认：“现代社会需要有与之相适应的人文观念和价值体系，即现代文化形态。传统乡土文化的人文观念、价值体系难以适应现代社会的内在要求，有时候还会成为一种阻碍力量。但是，仅就文化本身而言，城市文化未必就是先进的、优秀的，乡土文化也未必就是落后的、陈旧的。因为文化不是线性发展的，文化的形态不是任何时候都随着生产力的发展而改变的。尤其是那些几千年沉淀下来的优秀传统文化，它内蕴着强大的生命力，是我们民族文化的根基，完全可以融入现代文化形态之中。另外，中华民族是农业文明延续时间最久、文化成就最高的民族。传统乡土文化是我们民族最为宝贵的集体文化记忆，而在任何时候，一个群体的认同性和独特性的意识就依靠文化记忆。因而，保存传承传统乡土文化的精华，在文化全球化语境中，具有建构民族文化身份与文化认同的文化战略意义。”②

二、乡土文化变迁的影响因素和现实表现

晚清以来，中国传统乡土社会持续受到现代化的冲击，也经历了多次现代化改造的实践。“20世纪中西碰撞的结果之一，是由于工业化西方的强大威猛，

① 费孝通. 乡土中国[M]. 北京：中信出版社，2019：121－123.

② 李静，等. 城市化进程与乡村叙事的文化互动[M]. 北京：中国社会科学出版社，2015：9.

使中国原有的身份认同发生了两个根本性变化，一个是从政治上自我中心的'天下—王朝'变为屈居一隅的'民族国家'，另一个是从文化上无比优越的'礼仪之邦'变成离散分化的'乡土中国'。"①20世纪80年代以来，随着改革开放的持续推进，市场经济的浪潮加速了中国的工业化与城市化的进程。城市化是社会发展的历史进程，是工业革命的伴生现象。自18世纪英国工业革命以来，城市化逐渐成为一种全球化趋势。伴随着农村人口向城市的转移和集聚，以农业为主的传统乡土社会向以现代工业、现代服务业等为主的现代城市社会逐渐转变。检视中国城市化发展的历史进程，城市化推动了社会的发展，给人们的思想观念、生活方式带来了全新的变化，但同时也带来了许多新的问题。基于城市本位的西方现代文明模式逐渐侵蚀了基于乡土本位的乡土文化图景。我们通过反传统来为现代化开辟道路，认为城市文化是现代的、先进的，乡土文化是传统的、落后的，城市与乡村意味着现代与传统两种社会形态。于是，在扩张城市的同时，将传统文化、乡土文化当作落后文化进行清理，将传统文化的精华与糟粕一起切割掉了。21世纪以来，农业、农村、农民的问题一直是备受关注的公众话题。人们越来越清晰地意识到，"三农"问题不只是单纯的乡村问题。然而，农民作为承继乡土文化的主要群体，既没有能力与代表城市文化的精英阶层开展对话，又不能理解"村外人"对乡土文化的诠释和解读。对于大多数农民而言，或许那些知识精英认为的乡村物质文化、规范文化和表现文化从乡村生活中消失，恰恰是现实生活得以改善的前提之一。

中国乡土文化自20世纪70年代以来的变迁，主要是在以下两个因素的影响下发生的。一是工业文明对农业文明的冲击致使乡土文化生发和存在的根基受到动摇。在现代社会的经济结构中，工业和第三产业日益重要，以工业化大生产和消费主义为特征的城市文化正逐渐替代乡土文化。二是户籍制度的改革，让农民可以在一定范围内自由流动，生活空间获得一定程度的拓展。家庭联产承包责任制的施行，成为取消农民流动限制的关键契机。农民为了谋求更富裕的生活，也为了撕掉"农村人"的身份标签，涌入城市，寻找就业机会。进城打工潮让农民"离土又离乡"，随之而来的是中国传统的乡土社会日趋瓦解。改革开放带来市场经济的发展，逐渐取代了中国传统的小农经济。在面对商品

---

① 徐杰舜，等.人类学与乡土中国[M].哈尔滨：黑龙江人民出版社，2006：125.

意识与土地观念的矛盾时，农民突破传统观念的束缚，离开世代居住的乡村和固守的土地，积极投身城市和市场，致力于让传统自然农业向现代商品农业转化，在农村和农业之外开辟新的生存空间，以期获得更高的经济收益。“乡—土—人”的高度黏合状态正逐渐离散，以守土为特征的乡土文化必然会发生变迁。这种变迁主要表现在精神和物质两个层面。

从精神层面看，乡土文化是中国传统文化的一部分，是乡土社会的文化根基，也是构建乡民关系、稳定乡村秩序的关键因素。一方面，农村城镇化进程造成人与土地的分离，导致乡土社会秩序和价值体系失去了存在的空间和土壤。随着大量农村人口离开乡村涌入城市，乡土文化渐渐淡出农民的生活。乡土文化在工业社会和城市文明的冲击下显得可有可无，远离土地的农民遭遇了文化认同危机。农民离开土地，这其实也可以从两个角度来看，一是农民的血缘和家族观念使得远离迁徙这一行为变得痛苦，但同时农民也有天然的开拓和进取意识，因此这就构成了他们心理上的矛盾。而工业化和城市化的进程也确实给乡村田园式的环境造成了破坏，因此，农民们只能选择离开土地，纷纷进城。这样一来，乡村的青年劳动力锐减，人与土地分离，在文化主体上就造就了一个新的边缘性文化群体——农民工群体。农民工群体处在城市文化的边缘地带，面对强势的城市现代文化，他们对于自己的文化记忆往往选择沉默，内心深处的乡土情结和记忆又使得他们难以迅速融入城市文化，他们遭遇了文化认同危机。

另一方面，在市场经济和消费主义的影响下，城市文化和工业文明被认为比乡土文化更现代、更先进、更开放，乡土文化成为传统、落后和保守的象征，这也进一步恶化了乡土文化的生存环境。众所周知，传统乡土社会缺乏一种公共意识，由熟人圈子构成的团体难以适应现代公共关系和公共空间组成的社会结构。因此，当现代的社会秩序、公共准则、道德规范进入乡土社会的时候，乡土文化难以适应，也就难以接受现代文明中的信用体系和各种公理习俗。进而，在面对市场化浪潮过程中，当金钱和消费观念渗透农村社会，人们还没有做好心理准备，就必须面对各种诱惑。对于中国乡村来说，传统道德和伦理早已根植于人们的内心深处，其中一些内容和现代化的进程有矛盾或冲突。首先，现代化和工业化给乡村带来了现代文明的成果，推动了乡土文化的更新。其次，由于乡村传统文化的固有特性，城市现代文化的渗入也造成了乡土文化的衰落和萧条。中国乡土文化长期以来受到农业生活和儒家文化的影响，其中既有安于现状等诸多保守的方面，也有自尊、勤劳、不屈不挠等至今还有积极意义的方面，“中国农村传统文化的主体应该是那些融入中国农民血脉、不可轻易改变的东西，如‘家庭价值观’‘家族主义’‘平均思想’‘乡土关系观’等等，它们反映了中国农民意识深层的价值取向和在这种价值指导下的行为模式。”[①]然而，这些文化传统在工业化和现代化的过程中不断受到冲击，已经逐渐失去主导地位。“随着现代经济的发展，社会分工的细化，以及商品市场的大发展，农民的市场经济意识也在不断增强。五花八门的商品越来越多，各种诱惑不断增加，金钱在社会中扮演着越来越重要的角色。这种现象，从根本上动摇了乡村原有的文化观念和审美观念。日益变化的社会潮流冲击着乡村的‘文化场’，年轻人、‘新思想’逐渐成了乡土社会的主宰。”[②]许多乡村中的人际关系亦随之变得越来越疏离和冷漠，一些农村地区的精神文化生活匮乏且低俗，“空心村”的出现，也导致农村地区“老无所居，老无所养”等问题屡见不鲜。

从物质层面看，在农村城镇化建设过程中，出现了“一刀切”式的村庄整治和乡村改造，有些地方大量拆除传统建筑，导致乡土文化的物质载体特别是有特色的传统建筑，如宗庙祠堂、龙王庙、传统民居等的迅速消失。还有一些地方盲目模仿城市建设格局和西式建筑风格，导致农村建筑外观失去了传统特色。村落是乡土文化重要的物质载体形式之一，村落与村落之间的交流和联系也是乡土文化传承与认同的一种形式。随着农村人口大量进入城市，一些村落正在逐渐消亡。“古村落是中国文化的根植所在。在城市化进程中，‘圈地运动’遍地开花，各地风行‘用建设城市的思路来建设乡村，用发展工业的思路来发展乡村’，村落无奈消失。据中国民协进行的普查显示，目前依旧保存跟自然相融合的村落规划、代表性民居、经典建筑、民俗和非物质文化遗产的古村落，正以每天 80 至 100 个村落的速度在不断消失。过去十年，中国总共消失了 90 万个自然村。”[③]以前我们判断城市的规模主要是看高楼大厦，乡村主要是看院落、农舍，倘若作为物质载体的这些村庄、器物都不存在了，那么乡土文化将何以附着？

---

① 周晓庆. 从农村社会文化传统看当代中国农业的演变[J]. 社会科学论坛，2005(4)：58 - 64.

② 丁永祥. 城市化进程中乡村文化建设的困境与反思[J]. 江西社会科学，2008(11)：212 - 214.

③ 王传荣，石坚. 我国农村文化建设困局及影响[J]. 山东财政学院学报，2014(1)：78 - 85.

乡土文化包括民风民俗、民间艺术、传统节庆等。这些也是维护乡村人际关系、丰富村民精神生活的重要内容，在乡土生活中发挥着重要作用。随着乡村生活城镇化和村民邻里关系功利化，乡土文化逐渐失去了其存在的文化语境，成为远离村民生活的陌生文化形态，许多具有独特乡土意味的民间文化形式渐渐从村民的视野中消失。作为乡土文化符号、形态以及物质载体的民俗文化受到了冲击。在这个过程中，很多原本属于乡村特有的文化要素不断消失，如乡村的生产工具、婚丧嫁娶等习俗、各种节庆传统等。随着机械化和工业化的推进，很多传统的农业生产工具走进了历史。随着西方文化的进入和影响，传统节日如上元、七夕、中元、重阳等原本内涵丰富、与农业文明密切相关的节日，正在被日益加快的现代城市生活节奏所解构或重构。多种民间文艺在衰落，有的正日渐衰落(如一些地方戏曲)，有的演变为必须受保护的文化遗产。眼下各地的物质或非物质文化遗产，大多原本是乡土文化的内容，它们进入文化遗产的名录，正说明了这些文化在日渐没落，甚至有失传的危险，因此不得不通过政府及民间机构保护的方式，使其不至于立刻消失。乡村生活中传统的说唱演等曲艺形式，被跳广场舞和上网看视频所取代，传统节庆活动中的年画、皮影、剪纸等民间艺术也随着传统节庆的淡化而日渐衰微。

三、乡土文化多重话语中的乡贤文化传播

(一)“文化寻根”浪潮中乡土文化的再构和乡贤文化的复苏

面对乡土文化的离散与迷失，具有深厚文化积淀的中国知识分子开始了自己的思索与应对。自 20 世纪 80 年代以来，伴随着改革开放的进程，西方哲学思潮和文化理论逐渐为国人所知，其中萨特的存在主义、弗洛伊德的精神分析学和尼采的生命哲学尤为热门，神话学、民俗学、文化人类学等文化理论产生了广泛影响。在从传统社会向现代化社会转型的时期，中国传统文化的特质和价值是什么，中国传统文化的选择与出路在哪里，是学者们普遍关注的时代话题。研究者们从横向的东西方文化比较与纵向的中国传统文化认知两个方面切入，探索中华民族传统文化的复兴与重建。发端于文学领域的“文化寻根”思潮，正是在这样的文化大背景下孕育而生的。

什么是“寻根”？为何要“寻根”？“寻根”的目的是什么？文学创作者的一

系列追问，体现出在“传统”和“现代”、“民族”和“世界”这类二元对立思维中对中国文学走向世界的一种期待。“寻根”是对传统文化的寻找和呼唤，是为了发扬传统文化中的“优根”，摈弃传统文化中的“劣根”，成为中国走向现代化和中国文学走向世界的途径。“寻根派”知识分子对中国传统文化的回归和寻找，一方面是为了对抗西方文化霸权，另一方面是力图在全球视野中重构民族国家形象。“寻根派”的“回到传统”，并不是单纯地对传统文化全盘接受，而是对“传统文化”进行创造性转化，目的在于使其现代化。在20世纪80年代中国文学走向世界的历史语境下，这是一种比较可行的策略，或者说，这是一种构造新的“中国形象”的大胆尝试。从这个意义上来说，坚持“传统”，还是谋求“现代化”，二者是殊途同归的，回归“传统”是为了创造“现代”，是为了重构一个具有民族传统特质的现代中国。这种从传统文化走向现代文化、从传统中国走向现代中国的文化启蒙，是20世纪80年代知识分子探索乡土中国和乡土文化未来走向的积极而有价值的文化实践。从创作主旨和艺术取向上看，“文化寻根”小说的文化价值取向是经过文化思考后的选择，具有鲜明的时代特征和极强的审美张力。

文学领域的“文化寻根”浪潮直接引导了20世纪八九十年代电影“寻根”的创作风潮。中国电影的创作与“文化寻根”浪潮相呼应，二者在最大程度上达成一致并形成良性互动。“寻根”电影改编是在全球化背景下展开的、有明确理论指导的电影创作实践。这类改编与创作，用现代意识透析传统文化，在对乡土中国的文化传统进行现代化审视与思考时，实现乡土文化的积淀与传承。中国第四代电影导演在“寻根”电影改编过程中，呈现了重要的代表性作品。比如，黄健中改编李定宽同名中篇小说的影片《良家妇女》(1985)、滕文骥改编“寻根”小说代表作家阿城同名小说的影片《棋王》(1988)，都通过对人物现实处境的展示和对人物精神世界的表现来传达对乡土文化的认知和对道德伦理的珍视。中国第五代电影导演集体性地为我们呈现了一大批基于“文化寻根”立场的电影作品。这一时期的“寻根”电影将改编重点放在对“民族性”的挖掘上，通过民风和民俗的影像化呈现，对乡土文化进行展示与反思。比如，改编自叙事性散文《深谷回声》的电影《黄土地》(1985)，被视为这类电影的发轫之作。《黄土地》在保留原作叙事框架的基础上，通过意念化和寓言化的影像叙事，对传统文化的劣根性进行批判，在对文化之根的殷切期望之中寄托着忧患意识和人文情怀。又如,张艺谋改编自莫言小说的影片《红高粱》(1987)既为张艺谋赢得了国际赞誉,也昭示了第五代电影导演"文化寻根"的精神指向。此后的《菊豆》(1990)、《大红灯笼高高挂》(1991)、《秋菊打官司》(1992)、《活着》(1993)、《摇啊摇,摇到外婆桥》(1995)都改编自文学作品,它们作为"寻根"电影的代表作,体现出小说与电影最为紧密的良性互动关系。

"寻根"电影虽然在艺术表现形式上与"寻根"小说不同,但是在精神指向和文化立场上与"寻根"小说一脉相承。"寻根"电影的改编创作以清醒的理智、深厚的人道主义情感和对现实的深刻把握,书写历史、生命、思想之真。这类电影在思想上呼唤传统文化,在形式上反对模仿西方电影,在内容上运用多元的影像表达。"寻根"电影关注人生价值的追问和艺术本质的回归,直指传统伦理和乡土文化,自然、土地、生命成为这类电影的精神旨归。在这场文学与电影良性互动的"文化寻根"思潮中,以乡土中国为存在场域的乡贤正在悄然回归,以传统伦理道德为精神基础的乡贤文化亦在欣然复苏。

(二)"民工潮"中乡土文化的隐现和乡贤文化的发展

自20世纪70年代末以来,中国开始由以农业为主的、半封闭的传统社会快速向以工业为主的、开放的现代社会转型。随着经济体制改革的不断深入,以城乡分割为基本特征的城乡二元结构逐渐弱化,中国人的社会生活方式发生了巨大变化,中国的社会秩序也随之发生了改变。越来越多的农民为谋求更好的生存状态而来到城市,由于职业身份与户籍身份的错位,他们不太可能在短时间内融入城市,只能在城乡之间流动,形成中国特有的"民工潮"现象——农忙时回家务农抑或春节时返乡,其他时间均在城市务工。"民工潮"的主体构成是农民工。农民工作为中国社会转型这一特定历史时期的产物,有广义和狭义之分。广义的农民工包括两部分人,一部分是在本地乡镇企业就业的"离土不离乡"的农村劳动力,一部分是离开本地去外地打工的"离土又离乡"的农村劳动力,其流入地主要是"北上广"(北京、上海、广东)等经济发达地区。狭义的农民工是指"既离土又离乡"的那部分农民。据统计,我国农民工的数量一直在持续增长,截至2014年,其总数已达到27395万人(据国家统计局公布的《2014年全国农民工监测调查报告》),而且,近些年随着城市化进程的进一步加剧,还有大量的农民加入这一行列。由此可知,农民工在相当长的时间内,仍然会以城市化的主角和历史的见证者的身份进入我们的视域。农民工群体既是生活变迁的亲历者，也是社会变化的推动者。

中国传统社会是一个以家庭为基本单元，以儒家道德为秩序的伦理社会。在乡土社会中产生的乡土文明为伦理理性化社会秩序的存续提供了客观根据。从结构上看，中国传统社会是一种与西方社会不一样的差序格局社会。费孝通指出，“以‘己’为中心……是从自己推出去的和自己发生社会关系的那一群人所发生的一轮轮波纹的差序。中国乡土社会的基层结构是一种我所谓的‘差序格局’，是一个‘一根根私人联系所构成的网络’。”①这种以家为根基、以“己”为中心的差序格局根源于中国的乡土文化。而“血缘所决定的社会地位不容个人选择。……血缘是稳定的力量。在稳定的社会中……‘生于斯，死于斯’把人和地的因缘固定了。……自给自足的乡土社会的人口是不需要流动的”②。由此可见，以血缘关系和地缘关系结成的中国乡土熟人社会具有封闭性和稳定性，正是在这种乡土社会中，产生了基于差序伦理关系的乡土文明和伦理化社会秩序。

农民工进城不单单是农村人口的居住地点在空间上的改变。当农民进入城市后，他们不仅要经历行为方式的调整，还要进行价值观念的转变，才能适应新的城市环境，成为“城里人”，这更像是一种“文化移民”。从总体上看，无论农村居民以何种方式进入城市，他们在进入城市之后都会以特定的方式与城市环境、城市机构、城市市民产生联系。但是，农民工通过开展生存理性选择行为进入城市，并与城市环境、城市机构、城市市民建立了某种社会关系，这种社会关系与乡村社会中存在的社会关系截然不同。首先，这种社会关系不是以血缘关系、亲缘关系和地缘关系为基础的，而是以业缘关系或者主顾关系为基础的，因此它是一种建立在以理性计算和逻辑推论为基本特征的理性选择基础上的社会关系。其次，农民工的户籍仍在农村，他们难以和城市居民一样，享受城市的社会保障待遇和福利。

对于广大农民工而言，城市是一个全新的空间，城市文化、城市市民的生活方式以及农民工在城市中的工作和生活使他们的关系网络、生活方式和行为方

---

① 费孝通. 乡土中国[M]. 北京：中信出版社，2019：34－41.

② 费孝通. 乡土中国[M]. 北京：中信出版社，2019：100－101.

式都发生了巨大的变化。然而,农民工的日常生活实践是惯习、场域和资本的统一体,三者之间的互动共生关系决定了农民工的日常生活实践不是对乡土文化的断裂,而是对其的传承。因此,在城市社会中尤其是在农民工群体内部,传统的血缘关系和地缘关系实现了复制与再生产,从而使农民工可以依照传统的行为逻辑在城市社会中重新建构一种类似于乡土社会的生活秩序,即农民工群体的内部秩序。乡土文化、乡村生活方式、传统人际关系以及乡村社会秩序是沉淀在农民工内心深处并对他们的精神世界和生活世界产生重大影响的文化潜意识。这种潜意识为他们提供了先验图示,导致他们在陌生的情境中依然会对照以往的先验图示做出选择。改革开放以来,中国的乡村社会发生了巨大的变化,但是"亲缘、地缘关系依然是村民唯一所熟悉,并加以利用的关系"①。因此,作为个体的农民工在对进城策略的选择上自然就体现为对乡村社会中存在的惯习和传统社会关系的自觉运用。许多研究表明,多数农民工正是利用老乡关系、亲戚关系或者同学关系等人际关系在城市中找到第一份工作或者找到一个可以暂时居住的住所。在进入城市之后,这种以血缘、亲缘和地缘为基础的社会关系网络在许多农民工的工作和生活中发挥了巨大的作用,这种基于乡土文化的社会关系网络不仅可以为他们提供各种就业信息,还可以为他们提供基本的生存保障和情感依赖。"面对城市主流文化的冲击,农民工群体实际上形成了群体亚文化,这种亚文化是乡村文化的延续和重构,从而使农民工在陌生的情景中还能找到熟悉的应对方式。理想的结果是这种亚文化能够合理地融入城市主流文化,而不是与后者相冲突,以至于成为一种边缘文化。"②事实上,农民工成为"文化边际人"是一种真实的境遇,他们难以真正融入城市,也难以真正回归乡村。

对于进城务工的农民而言,农村农业生产经济效益仍然较低,与此同时,传统乡土观念的文化凝聚力在减弱,因此许多农民在经过比较之后,选择了留在城市。农民工通过在城市中开展生存选择行为使他能够在城市社会中生存下来,并通过开展经济选择行为,使他在城市社会中的经济状况不断得到改善,进而通过开展社会选择行为,使他进一步融入城市的社会生活。随着农民工对城

① 曹锦清,张乐天.传统乡村的社会文化特征:人情与关系网——一个浙北村落的微观考察与透视[J].探索与争鸣,1992(2):51-59.

② 郭星华,等.漂泊与寻根:流动人口的社会认同研究[M].北京:中国人民大学出版社,2011:16-17.

市社会的不断适应，他将不断融入城市社会，不断迈向理性化的社会秩序，从而不断远离乡村社会的文化秩序。农民工开展社会选择行为，不仅是为了获得更多的经济利益，也是为了获得社会身份、社会地位等社会利益。不少农民工通过有效的生存理性选择和经济理性选择，在其面临的生存压力大为减缓之后仍然选择继续留在城市。但是，城市社会针对农民工群体的社会排斥、市场机制的不足以及乡村惯习的作用使农民工在从农村人向城市人转化的过程中充满了变数。对于以农村居民身份进城打工的广大农民工来说，在城市中的打工经历只是其人生历程的一个片段，而不是其从农村居民向城市市民的跳跃。因此，在经历了这一片段之后，回到其出生和成长的农村就成为绝大多数农民工的无奈选择。城市是现代文明、现代化大生产和现代生活方式的复合体，因此它所需要的不仅仅是掌握各种专业知识和技能的人才，而且也是以现代生活方式开展生活的居民。因此，对于大部分选择返乡的农民工来说，离开城市是一种被动选择，而不是主动选择。

从20世纪90年代开始，农民工一直是中国电影第六代导演们热衷拍摄的群体。其中比较具有代表性的作品有贾樟柯的《小山回家》(1995)、吴文光的《江湖——1998年大棚报告》(1999)、管虎的《上车，走吧》(2000)。贾樟柯的《小山回家》讲述了这样一个故事：1995年元旦，农民工王小山被解雇了，他联系了许多在京打工的各行各业的老乡，但没人愿意与他一同返乡，最后他在离京之前把自己凌乱的长发留在了街边的一个理发摊上。贾樟柯让我们随着摄影机与落魄的小山一起游走于城市的寒风中，“我愿意看民工脸上灰尘蒙盖下的疙瘩，我愿意听他们吃饭时呼呼的声音，因为那是他们诚实的收获。一切自然地存在着，只需要我们去凝视、去体会。”贾樟柯直面真实的勇气令人感动，直面真实也意味着直面我们自己人性深处的弱点。吴文光的《江湖——1998年大棚报告》讲述的是这样一个故事：来自河南的农民刘金城创建了“远大歌舞团”，带着他的远亲近邻们到城市谋生。影片开头是城里在进行“卫生大检查”，刘金城的歌舞团正是被“检查”的对象。在闲聊中，人们谈起未来打算，尽管他们当中有些人并不明白“未来”的意思是什么。电影以纪实的方式，真实地叙述了大棚人交织着无奈与希望的生活状态。管虎执导的反映农民工生存状态的电影《上车，走吧》获得金鸡奖，也再次证明当时农民工题材电影获得的关注与认可。

20世纪90年代，尽管描写外来打工者生活的《外来妹》(1991)等电视剧火爆一时，但那是被艺术加工过的农民工的生活，它只从某个方面反映了打工妹的生活，离现实还有很大的距离。这一时期的农民工题材的影视作品关注和表现的对象是农民工，展示他们的生存状态是为了体现主创人员的道德关怀。正是这样一种“救世主”视角使得这类影视作品中的农民工形象呈现出概念化和模式化倾向。这类影视作品中的农民工往往是城乡二元结构中“被看”的“独特风景”，其自身的真实性却被有意无意地悬置起来。农民进城务工的最初的动因是对于城市丰富的物质生活和精神生活的向往与追求。然而，对于大多数农民工来说，“城市是他者的，民工只是钢筋水泥森林里的一个‘闯入者’，一个‘城市的异乡客’，一个‘陌生的侨寓者’、一个寄人篱下的栖居者，他们既是魂归乡里的游子，又是都市里的落魄者。”①20世纪八九十年代的农民工题材影视作品大多充满悲情色彩，造成这种悲情色彩的原因之一，即前文提到的农民工作为“文化边际人”的社会身份和心理状态。

从某种意义上来讲，农民工是一个数量巨大的群体，他们因为农业收入难以满足生存之需，远离家乡，闯入城市谋生计。从社会心理学的角度关照，这个群体是我们当代社会的“边际人”，即在社会文化变迁或地理迁徙过程中产生的一种转型人格。“城市文明作为一种诱惑、一种目标，时时吸引着大批的乡村追随者；而乡村追随者为使自己能融入城市，必须经过一番脱胎换骨的思想蜕变历程。”②就历时态而言，农民工和所有城市人一样，要经历中国社会由传统向现代转型的社会文化变迁，完成现代化。就共时态而言，农民工要跨越城市人不必跨越的城乡二元结构(这种二元结构是以二元户籍制度为核心，包括二元就业制度、二元福利保障制度、二元教育制度、二元公共事业投入制度在内的一系列社会制度体系)，完成城市化。因此，他们承受着历时态与共时态的双重转型压力，面临着艰巨的再社会化的任务。这是一个改变原已习得的价值标准和行为规范，建立新的价值标准和行为规范，确立新的生活目标的过程。因此，农民工不仅仅是身份上的“亦工亦农”，还是文化上半传统半现代的中间物。这种“文化边际人”的角色决定了农民工的认同焦虑，而身份焦虑亦成为农民工最典

① 丁帆.“城市异乡者”的梦想与现实——关于文明冲突中乡土描写的转型[J].文学评论，2005(4)：34.
② 柳冬妩.从乡村到城市的精神胎记——关于“打工诗歌”的白皮书[J].文艺争鸣，2005(3)：34-47.

型的特征。具体而言，作为“文化边际人”，农民工有两个显著的特征：其一，有着显著的身份焦虑；其二，经历着文化人格的裂变。从身份建构理论来看，农民工的身份焦虑与认同困境产生于自我认同过程中与国家政策、社会关系网络的互动失常。城市化进程虽然为农民工带来了身份认同的新契机，但受文化差异及个体认知的影响，他们的身份塑造仍是一个长期的过程。乡土文化与城市文化的差异显著，城市居民与农民工之间资源占有和分配的不均及平等对话机会的缺失，以及农民工自身长期的生存压力与基于现实境遇的反思，均使得他们难以完全融入城市。

农民工题材影视作品以沉重的影像表现从乡村进入城市的农民群体，关注农民工群体在城乡夹缝中的生存境遇，体现了深切的人道主义情怀。农民工题材影视作品在致力于为这一群体发声的同时，也彰显着其特有的文化立场和审美价值。但是，我们必须清楚地认识到，这种将农村、城市、农民工等问题简单化、模式化的处理方式，从根本上忽视了农民工以及农民工进城的复杂性。如果不能理解农民工作为“文化边际人”的身份认同焦虑，不能认识造成农民工生存境遇问题的深层文化原因，是无法从根本上感知和表现农民工进城之后遭遇的困难的。事实上，农民工进城是实现人的现代化的愿望在社会生活中的实践与显现。这个过程既有喜悦与欢乐，也有悲情与忧伤，既有坚信与奋斗，也有困惑与怀疑。农民工题材影视作品不能是只存在于主创人员观念意识中的想象性书写，而应该贴近农民工真实生存状态，能够深刻表达中华民族在实现现代化过程中的艰苦奋斗。

回顾 20 世纪八九十年代的“民工潮”和同一时期农民工题材的影视作品，我们会发现，植根于农民工内心深处的恋乡情结，在他们进城务工时从未被遗忘和抹杀。基于血缘、亲缘和地缘关系的交际网络，是农民工在进城务工后依旧仰仗和依赖的生存模式。乡土文化依旧是农民工的思想之根和行为之本，深刻影响着农民工进城后的生活选择。与此同时，在农民工群体中，那些在紧要关头，能够拿得出主意、想得出办法的人，以及那些在城市生活中积累了一定资金和人脉，在危急时刻能够给大家提供帮助和支持的人，也逐渐形成了在农民工群体中的声誉和威望，成为日后农民工返乡创业的先驱，亦推动了这一时期乡贤文化的发展。

第二节 传统乡村文化的消解与传统乡贤影像的艰难重返

乡贤和乡贤文化都是在农业文明的基础上产生的。在以小农经济为基础的传统社会，聚族而居产生了村落，村落中的亲缘、血缘凝结成了宗族，宗族长便是乡贤的雏形。乡贤的概念最早应出现于东汉末年，清代梁章钜在《称谓录》中写道："东海孔融为北海相，以甄士然祀于社。此称乡贤之始。"①在传统社会，乡贤构成了中国乡村历史文化的重要组成部分。乡贤主要指乡村中有贤德、有文化、有威望的贤达人士。如明代汪循所言，"古之生于斯之有功德于民者也，是之谓乡贤"。就传统乡贤的社会功能而言，主要表现在两个方面：一是通过制定、执行乡规民约，依靠宗族和家长制维持乡村自治；二是用道德伦理思想教化村民，以礼治文化、乡风民俗维系村庄的稳定和村民之间的关系。也就是说，传统乡贤既有一定的行政管理职能，也担负着民风淳化、率先垂范的道德教化功能。20世纪八九十年代，传统乡村文化日渐式微，这一时期的影视作品敏锐地捕捉和记录了改革开放初期乡村文化的变迁。与此同时，在"文化寻根"热潮的影响之下，影视作品积极展现代表传统文化的典型影像，力图重建乡土文化空间，传统乡贤银幕、荧屏形象也应运而返，重新出现在这一时期的影视作品之中。

一、传统乡村文化的价值规范：传统乡贤的行为逻辑

中国传统乡村文化是孕育和涵养传统乡贤的文化沃土。乡村文化是乡村共同体的精神内核，它具有自然、淳朴的文化特征。中国传统乡村文化包含"天人合一"的自然主义情结，"乌鸦反哺""羔羊跪乳"的慈孝道德观念，"出入相友，守望相助"的良善交往原则，平和淡然的生活态度和"趋福避祸"的民间信仰……这种乡村文化基于农村生活和农业生产，构筑起中国人的精神家园。中国传统乡村文化包含中国乡村的生活秩序、精神秩序和治理秩序，中国传统乡

---

① 梁章钜.称谓录[M].长沙：岳麓书社，1991：313.

贤也是这三类秩序忠实的维护者和践行者。

（一）和谐的生态智慧——传统乡贤的生活秩序

费孝通在《乡土中国》中指出，依存于乡村生活的农民，以土地为基础，以乡情为纽带，形成了深厚的恋乡情结。源自内心的对土地的眷恋，会让农民自觉尊重和保护赖以生存的乡土环境。加之小农经济对于自然条件和自然资源的极大依赖，中国的农民很早就意识到天、地、人三者和谐共生的重要性，并形成了“人法地，地法天，天法道，道法自然”这一顺应自然规律的“天人合一”生态观。这是一种对于人与自然关系的朴素认知，是现代社会可持续发展观的雏形。在这样的思想基础上，中国传统乡村形成了对资源循环利用的有机农业形态，其方式包括多样化耕作、用地养地、农牧结合、精耕细作等，这些方式的综合运用保证了农业生产的良性发展。中国传统农业秉持尊重自然的生态秩序，坚守善待自然的生态文化，与资本主义早期的工业文明形成了鲜明对比。在经济理性主义、工具主义等实用文化价值观的影响下，工业化大生产建立的是以个体为本位的高能耗社会，不可避免地引发了全球性的环境危机与文化冲突。

（二）道德的交往空间——传统乡贤的精神秩序

梁漱溟认为：“传统中国社会以伦理本位为特征。”[①]费孝通则认为，乡村社会以“差序格局”作为生活方式和秩序。[②] 两位学者的研究对象和研究方法虽有不同，但都认同一个基本事实：中国传统乡村社会遵循礼治，是以家庭关系和伦理道德为基础建构的命运共同体。这是因为中国传统乡土社会是一个“熟悉”的社会，没有陌生人的社会。“熟悉是从时间里、多方面、经常的接触中所发生的亲密感觉。这感觉是无数次的小磨擦里陶炼出来的结果。这过程是《论语》第一句里的‘习’字。‘学’是和陌生事物的最初接触，‘习’是陶炼，‘不亦说乎’是描写熟悉之后的亲密感觉。在一个熟悉的社会中，我们会得到从心所欲而不逾规矩的自由。这和法律所保障的自由不同。规矩不是法律，规矩是‘习’出来

① 梁漱溟. 中国文化要义[M]. 北京：商务印书馆，2021：84－87.

② 费孝通. 乡土中国[M]. 北京：中信出版社，2019：41.

的礼俗。从俗即是从心。换一句话说，社会和个人在这里通了家。”[①]在中国传统乡村社会中，村规乡约和宗法伦理约束村民的社会行为，保证乡村生活的和谐秩序。家庭、家族及村落等生命群体是中国传统乡村社会的基本组成形式。在这些生命群体中，亲情和乡情是最为普遍存在的两类情感，村民们因此而亲近、沟通，并对其所生活的环境和生产生活方式产生认同，形成一致的价值观和社会舆论。村民们根据亲缘和血缘关系明确自己在乡土社会中的位置与责任，如果有人违背了自己位置所规定的行为规范，就会受到精神上的谴责和肉体上的惩罚。这样一种机制源自人类群居生活最基本的道德秩序，是自下而上、自然形成的，不同于自上而下的皇权制定的“礼法秩序”。因此，这类民间道德规范更容易稳定而持久地在中下层社会延续和传承，起到维护基层社会稳定的作用。

（三）非制度性的社会规范——传统乡贤的自治秩序

哈耶克把社会秩序分为两类：一类是人为设计的命令式秩序，另一类是自发秩序。哈耶克认为，自发秩序是人类应对未知世界的唯一方式。从这个意义上来说，传统乡村社会中的生活秩序也是一种自发秩序或自治秩序。中国传统乡土社会是“礼治”的社会。“礼是社会公认合式的行为规范。合于礼的就是说这些行为是做得对的，对是合式的意思。如果单从行为规范一点说，本和法律无异，法律也是一种行为规范。礼和法不相同的地方是维持规范的力量。法律是靠国家的权力来推行的。‘国家’是指政治的权力，在现代国家没有形成前，部落也是政治权力。而礼却不需要这有形的权力机构来维持。维持礼这种规范的是传统。”[②]乡村社会的存在形式主要是生活共同体，而非政治共同体，民间自发形成的传统习俗、村规乡约、宗法家风等是规范乡村社会中农民行为的主要形式。传统习俗是人们在长期生产生活实践中“自发”形成的社会风俗和行为习俗，同民族文化心理紧密结合；村规乡约与村民的日常生活息息相关，是国家制度与本地实际相结合的产物，在乡村社会中受到普遍认同；宗法家风是家族成员共同制定并获得集体认可的行为规范。传统习俗、村规乡约、宗法家风

① 费孝通. 乡土中国[M]. 北京：中信出版社，2019：7.
② 费孝通. 乡土中国[M]. 北京：中信出版社，2019：70.

都属于未经政府颁布的非正式制度，它们作为乡村文化意识形态的一部分，表现为农民的处世态度、价值取向和道德标准，广泛影响和规约着乡村的社会行为，保证乡村社会生产生活的秩序，增强乡村的凝聚力和村民归属感，最终促成乡村长期的稳定和繁荣。

二、传统乡村文化的消解：传统乡贤的困惑与迷茫

中国传统乡村文化秩序是在农业文明中孕育产生的，而现代化和城市化是工业文明的产物。工业文明打破了乡村文化的封闭性，给乡村文化输入先进、开放的观念。在城市化与工业文明的双重影响下，农民的眼界日益开阔，参政意识日渐增强，民主法治观念逐渐深入人心，农民的人格类型也在由依附型向独立型转变，中国传统乡村社会正呈现出新的经济增长和文化发展态势。但是，城市化与工业文明是一把“双刃剑”，在给农村带来物质财富和精神财富的同时，迅速消解着传统乡村社会的文化秩序，农业文明与工业文明的文化冲突造成农民思想观念的深刻变化。传统乡村社会的农民们在享受城市化与工业文明带来的富裕与进步时，也在承受着文化秩序解构和与价值体系冲突带来的不确定性和不安全感。

（一）传统乡村文化话语权缺失

乡土中国在20世纪初遭遇了突如其来的现代化。20世纪90年代以后，城市化开始急速发展。在这样的过程中，人们一味地以城市化为中心，忽略了中国乡土文化中有益的部分。城市化带来的功利主义、消费主义和享乐主义，改变了生活在乡土社会的农民们的人生目标和价值判断体系。“当求富裕成为乡村人压倒一切的生活目标，经济成为乡村生活中的强势话语，乡村社会由玛格丽特·米德所言的以年长者为主导的前喻文化迅速向以年轻人为主导的后喻文化过渡，年长者在乡村文化秩序中迅速边缘化。”①传统乡村社会文化价值体系的解体，一方面让农民的精神世界无处可依、无法安顿，另一方面导致乡土社会丧失了内在的文化聚合力，作为乡土文化孕育产生的土壤，乡土社会也日渐

① 刘铁芳. 乡村的终结与乡村教育的文化缺失[J]. 书屋，2006(10):45－49.

衰微。客观地说，传统的农耕文化依旧有一定的生命力，某种程度上还扮演着现代化的制衡角色。农业社会被骤然抛入以西方为中心的现代化进程中以后，中国传统的乡村渐趋瓦解，农业文化的各种习俗正在减少和式微，但农业文明的思维依然存在。在走向现代化过程中，乡土文化常常反向拉动工业文化和城市文化，形成了两种文化间巨大的反作用力。因此，在城市化和工业文明的视域中，城市代表着“富裕”和“先进”，农村意味着“贫穷”和“落后”。这种不平等的文化话语霸权造成工业文明对农业文明的巨大冲击，也加速了城市文化对乡土生活的改造。农民既有的生存空间、生活方式、思维方式、人际关系都在潜移默化地发生改变，传统乡村社会的家园感、依存感和归属感正在逐渐丧失。城市文化孕育出的高雅文化艺术类型难以在乡村社会推广和被接受，而其中的低俗文化却与乡村文化中的落后成分结合，在乡村社会迅速泛滥，极大地动摇了乡村社会淳朴、敦厚的文化根基。① 在城市化和工业文明的冲击下，中国传统乡村社会的文化培育能力正在被削弱，乡村文化的承继主体正在快速流失，乡村社会的文化认同正在被解体，传统乡村社会得以稳定和繁荣的文化秩序正在被打破。

（二）传统乡村伦理道德碎片化

由于传统乡村社会文化秩序的消解，部分村民放弃了原有的行为规范和价值判断，传统道德体系呈现碎片化态势，具体表现为四点。其一，农民的传统信仰日渐消失，很多人的精神世界比较空虚。其二，作为城市化和工业文明的副产品，个人主义和实用主义在乡村社会日渐流行，“一切向钱看”成为部分农民奉行的唯一价值准则，诚实守信、温良恭俭让的民风日渐缺失。其三，传统乡村文化中“天人合一”“道法自然”的生态文化思想逐渐被抛弃。在城市化和工业文明的影响下，农村的经济状况得到了很大改善，但是农村经济建设的成果往往是以生态环境的破坏为代价。破坏植被、开山采矿造成的水土流失和土地荒漠化问题非常突出。其四，乡村社会的道德标准和价值评价体系陷入混乱。由于传统乡村文化秩序被打破，道德舆论场的引导监督和规范约束逐渐减弱，加之城市化和工业文明带来的道德观念的涌入，在传统道德文化和现

① 赵霞.传统乡村文化的秩序危机与价值重建[J].中国农村观察，2011(3)：80－86.

代多元道德观念博弈冲突中，农民茫然无助且无所适从。评价体系的混乱必然导致行为模式的失范。当村民不再对礼义廉耻和荣辱是非具有文化认同感的时候，当生活场域内不再有道德规范和舆论监督力量的时候，乡村社会生活出现不稳定、不和谐因素的风险必然大幅上升。

三、“困惑”与“迷茫”中的传统乡贤影像

改革开放伊始，随着西方电影文化的引进，特别是20世纪80年代初对于巴赞和克拉考尔电影理论的引入和传播，中国导演的影像理念和影像表现方法发生了很大变化，“人们谈论电影艺术，已不再言必蒙太奇，引必爱、普、杜(爱森斯坦、普多夫金、杜甫仁科)，纪实性、长镜头、多义性等等新词汇流行起来了。”①导演们迫切地渴求打破公式化的电影样式。面对改革开放初期的社会现实，他们在对现实的反思和批判中更多倾向于现实主义的表现手法。同时，面对处于转型时期的中国乡村，导演们将镜头对准了乡村中的不同人群，记录下了处于变革初期的乡村文化的面貌，其中不乏重新浮出历史水面的传统乡贤形象，表现了在改革浪潮下尝试着与时代接轨的传统乡贤面貌以及他们对于时代变化的困惑、迷茫和不适应的心理。

胡炳榴是拍摄乡土电影的代表。他对乡村传统文化的审视与反思，对乡村现代化前景的思考发人深省。他的“田园三部曲”(《乡情》《乡音》《乡民》)试图通过对乡土人文情怀的描述，让观众能够客观清晰地看到在改革开放的大环境下，城乡二元对立产生的矛盾及其乡土社会的发展变化。其中，乡贤形象或是传统美德的代表，或是面对时代变化处于困惑、迷茫中的无所适从者。

在《乡民》(1986)中，秦岭山区一个偏僻的小镇——四皓镇上，住着一位年过花甲、德高望重的老先生韩玄子。韩玄子是教师，他在这个小镇上教了几十年的书。在偏僻的小镇，教师代表的就是知识的权威性。从村民的对话中，我们可以知道韩先生在镇子里是颇具威望的：“韩伯威望高啊……他老教的学生，在县里有当局长，还有当公社书记的呢。”“您老英明了一辈子，谁不尊您为‘第五皓’啊。”“四皓”一词出自“商山四皓”，指代德高望重之人。村民尊称韩老先

① 邵牧君.电影美学随想纪要[J].电影艺术，1984(11)：18-30.

生为“第五皓”，从侧面反映了他的知识和品德是得到众人的认可和拥戴的。一方面，韩老先生凭借着较高的知识水平和培养的优秀学生不仅获得了村民的尊敬，在镇子上也获得了一定的社会地位；另一方面，韩老先生对村子里的新生事物却十分看不惯。在影片的一开始，韩老先生漫步在田边，农民狗剩央求他帮忙买化肥，他这才知道：村民王才要办加工厂但是缺钱，就把自家的土地转让给了狗剩。韩先生认为这是违反政策的事，愤而离去。

在之后的故事中，王才有了钱，打算买下村里残破的祠堂，将其改建成食品加工厂，韩先生却认为祠堂是祖业，在那里办厂是作践文化。与之相反的是，韩玄子在城里当记者的大儿子和在乡下教书的二儿子，都支持王才办厂，儿媳妇也要入王才加工厂的股。之后，富裕起来的王才还真的买下了祠堂。一连串的事情使韩玄子悲伤极了，他缓慢地走在镇子的街道上。这里有一个前后呼应的镜头，当韩老先生漫步在镇上时，与电影开头的一幕极为相似：同样的写春联的摊子，同样播放着的流行歌曲，街上过往的熟人也依旧与他打着招呼，依然尊称他为“韩先生”，还请他给店铺题字。此时的他感觉到全镇的居民依旧是拥戴他的，于是，他准备在正月十五那天大摆酒席，除了王才，统统邀请，以振德威。节日的当天，镇子上热闹非凡，村民纷纷涌向韩家大院，韩玄子心里得到了莫大的满足。而不甘示弱的王才，自己花钱请来了舞狮队、龙灯队，在逼仄狭窄的小巷中，王才家的舞狮队、龙灯队缓慢又坚定地前行着。

在《乡民》中，胡炳榴将传统乡贤的代表韩玄子放在了时代的洪流之中。韩玄子有知识、有威望，是镇里“教化”的代表，在影片的前段，面对时代的飞速发展，他表现出了一定程度的厌恶与排斥。对王才卖地建厂的不理解，对村民私拆祠堂的愤怒等，都源于他对时代发展的恐慌和不适应。他不知道为什么王才不顾政策私办小作坊而不去种田，不知道为什么年轻人开始不尊重祖产。然而，当尘埃落定，王才开始拆祠堂的时候，韩玄子似乎平静了下来。韩玄子发现虽然有些人“忤逆”了祖训，但大家仍然像以前一样尊重他、爱戴他，最“叛逆”的王才面对他时也是唯唯诺诺的，他仍然是小镇里威望最高的人，于是他默默地接受了发生的一切，又做回了以前的“韩伯”“韩先生”。影片的最后，韩玄子仍蹲在自家门前的旧照壁前喝茶、看报纸，远处传来了火车的汽笛声。或许改革开放的浪潮终将降临到这个偏远的小镇，传统的乡贤文化似乎也无法阻挡时代的脚步。

王才是新兴力量的代表。他有胆识、有冲劲，在听说有人私办加工厂挣钱后，他立马卖了田地办厂，他渴望发展，渴望新事物，与韩玄子代表的传统文化产生了鲜明的对比。韩老先生作为传统乡贤的代表，在影片中虽然表现出了一定程度上的迂腐性和狭隘性，但是不能否认的是，他也在努力地适应环境，改变自身。从一开始坚决反对王才把土地转给狗剩，坚决反对儿子儿媳入股王才的加工厂，到后来知道许多人入股后的一笑了之，以及对女儿旅行结婚的支持，都证明了他对于时代发展的妥协以及隐藏在妥协之下的深深迷茫之情。这样的迷茫之情，是导演在改革开放浪潮下对于传统乡贤文化的一次反思，是对农村在城市化进程初期时面对的种种问题的记录。

如果说《乡民》是在城市化背景下对传统乡贤的审视与反思，那么在《被告山杠爷》(1994)中，导演范元则通过影片提出了一个更加尖锐的问题：如何看待乡村的传统"自治""礼治"和现代的"法治"。影片一开始，村妇强英就吊死在山杠爷的家门前，起因是山杠爷响应号召打击"歪风邪气"，将强英绑起来游村，气不过的强英最终选择了自杀。在山杠爷看来，他是为强英好，"我这是逼她走活路"，而这样强硬的作风也是山杠爷的一贯做法。第二天，他发现村里的"赖子"赵二立在偷偷买酒喝，赶忙冲上前呵斥，并告诫村民都不许卖酒给他喝，直到他"看起来像堆堆坪的农民了，杠爷请你喝酒"。山杠爷的做法看似蛮横不讲理，但是从周遭村民的言行来看，他们都很服气山杠爷，经常挂在嘴边的一句话就是"杠爷是为你好"。

之后，随着检察院工作人员的到来，我们也从村民口中得知了山杠爷被调查的更多的"事迹"：一是上吊自杀的强英，她当初被山杠爷绑起来游村是因为她虐待婆婆；二是山杠爷想让外出打工的村民回来种地，私拆了村民的信，并当众念了出来；三是一个村民迟交公粮，平时偷鸡摸狗，喝多了还打婆娘，山杠爷罚他多交，该村民不服，山杠爷就将他绑起来关了三天，只给水喝；四是村里的腊正带头反对修水库，被山杠爷当众扇了耳光。从表面看，山杠爷的这些做法确确实实是不符合法律的行为，但进一步深究，山杠爷身上更多地体现了传统"情理"与"法理"之间的矛盾。在强英的事件中，山杠爷在开大会时说："堆堆坪历朝历代都讲究孝顺，这是我们做人的根根……现在孝顺老人的风气越来越差，该好好提倡提倡……回去好好想想该怎样孝敬老人，该怎样给娃娃们做个好样板。"桂花的丈夫不肯回乡种地，山杠爷拆了信件找到地址，一边派人将他绑回来，一边又起早贪黑地帮他们家开垦荒地。面对检察官的询问，桂花和她的丈夫也表示能够理解山杠爷的苦心："杠爷说得对，堆堆坪要富裕，就要大家捆在一起干……堆堆坪好比是一个家，山杠爷就是家长……你爹你娘拆了你的信……那是关心你。"抗粮不交的王禄理应被拘留十五天，杠爷念及他的名声才将他押到祠堂饿了三天，还想办法弄了冰糖水给他喝，王禄的妹妹也说道："那以后没人敢欠公粮……年年乡上评第一呢……我就觉得杠爷是好人。"修水库的时候，山杠爷说："你问为啥修水库，告诉你，为堆堆坪子孙后代造福。"水库的修建与中央的政策不谋而合，腊正不但意识到了自己的错误，还依靠承包水库发家致富，为村里修了山路。山杠爷的出发点是好的，他不徇私、顾大局，三十年来兢兢业业将堆堆坪发展成了模范村。"杠爷"不但是村里的意见领袖，也是这个小社会的秩序维护者。

从这些"故事"来看，堆堆坪在一代代传承中形成的"村规"在实际上维持了一个传统的乡土社会的稳定，山杠爷就类似于传统社会中的乡贤。他的治理手法就是我们所说的传统乡贤文化中的"礼治"与"自治"。他提倡孝顺老人，惩戒好吃懒做的恶汉，带领村民逐渐脱贫、团结致富等等，这些都算得上是传统乡贤文化的精髓。但是，他的做法中也有不符合现代法治社会的糟粕。在山杠爷看来，能让村民变得善良、变得富裕的办法就是好办法，因此他也是理直气壮地一直采用着约定俗成的"村规"：游街、关祠堂、当众扇耳光，等等。在他看来，有效的就是正确的，正如他在影片中说的"一蛮三分理""对付这些蛮横无理的刁汉泼妇，你就得用对付懒驴犟牛的法子，要不你没法治住歪风邪气"。从效果上看，在一定程度上，讲究礼治的"村规"的有效性是大于讲究法治的"法规"的，但从法律的角度看，山杠爷的一些行为触犯了法律。所以，在影片的最后，山杠爷被定罪了，一直以强硬形象示人的山杠爷落泪了。堆堆坪的村民迷茫了，对山杠爷和"村规"的信任也产生了动摇，"法治"开始走进他们的生活。导演将"礼治"与"法治"的冲突推上了前台，其根本的矛盾在于"现代都市社会中讲个人权利，权利是不能侵犯的。国家保护这些权利，所以定下了许多法律。一个法官并不考虑道德问题、伦理观念，他并不在教化人"①。如电影中所描述的那样，改革开放将法治教育带进了村庄，带进了村民的视野。

---

① 费孝通. 乡土中国[M]. 北京：中信出版社，2019：69－79.

从影片看，“礼治”向“法治”的过渡是乡村城市化的必然结果，因为“礼治”的传统是通过日积月累一代一代传承下来的，而随着社会发展的不断加快，“礼治”必然无法跟上时代的步伐，“法治”也终将成为乡土社会治理的主要方式。但从我们当下的乡村文化实践看，除了法治，我们还需要“礼治”和“自治”，这也是乡村现代化治理体系中一直提倡的“德治”“法治”“自治”相结合。山杠爷的行为违反了法律，自然要受到法律的制裁，但他说过的一句话——“一地一俗，不能照搬硬套吧”，其实也说明仅仅依靠法律不能解决乡村的所有问题。尤其中国乡村经历了数千年的地方自治，一些约定俗成的村规民约可以弥补法律的空白，起到切实的效果。影片拍摄时，导演的着重点在于揭示“法治”与“人治”的矛盾，而以三十年后我们的眼光来看，他通过影片提出了一个至今都值得我们深思的问题：如何兼顾中国乡村治理的现代性和特殊性，而乡贤又能在其中起到什么作用？

总的来说，20世纪八九十年代的农村题材影视作品展示了传统乡贤困惑与迷茫的处境，集中反映了社会转型期传统与现代、城市与乡村激烈碰撞与矛盾变化的现象。影视作品中传统乡贤影像的日渐丰富与丰满，昭示着乡贤文化的逐渐复苏和传统乡贤逐渐回归，也预示着新乡贤的萌芽和成长。

第三节　传统乡村精英的没落与新乡贤影像雏形的生成

中国改革开放以来，在现代化、城市化进程中，乡村中传统的价值观念、风俗习惯、生活方式等虽然发生了剧烈变化，但其根脉尚在，仍然是现代文化建设的一种极其重要的历史文化资源。爱德华·泰勒认为，文化是指一个复合整体，它包含知识、信仰、艺术、道德、法律、习俗以及作为社会成员的人所习得的其他一切能力和习惯。对于乡村文化来说，作为“一个复合整体”，它不可能原封不动地在现代社会复兴、延续，只是其中具有现代价值的元素、形态可能会融入未来的“城乡文化共同体”中。20世纪八九十年代的乡村题材影视作品注意挖掘传统乡贤适应现代社会的精神内涵，着力发现乡村现代化进程中出现的新人新事，塑造了一批有别于传统乡贤的时代影像，可视为新乡贤影像的雏形。

一、传统乡村社会格局分化与乡村精英没落

中国自秦汉以来形成的行政科层制是一种集权政治制度，是以分散型的小农经济为基础的。正如费孝通所言，“中国经济的基本结构是一个个并存排列在无数村子里的独立小农”[①]。农民是中国乡土社会最基本的组成单元，其特点是安土重迁，群族聚居，在“皇权不下乡”的管理模式下，中国传统社会的统治者培养了乡绅这一官僚体系外的特殊阶层作为管理的同盟，以便实现对基层的有效管理。因此，中国传统乡村社会在管理模式上，施行以乡绅为主导的宗族自治。费正清明确指出：“王朝高居于地方官僚统治之巅，而在官僚统治下面则通过宗族关系和绅士领导集团的忠诚来维持对地方的控制。”[②]“皇帝的官员从来不去大多数中国人民居住的乡村……传统的中国在地方一级是受扩大了的家庭或者说受宗族的支配”[③]。可见，传统中国在治理结构上既有以乡绅为代表的地方权威，又有以行政官员为代表的官府权威，他们各自在自己的管辖区域内行使治理权力。

“乡绅是传统中国非官非民的一个特殊社会阶层，他们享有制度赋予的特权，包括参加特殊的礼仪、免除徭役、不受刑罚、减税等优待，并有特殊的生活方式。”[④]他们知书明理，组织乡村公共活动，维护乡村生活秩序，承担庇护乡村的社会责任。乡绅自治弥补了县一级政府与个体农民之间在行政管理层级上的“真空”地带，因此，乡绅成为官与民之间的中介和桥梁。以乡绅为主协助基层治理，有效平衡了国、乡、民之间的关系和利益，从某种意义上看，乡绅是形成中国传统社会超稳定结构的关键群体。

中国传统乡村社会的超稳定结构与文化秩序有赖于国家、乡绅和农民三方的互动与平衡。然而，近代工业文明对中国传统乡村社会长期形成的互动与平衡造成了强烈的冲击。正如费孝通所言，“传统的中国从其延续的稳定性来看，

① 费孝通. 费孝通文集：第 4 卷[M]. 北京：群言出版社，1999：328.
② 费正清，刘广京. 剑桥中国晚清史：上卷[M]. 北京：中国社会科学出版社，1985：24－27.
③ 费正清，刘广京. 剑桥中国晚清史：上卷[M]. 北京：中国社会科学出版社，1985：24－27.
④ 张仲礼. 中国绅士：关于其在 19 世纪中国社会中作用的研究[M]. 上海：上海社会科学院出版社，1991：32.

似乎达到了一定的平衡。当中国开始和有着工业优势的西方强国打交道时，这种平衡被打破了。机器时代给中国人带来了现代化，同时，中国被迫进入世界社区。这使中国社会结构发生了变化。"[①]近代中国在西方工业文明强势进攻下，不得不做出改变，不可避免地面临由农业文明向工业文明的转型。工业文明带来国家的现代化，现代化国家的治理不同于中国传统社会的治理方式，严格的科层制、明确的权力边界与职责范围等等，都动摇和分化作为自治中介的乡绅阶层。当中国传统乡村中的治理人员和治理模式发生变化时，乡村社会的基本格局必然随之发生改变。

中国乡村社会的现代化加剧了城乡文化的对立，使乡村社会丧失了以往的文化凝聚力。"原来中国社会是以乡村为基础，并以乡村为主体的：所有文化，多半是从乡村而来，又为乡村而设——法制、礼俗、工商业等莫不如是。"[②]只有当城乡文化是一个有机整体，农民才能够既不需要离开乡土，又能够实现社会财富在城乡之间双向有序循环。然而，近代的国家现代化以城市化为标志，接受现代文化就意味着要脱离乡村，移居城市，或者在乡村社会按照城市化的方式生活。这导致新晋乡村精英倾向于接受工业文明，更愿意住在城市，他们很难再成为传统意义上的乡绅。与此同时，社会财富的流动不再是城乡之间的双向有序循环，而变成城市对乡村的单向剥削与掠夺，"现代中国城市的兴起是和中国农村经济的衰落相平行的"[③]。随着乡村文化秩序的破坏、乡村精英的流失和社会财富向城市的单向迁移，中国传统乡村日趋凋敝，传统乡村社会结构逐渐解体。[④]

20世纪八九十年代，随着城市化进程的加快和经济体制的转型，在中国传统乡村文化遭受冲击和消解的同时，中国传统乡村精英格局也发生了历史性变迁。所谓乡村精英，是指乡村社会中的拥有知识文化素养、经济社会资源和管理治理能力的少数人，他们能够在乡村生活的各个方面发挥积极作用，为乡村社会的良性运转贡献力量，对乡村社会和乡村社会中的其他成员具有一定的影响力，在乡村社会的经济发展、政治稳定和文化繁荣等方面发挥重要作用。在

---

① 费孝通. 中国绅士[M]. 北京：中国社会科学出版社，2006：124.

② 梁漱溟. 梁漱溟全集：第二卷[M]. 济南：山东人民出版社，1990：150.

③ 费孝通. 中国绅士[M]. 北京：中国社会科学出版社，2006：73.

④ 朱新山. 试论传统乡村社会结构及其解体[J]. 上海大学学报(社会科学版)，2010(5)：36-42.

中国传统乡村社会中，乡村精英就是传统乡贤，他们是官与民之间的中介，是维护乡村社会稳定的中坚力量，是传统乡村社会文化的积极践行者和有力拥护者，在乡村社会中发挥着文化秩序和价值体系构建与传承的功能。

乡村精英可以分为传统型精英和现代型精英。“传统型精英依赖于名望、地位、特定文化中的位置乃至明确的自我意识而存在；而新崛起的现代型精英，例如种养大户、私营企业主、建筑包工头、运输专业户等，则因为其在市场经济中所取得的成功而在乡村具有广泛的影响力。在时代的变迁中，新的乡村精英以其个人成就与活动能力树立了其在村民中的威望，同时国家也需要他们治理农村基层社会与带动农村经济发展。”①现代型乡村精英是否都是新乡贤，其实也不尽然。以上提到的各类现代型精英，他们只是在经济建设领域获得了成功，成为一部分先富起来的群体，是否堪称乡贤，尚待进一步考察。这些乡村中的先富起来的群体虽然有效促进了乡村经济建设，改善了村民的物质生活，但是，其中大多数人并没有有意识地主动运用自己的物质财富来对乡村社会进行文化“反哺”。这部分先富起来的农民回到家乡后，言行举止中流露出来的对于城市生活的炫耀与崇拜，以及消费主义和个人主义的处事方式，在潜移默化中对村民产生影响，在无形中加剧了村民离开农村，到大城市去的想法。受到这部分先富起来的群体的影响而奔赴城市的农民，在毫无准备的情况下，迅速迷失在高速运转的工业化城市之中，在返乡和留城的两难困境中艰难挣扎。这部分先富起来的群体缺乏道德声望积累、价值理念引领和社会责任担当，无法担负起维护乡村社会文化秩序的重任，不能成为真正意义上的乡贤。从这个意义上来说，中国乡村社会很难出现传统意义上的乡村精英即传统乡贤，仅以经济能力为评判标准的乡村精英群体基本上趋于没落。

二、萌芽与成长中的在地新乡贤影像

随着城乡现代化进程的加速，乡村的“空心化”日渐加剧，伴随而来的是乡村生态的破坏、伦理道德的溃败。面对此种现状，一部分导演在审视、反思乡村文化的同时，不仅仅满足于从传统乡贤身上寻找乡村文化重塑的有生资源，而

① 赵霞.传统乡村文化的秩序危机与价值重建[J].中国农村观察，2011(3)：80－86.

且开始将目光集中于现实乡村中的“贤人”“能人”，探索正在萌芽和成长中的新乡贤影像建构。

影片《老井》(1987)讲述的故事发生在黄土高原的一个小山村中。老井村世代饱受缺水之苦，旺泉高中毕业后返乡务农，为了完成祖祖辈辈的夙愿，坚持在这黄土高坡上打井。一次事故中，旺泉的爹被炸死在井下。在爷爷的安排下，旺泉只能忍痛放弃了相恋已久的巧英，与寡妇喜凤成亲。

在之后的故事中，老井村与隔壁村为争抢一口枯井发生了争斗，旺泉为了不让枯井被填，不慎跌入井底。他被救不久之后，省里来了一位打井专家，为旺泉争取到一个去县里学习地质知识的机会。学成归来的旺泉开始与巧英在山上勘察打井的位置，最终通过科学的方法测定到了第一口井。但在破土动工之时，再次发生了塌方事故，旺泉的弟弟旺才被石块砸死，旺泉与巧英也被困在井底。在村民的救助下，两人得救。旺泉出院后，打井遇到了资金问题，旺泉的爷爷带头捐献了自己的棺材本，喜凤和巧英也尽了最大的努力筹钱。在他们的带领下，老井村终于打出了一眼出水的井，井旁竖起了一块石碑，上面写满了祖祖辈辈因打井而牺牲的人的姓名。影片中，导演对封建迷信的陈规陋俗进行了批判和反思，也对祖祖辈辈在大山中与自然争斗的村民给予了一定的肯定。

面对改革开放的大潮，现代与传统、文明与落后的对立在《老井》中得到了极大的体现。老井村缺水，却仅仅遵循着祖上的遗愿，世世代代盲目地打着井。旺泉作为主角，一出世就与这祖祖辈辈的命运挂上了钩：他叫旺泉，他的爷爷叫万水。作为在当时乡村凤毛麟角的高中毕业生，他本应该有着更为光明的前途，但为了打井，他却毅然决然地恪守着祖训回到了家乡。他有着新的视野和胸怀，不再盲目地在黄土高坡上寻找着虚无缥缈的水井，而是通过争取到的学习机会，利用学到的知识精准定位，一次就打出了水井。导演为我们展现了大环境对人的命运造成的影响和改变。老井村的传统并没有为村民带来充足的水源，象征着新知识、新科技的旺泉则带来了希望。他打破了旧有的传统，为陈旧的村落注入了新的活力，带来了新的机遇。走出传统，走出大山，而又回归大山，带领村民用科学的方法勘测打井，旺泉的身上已经具有了一些新乡贤的素质——热爱家乡，有知识，讲科学，乐于奉献，这些正是新时代新要求在乡村有志青年身上的反映，也是新乡贤不同于传统乡贤的品质。当然，他身上也还遗留了一些封建的“尾巴”，比如在自己的婚姻大事上不敢争取，放下相恋已久的恋人，听从祖父的安排，做了寡妇喜凤的“倒插门”女婿。

20世纪80年代，随着家庭联产承包责任制的推广，中国农村经济体制改革迈出了重要的一步，这也给农村的经济和社会发展提供了巨大的机会，农村题材的纪实电影开始掀起了创作的高潮。赵焕章导演就是其中的佼佼者，他的“农村三部曲”（《喜盈门》《咱们的牛百岁》《咱们的退伍兵》）把目光聚焦于新时期的普通农民身上，从普通农民的视角出发，反映了农村的现实生活和变化，肯定了中国农民的传统美德以及其在新的农村政策的指引下焕发出的新思想、新面貌，一部分新乡贤也在改革变化中成长起来。

《咱们的牛百岁》（1983）中的故事发生在胶东半岛的某个普通乡村里。实行家庭联产承包责任制后，村内五个毛病较多的社员不受大家待见，党支部委员牛百岁自告奋勇地带领他们成立了一个小组，这个小组被村民们戏称为“懒汉组”。在牛百岁的帮助之下，“懒汉组”种好了田地，还搞起了副业，最终五个“懒汉”改过自新，迎来了丰收致富的美好时光。影片塑造了一个新形象——牛百岁。在新的农村政策面前，党支部委员牛百岁没有产生畏难情绪，也没有脱离群众只顾自己干，而是发挥了党员应有的模范带头作用，在新时代的背景下发挥自身的凝聚作用，带领群众发家致富。牛百岁虽然是村里的党员干部，但他身上没有“高大全”式村干部那种做派，“放得下架子”是他最大的特点。刚接手“懒汉组”的他知道组里的牛天胜读过书，特意去请教牛天胜怎么搞副业，还为牛天胜化解与牛四的心结。牛其做事莽撞，动不动就打人。有一次，牛其打了始乱终弃的负心汉，牛百岁知道他是出于好意，还当众表扬了他，但是批评了他用打人的方式解决问题，并劝导年轻人要多读书，不然“连恋爱信都不会写”。牛百岁的一言一行都带着普通人的气味，是普通人的代表。之后，刚建立的小组因为各种突发事件濒临解散，牛百岁发出了这样的感叹：“我这是何苦哦，这些年苦吃得够多的了，少管点事，自己高兴，老婆孩子也高兴，我真没想到有这么难，真没法干了。”

相较于以往农村题材影片中诸多的“高大全”形象，牛百岁身上多了烟火气，更加接地气，其朴实无华、毫不矫揉造作的形象更加贴近群众、贴近现实，最终获得了一致的认可。牛百岁身上表现出来的吃苦耐劳、顾全大局、带领“懒汉”一起致富的品质也为新时期新乡贤的成长提供了重要的品质构成。

影片带来的另一个值得思考的问题是新乡贤产生的土壤和背景。人民公社制度打破了以往传统农村社会以血缘、亲缘为脉络的宗族制度，以生产小组、生产小队为单位，个人以工分的形式获得报酬。改革开放后，家庭联产承包责任制的施行，将土地包产到户，采用的是一种以家庭为单位，向集体经济组织承包土地等生产资料和生产任务的农业生产责任制形式。影片中，牛百岁将来自不同家庭的五个“懒汉”最终拧成了一股绳，从而形成了一个没有血缘关系的特殊的命运共同体。他的所作所为凸显了其与传统乡贤的不同之处——他不再是宗族的族长、长老，也不是靠乡规民约来治人，更不是以自己的身家、学识使人敬重。牛百岁就是一个土生土长的庄稼汉，一个普通的党员。牛百岁的成功也提醒我们思考一个问题：在宗族制已经解体，人民公社已经成为过往的当下，乡贤以何种形象、通过何种途径来重塑自己的新乡贤身份，发挥自己的作用？

三、“由城而乡”的青年乡贤影像

“随着社会转型，乡贤主体已经发生显著变化，传统乡绅阶层退出了历史舞台，企业家、学者、地方文教工作者、退休官员形成了现代乡贤群体。现代乡贤与古代乡贤相比，其最为显著的不同之处是，他们大多并不生活在乡村，甚至退休之后也很少回乡居住。对此，地方政府往往大力鼓励、表彰他们以不同方式参加家乡建设。”①而农民工、复员军人、城市有为青年“由城而乡”的行为也壮大了新乡贤的队伍。

农民工是改革开放和城市化的产物。费孝通先生于1982年在《苏南农村社队工业问题》一文中首次提及了“务工农民”的概念：“农村经济结构变化，相当大的一批原来用在农业里的劳动力转移到了工业战线，出现了农工结合的人物，我们称他们作‘务工农民’。”②当然，此时的“农民工”概念还与日后有所区别。直至1984年，张雨林在《县属镇的“农民工”——江苏省吴江县的调查》一文中，将“户口在农村，保留着人民公社社员身份，被接纳到附近的县属镇中做工”的人群称为“农民工”③，“农民工”一词才开始被广泛运用。自20世纪80年代开始，农民进城务工逐渐成为不可忽视的社会现象。农民们从农村走向城

① 季中扬，胡燕. 当代乡村建设中乡贤文化自觉与践行路径[J]. 江苏社会科学，2016(2)：171－176.
② 费孝通. 费孝通全集：第九卷[M]. 呼和浩特：内蒙古人民出版社，2009：210.
③ 张雨林. 县属镇的“农民工”——江苏省吴江县的调查[J]. 社会学通讯，1984(1)：12－15.

市,以寻求比农耕经济效益更高的谋生方式。从“北漂”“南下”等这些新词汇,我们可以发现进城务工的农民的流动方向。农民工大多来自经济不发达省份的农村地区,城市提供的工作赋予他们“工人”的属性,却并未改变他们“农民”的身份。当然,身处城市的农民工,他们的生活习惯和心理状态与传统农村的农民大不相同。值得注意的是,他们虽然是城市物质文化的主要建设者,但是较难融入或者参与城市的精神文化建设。农民工只是城市的匆匆过客,无论在物质层面还是在精神层面,他们都难以在城市中获得长久的安顿。

作为我国特有的劳动力群体,农民工群体是在多种因素影响下形成的。第一,随着改革开放初期家庭联产承包责任制的施行,农民的积极性被调动起来,随之而来的是大幅提升的工作效率,因此也就意味着剩余劳动力的产生,这就为农民工的产生形成了天然的土壤。第二,1981 年党的十一届六中全会提出,在社会主义初级阶段,我国社会的主要矛盾是人民日益增长的物质文化需要同落后的社会生产之间的矛盾。随着改革开放的推进,农村社会不再闭塞,各种信息如潮水般涌入,一方面,农村自给自足的产业无法满足农民日益增长的物质、精神需求,另一方面,市场经济体制的引入使得城乡居民的收入差距越来越大,这也是农民向农民工转化的重要原因之一。第三,流动在外的农民工,大多是年富力强的农村精英,他们对村庄与农村的发展有着重要影响。“农民工是农村里的精英。他们年轻,受过较好的教育,比留在村里的那些人更上进。城里人叫他们‘流动人口’,仿佛在说一群漫无目的的乌合之众,但是大多数农民工离家出走的时候心里都有一个工作目标,也有已经摸着门道的亲戚或者老乡陪伴。而且,如今大多数年轻的农民工不再是种地出身,而是从学校出来。”①他们“将‘见世面’‘自我发展’‘学习新技能’与增加收入置于同样重要的地位”②。在或短或长的打工生涯中,他们积累了经验和财富,为回乡发展带回了资金、技术、市场信息以及先进的理念,是乡村变革的主力和先锋,并逐渐成为新农村建设中的“中流砥柱”③。

汤晓丹、鲍芝芳在 1988 年导演的影片《荒雪》中塑造了一个由堕落青年成长为返乡乡贤的乡村精英形象。这一类由打工返乡者转变而来的乡贤形象与

---

① 张彤禾. 打工女孩:从乡村到城市的变动中国[M]. 张坤,吴怡瑶,译. 上海:上海译文出版社,2013:12.
② 张彤禾. 打工女孩:从乡村到城市的变动中国[M]. 张坤,吴怡瑶,译. 上海:上海译文出版社,2013:13.
③ 李静,等. 城市化进程与乡村叙事的文化互动[M]. 北京:中国社会科学出版社,2015:87.

以往从农村本土成长起来的乡贤又产生了很大的区别——他们在打工的过程中，经历了城市现代化的洗礼，从精神层面上产生了蜕变，他们将城市的先进理念带入了农村，加快了农村城市化的进程。他们在实现自我价值的同时，体现了个人与集体之间同生共荣的时代特征。

除了农民工，在返乡乡贤形象中还有一个特殊的群体——复员军人。在电视剧《走进香巴拉》(1993)中，复员返乡的藏族青年仁青看着世代贫穷落后的村子，决心用自己在部队学到的知识改变村子传统落后的面貌。他组建了公司，修建了加工厂，一边感召着村里的年轻人，一边与老一辈的传统观念不断抗争。影片的最后，在越来越多的年轻人的影响下，老一辈的牧民们终于看到了市场经济带来的发展与前景，逐渐抛弃了传统的观念，改变了自己的想法，加入了牧工商联合体。作为复员军人的仁青，他用从城市带来的新知识和新理念，带领牧民走向了共同致富的道路。

电视剧《沟里人》(1994)也讲述了复员军人的故事。故事发生在一个偏僻的山沟沟里。贺小庄退伍返乡，带领乡亲们开山修路。有过学习经历的小庄知道必须要用现代化的方式来开山，不然一辈子都修不好路。在他的带领下，村民集资买了电钻等工具，最终排除万难修好了路，这个大山中的小村庄也第一次通了汽车。

复员军人是乡贤形象中的一个特殊群体，一方面，他们与乡村之间有着不可磨灭的血缘、亲缘关系，另一方面，在城市里的学习成长经历也为他们将知识与经济致富等新思想带入农村提供了机遇。这一类复员军人形象和农民工形象成了“由城而乡”青年乡贤的典型代表。

在农民工和复员军人两类形象以外，值得提出的还有一类乡贤形象，这类乡贤形象由支教的外来青年构成。太纲导演的影片《清清溪流》(1984)关注了城市青年下乡支教这一特殊的母题，这在20世纪80年代也称得上是独树一帜的题材。城市青年方雪梅师范毕业后一心想要去山里教书，她的父母曾经下乡当过老师，深知山里的艰辛，劝说她不要去。方雪梅则回答：“人生一世，要靠自己的努力去干一番事业。”纵观全片，她一直贯彻着让村里的孩子读好书，将来为村里的建设作贡献的理念。来到山中小村的方雪梅遇到了同龄的男青年张贵根，贵根也有一个梦想，就是考上大学，为村里通上电。在贵根的帮助下，雪梅在山村小学的教室里做好了桌椅，动员村里的孩子都来上学。贵根也在雪梅的鼓励下，决心参加高考并成功考上了大学。

《清清溪流》塑造了一个为农村教育甘愿自我牺牲的都市女性形象，也可以看作后来越来越多的“外来乡贤”的最初形象。方雪梅从一个初来乍到的“城市大小姐”逐渐蜕变为一个“村里人”，她克服了环境上的不适应、生活习俗上的不习惯，也通过自己的行为感化着周围的村民，让他们逐渐认识到知识是比金钱更重要的财富。导演希望用这样一个善良、美丽、富于奉献的新女性乡贤形象唤醒城市青年对于乡村的关注，也希望给在改革浪潮冲击下产生迷茫的青年指出一条奋斗之路。虽然，方雪梅这个形象在现在看来有点缺乏立体感，但在当时可以说是一次大胆的尝试，而支教老师这样一种新的乡贤形象也算是正式地破茧而出。

值得注意的一点是，在这一时期的影视作品中，“由城而乡”的青年女性乡贤形象是一支不容忽视的生力军。除了上面提到的下乡老师方雪梅，还有电视剧《梦醒五棵柳》(1996)中的夏葵。夏葵是一个由家庭妇女成长为乡镇企业家的形象。《梦醒五棵柳》中的五个姑娘从小一起长大，情同姐妹，虽然各奔东西，但是嫁到镇上的夏葵还是惦记着其他姐妹，希望能够带领她们一起致富。她不顾家里人的反对，毅然回乡开始了她的养鹅取绒的创业之路。虽然经历了重重困难，但她最终还是成了乡里的“养鹅状元”，成了带领村民共同致富的领路人。同样的女性形象还聚焦在了曾经的下乡知青身上。在电视剧《一乡之长》(1998)中，曾经的下乡女知青梁玉芬受到过老乡长颇多照顾。多年后，30多岁的她已经是一家大公司的骨干，一心念着乡里的她带着公司领导的侄子回乡考察，经历了一系列的磨难和多方奔走后，终于为乡里建成了一座矿泉水厂。相似的人物还有电视剧《外来妹》(1991)中返乡当厂长的赵小云，《海风吹过的乡村》(1998)中不断在城乡之间挣扎，最后下定决心扎根农村致富的惊蛰，等等。在这里，城市和乡村中的女性形象得到了一次历史性的蜕变。她们不再依附于男性或是家庭，而是成长为一个个性格鲜明的独立形象，体现了改革开放以来女性对于自身命运的抗争与改变，最终，她们得到了社会的认可，在乡贤形象的队伍中占据了一席之地。

总的说来，改革开放以后，随着城市化进程的兴起，乡村经济文化的转型，乡贤作为历史文化资源再一次进入人们的视野。20世纪八九十年代影视作品中的乡村叙事尤其是对乡贤形象的重构，经历了历史转折带来的迷茫、反思、重构和新生的不同过程，呈现了改革开放以来中国社会城市与乡村、传统与现代的激烈碰撞，反映了乡土社会现代化变迁的复杂与艰难。几千年来，中国社会历经无数次战乱和破坏，但是乡村总能保持着自己的"原初性文化"①，在各种变化和破坏中不断调适、恢复和发展起来。在现代化、城市化进程中，乡贤文化无疑是传统文化中有传承价值的历史文化资源。无论是传统乡贤形象还是新乡贤形象，都浸润着人们对传统美德，对乡村文化振兴的期待，也显示了乡贤文化对于建构和谐乡村社会的重要价值。面对日益衰落的乡土文化，我们应该从以往的乡贤文化的发展脉络中梳理出有益于新乡贤文化、有益于乡村文化建设的宝贵经验，为乡村文化振兴提供影像传播的力量和可能实现的路径。

① "原初性文化"是文化人类学的概念。傅安辉指出："族群原初性文化是指族群最初创造的文化事项经过了漫长历史演进仍然保持其本质特征和基本状态的文化现象。它具备原创时代的本真意义，保留着诞生时的基本状态，在历史长河中具有相对的稳定性。因自成体系而独立，又被世界所接纳。"见傅安辉. 论族群的原生性文化[J]. 吉首大学学报，2012(1)：13－18.

第三章
21 世纪乡贤文化的影像传播

第一节　城市化乡贤文化影像传播的世纪转型

进入 21 世纪之后，特别是党的十八大以来，中国乡村进入跨越式发展的新时代，中国乡村的经济生产方式、政治管理结构、精神文化形态、生活居住环境等都发生了巨大变化。实施乡村振兴战略离不开热心乡村发展、致力乡村事业、扎根乡村基层的建设者，这些建设者通常被称作“新乡贤”。创新乡贤文化，支持家乡建设，传承乡村文明，都需要有新乡贤的积极参与。2016 年，《国民经济和社会发展第十三个五年规划纲要（草案）》中提出要“培育文明乡风、优良家风、新乡贤文化”。新乡贤成为在新时期弘扬乡贤文化，建设社会主义新农村，实施乡村振兴战略的重要群体。

何谓新乡贤？学术界结合对乡贤概念的理解和阐述，对新乡贤进行了界定和解释。有学者从新乡贤与乡贤的区别出发，认为新乡贤应当是指在新时期拥有道德、财富、知识和情怀，能够影响乡村发展并愿意为之努力的贤能之士。[①] 有学者从个人品性与能力角度出发，认为新乡贤的主体范围既包括道德模范、社会贤达等，也包括以自己的专长、学识和财富建设农村、改善民生的优秀人物，其职业与社会地位可以是多种多样的，比如农村干部、文人学者、退休

① 胡鹏辉，高继波. 新乡贤：内涵、作用与偏误规避[J]. 南京农业大学学报（社会科学版），2017(1)：20－29.

职员，或者企业家、科技工作者、海外华人华侨[1]。有学者从地域环境角度出发，提出："现代社会存在两种乡贤，一种是'在场'的乡贤，另一种是'不在场'的乡贤，有的乡贤扎根本土，把现代价值观传递给村民，还有一种乡贤出去奋斗，有了成就再回馈乡里。"[2]我们认为，新乡贤是指以自己的经验、学识、专长、技艺、财富，以及文化修养和道德力量，参与社会主义新农村的建设和治理的贤达人士，他们是一批具有奉献精神的时代精英。新乡贤既是新时代社会主义核心价值观在个人层面上塑造的榜样，又是社会主义核心价值观在社会层面上的实践者。

伴随着中国乡村的建设和发展，中国乡村题材影视作品的创作与播出逐渐走出了 20 世纪 90 年代中后期的低迷与沉寂，这既是对国家乡村发展政策的视听表达，也是对乡村变革现实的影像传播。21 世纪以来，中国乡村题材影视作品紧扣时代脉搏，聚焦时代人物，以新乡贤作为承载和建构乡贤文化的影像核心，在题材选择、人物塑造、艺术表现与叙事风格等方面实现了世纪转型[3]。

一、在历史困境与现实新政的观照中展现新农村建设

自改革开放以来，特别是进入 21 世纪之后，中国农民的收入水平有了大幅提高，农村的生活条件也有了显著改善，但随之而来的是一些不容忽视的现实问题。21 世纪乡村题材影视作品密切关注乡村现状，紧跟政府工作方向，从现实问题切入，在题材选择上集中用力，围绕土地流转、乡村文教卫事业发展、乡村生态环保等叙事主题，构建 21 世纪乡村建设的艺术图景，展现新时代乡贤文化在建设社会主义新农村和实施乡村振兴战略中的重要作用。[4]

解决乡村基层治理问题，离不开有知识、有能力、有理想的大学生村官。2009 年的中央一号文件正式提出"一村一名大学生"计划，要求不断完善大学生到农村任职的长效机制和政策措施。村干部中出现了一个新群体——大学生村官。2014 年召开的全国大学生村官工作座谈会进一步明确了大学生村官工

① 杨筱柏，赵霞. 简析传统乡贤的自治能力及现代新乡贤的培育[J]. 社科纵横，2018(5)：92 - 95.
② 张颐武. 重视现代乡贤[N]. 人民日报，2015 - 09 - 30(7).
③ 李静. 当代乡村叙事中乡贤形象的变迁[J]. 江苏社会科学，2016(2)：165 - 170.
④ 李兴阳. 新世纪中国乡土电视剧的现实发现与叙述选择[J]. 江苏社会科学，2014(1)：197 - 204.

作的定位。大学生村官工作是党中央作出的重大战略决策。21世纪以来，围绕大学生村官这一助力乡村建设发展中的新群体，出现了一批新的影视作品。电视剧作品如《山里的男人》(2007)讲述了大学生田川毕业后回到自己的家乡重渡沟村，千方百计发展特色旅游事业，带领村民走上致富之路的故事；《花开的美丽季节》(2010)讲述了刚毕业的大学生曹沐春和马小凡来到百合村，积极发挥大学生村官在农村基层经济建设和文化建设中的作用，终于赢得了村民的认可与信任的故事；《玫瑰园里的老少爷们儿》(2010)讲述了大学生李远征到谢庄挂职，克服重重困难，带领村民把玫瑰园开发成乡村旅游景点，使谢庄的村容村貌和谢庄人的精神面貌发生了彻底改变的故事；《大学生女村官》(2010)中的应届大学毕业生甘英来到贫困山村黑沟村，历经种种曲折和坎坷，终于在收获自己美好爱情的同时，带领黑沟村走上了工商一体化、产销一条龙的农业现代化和产业化道路；《潮人》(2010)中的夏莱大学毕业后放弃到香港地区某大学硕博连读的机会，来到苏中芦花洲村，成为一名大学生村官在各种纠葛和矛盾中成长成熟，帮助村里建成了工厂化蔬菜基地和文化科技园；《大村官》(2014)，讲述了应届大学毕业生孙浩然来到偏远落后的英杰村工作，克服重重困难，改善乡村生活环境，大力实施创富计划，终于使英杰村成了远近闻名的社会主义新农村建设示范村的故事。电影作品如《返乡》(2016)讲述了大学毕业后的王有志回乡创办乡村企业，带领村民致富，吸引在外打工人员归乡，使村中的留守老人和儿童过上了幸福生活的故事。

21世纪大学生村官题材的影视作品在人物塑造和情节设计上有一些共同之处。比如影视作品中的应届毕业大学生都不顾来自家庭和朋友的不解与阻挠，毅然自愿来乡任职。他们虽然基层工作经验不足，但最终依靠现代民主法治理念和管理方法，有效改善了乡村基层治理现状。其中，有相当一部分大学生是从农业大学毕业的，他们在发展乡村产业时充分发挥自己的专业知识优势，并调动高校科技资源，助力乡村产业发展，如《潮人》中的大学生村官夏莱就聘请自己母校的教授下乡进行技术指导。大学生村官都能够克服困难，因地制宜，带领乡村走上绿色生态、良性循环的可持续发展道路。总体而言，剧中的大学生村官通过在乡村的工作实践，提升能力，锤炼品格，成为传承和发扬新时代乡贤文化，实施乡村振兴战略的新乡贤银幕、荧屏影像。

中国农村自改革开放以来，推行家庭联产承包制之后，实现了土地的所有权、承包权及经营权的“三权分置”。为了更好地适应市场经济发展的需要，解决中国农村发展中的土地问题，国家提出了土地流转这一新的政策。2004年，《国务院关于深化改革严格土地管理的决定》发布，规定“在符合规划的前提下，村庄、集镇、建制镇中的农民集体所有建设用地使用权可以依法流转”。根据该文件，土地流转是指土地使用权流转，即拥有土地承包经营权的农户将土地经营权转让给其他农户或经济组织，即保留承包权、转让使用权。2014年，中共中央办公厅、国务院办公厅印发了《关于引导农村土地经营权有序流转发展农业适度规模经营的意见》（简称《意见》）并发出通知，要求各地区各部门结合实际认真贯彻执行。《意见》要求用五年左右时间完成土地承包经营权确权登记颁证工作。

在21世纪以来的乡村题材影视作品中，有相当一部分着眼农村土地流转工作，围绕土地的流转模式、流转中的矛盾纠纷以及流转后的经营方式等关键问题提炼素材，构思情节，展开拍摄。例如，《圣水湖畔》（2005）是一部以保护耕地为时政背景的电视连续剧，湖西村村民马莲不仅捍卫了自己合法的土地承包权，还为湖西村引进了既合法又有发展前途的合资项目。《喜耕田的故事》（2006）中的喜耕田在国家免除农业税政策的鼓舞下，返乡承包土地，为保护耕地，智斗挖地卖沙的村民，化解土地流转、集中承包经营中的矛盾，办起了农村经济合作社，带领村民走上致富之路。《石榴花开》（2007）以农村群众最为关心的土地问题作为核心线索展开情节，讲述了石榴园里的村民们在经历了土地承包、爱情婚姻、邻里家庭中的一系列波折之后，终于找到了属于自己的幸福生活。《农民的根》（2007）讲述了生性耿直、深爱土地的老支书田厚德为了保护耕地良田，坚持举报非法侵占集体土地、以权谋私的乡镇干部，虽然自己的亲人因此遭受打击报复，但他最终揪出了贪污腐败分子，守卫了农民的根的故事。电影《土地志》（2015年）中的凤凰台村村支书马天贵和弟弟马天元打着发展现代农业的幌子，并利用镇党委书记急功近利图政绩的心理，试图把村民的土地私自非法流转到手，以便将来开发房地产赚钱。镇长韩长河和大部分村民为了保卫土地承包权，与马家兄弟及镇党委书记展开了斗争，最终成立了土地合作社，实现了土地的合法流转，保障了村民的利益。

21世纪取材于土地流转问题的影视作品切实关注依赖土地生存的农民群体，探索在发展农村经济的同时，如何合理使用农村耕地，进而维护农民权益的时代命题。这些影视作品大多围绕“土地流转”“土地承包权”“保护耕地”等核心问题和“侵吞土地”“土地腐败”等相关问题展开故事情节，具有共同的叙事精神指向，即土地是农民的根，也是农业现代化的根。土地流失，耕地减少，不仅损伤农民权益，更会危及国家粮食安全。因此，保护土地，做好土地流转工作，推进农村土地制度改革，既能满足农民的迫切要求，也符合国家的根本利益。做好土地流转工作，既需要乡村基层干部的正确引领，也离不开普通群众的积极配合。影视作品中的乡村基层干部如《希望的田野》中秀水乡党委书记徐大地，《农民的根》中生性耿直、深爱土地的老支书田厚德，他们既能准确把握和运用国家土地相关政策，又非常熟悉任职地方的基本情况，在处理土地流转过程中的问题时，既懂得寻求政策和上一级政府的支持，又善于依靠和团结群众，与妄图侵占农民土地、侵犯农民权益的恶势力展开斗争。除了优秀的基层干部，影视作品中还出现了一批有觉悟、有先进思想的农民群众，比如《圣水湖畔》中捍卫自己合法土地承包权的村民马莲，《喜耕田的故事》里智斗挖地卖沙村民的喜耕田，他们深知土地是农民生计的根本，不为眼前短期利益所动，在基层干部的带领下，齐心协力维护自己的合法土地承包权，自觉主动地保护耕地，保护乡土。总之，21 世纪以土地流转问题为题材的影视作品呼应了中国乡村题材影视作品以土地制度为核心的叙述传统，针对农民生存现实和农村生活现状，演绎了新时代乡贤文化涵养下的干部和群众在新的土地政策指引下，努力实现农业现代化的奋斗历程。这些影视作品成为 21 世纪乡贤文化影像建构不可或缺的组成部分。

随着国家惠农政策的推行，乡村的文教卫事业有了很大发展，但是一些偏远乡村的文化教育现状仍不容乐观，医疗卫生条件依然相对落后。21 世纪以来，党中央出台了一系列发展乡村文化教育卫生事业的政策，大力开展“三支一扶”工作，引导和鼓励高校毕业生到西部去，到基层去，到祖国最需要的地方去，经受锻炼，健康成长，为促进农村基层教育、农业、卫生、扶贫等社会事业的发展、建设社会主义新农村作出贡献。因此，乡村文教卫事业的发展以及与之相关的“三支一扶”工作，成为 21 世纪乡村题材影视作品的另一个选材热点，出现了一批比较有代表性的电视剧作品。比如，《太阳不落山》(2001) 中的乡村女教师洪秋菱继承亡夫遗志，放弃了到城镇工作和生活的机会，在千岛湖一条破烂不堪的小船上办乡村小学。《远山远水》(2002) 中的从师范大学毕业的高才生杨新刚响应党中央西部大开发战略号召，成为扶贫支教的志愿者。《风过泉沟子》(2002)以西北地区一个偏远山村为背景，侧重叙述新一代有知识的农民代表冯山小带领贫困地区农民进行思想脱贫和经济脱贫的故事。《脚下天堂》(2003)讲述三名都市年轻人作为志愿者，前往西部贫困地区天堂铺从事支教、支医工作的故事，三名年轻人在工作中明确了理想追求，摒弃了性格中的弱点，融入了西部的建设和发展事业。《最美丽的事》(2006)讲述了从20世纪60年代初开始，从师范学校毕业的高才生钟乾扎根贫困山村李家塝，近半个世纪以来，历经风雨，为乡村教育事业默默奉献，被誉为"师德楷模"的故事。《文化站长》(2007)讲述了管文化在乡政府干部民主选举中当上文化站长之后，策划组织健康有益的文化活动，筹资建立文化站图书室，丰富了乡村居民的文化娱乐生活，净化了乡风民俗的故事。《红石坪》(2007)里的扶贫办主任刘虹为了修通山路，不惜将自己亲人的坟墓迁走，最终使豫西山区的经济面貌得到了根本改变。《静静的白桦林》(2008)中的达兰，早年插队下乡来到白桦岭，数十年为林区百姓治病送药，她的女儿桥南成为支医志愿者，延续着母亲的事业。《远山晴朗》(2009)讲述了远山县扶贫队长张良鹏在扶贫工作中一系列感人泪下的故事，展示了扶贫干部带领当地群众脱贫致富的决心和智慧。《八月高粱红》(2009)中的村委会主任的女儿八月和其男友春龙在大学毕业后放弃在省城找工作的机会，不顾两家长辈的强烈反对，回乡创业并获得成功，最终促成了新老两代农民观念与情感的融合。《兵法乡村》(2013)讲述退伍军人柏胜兵与下乡支教的女大学生柯胜男在党的新政策的指引下共同建设南湾村，获得爱情和事业双丰收的故事。《索玛花开》(2017)中的谷莫村书记王敏历经曲折艰难，终于带领村民完成了脱贫攻坚的任务，让谷莫村甩掉了贫困的帽子。电影作品如《大石山里的烛光》(2006)取材于全国教育系统劳动模范韦造祥的先进事迹，民办教师韦造祥倾其所有，资助山里贫困家庭的孩子们上学读书，像一支燃烧不止的蜡烛，点燃大石山儿童的梦想，照亮了大石山的希望。《遥望南方的童年》(2007)中的乡村小学教师易明堂不辞劳苦，不计回报，开办家庭幼儿园，给周边村庄的留守儿童提供更好的文化教育和生活支持。《乡村教师》(2011)里的乡村小学教师许成山在村小学代课三十多年，始终乐观面对生活困境，任劳任怨，无怨无悔，坚持为乡村教育事业默默奉献。《夏天的拉花》(2013)中的马长力大学毕业后应聘成为家庭教师，历经波折，终于辅导脑瘫学生考上大学，在这个过程中，马长力深切认识到人民教师工作的意义与价值，回到曾经愤然辞职的偏远乡村中学继续从事支教工作。《十八洞村》(2017)以十八洞村的真实故事为原型，讲述了退伍军人杨英俊在扶贫工作队的帮助下，带领杨家兄弟立志、立身、立行，在打赢脱贫攻坚战的同时，完成了精神上的脱贫。《一个人的课堂》(2018)讲述乡村教师宋文化不惧艰苦落后的教学环境，不怕家长的质疑、不理解，乐此不疲地在山区小学坚持代课二十多年的感人故事。

21世纪以乡村文教卫事业发展和"三支一扶"为题材的影视作品没有回避偏远贫困乡村文化生活贫乏、教育条件较差、医疗水平落后的客观事实，而是以此作为21世纪乡贤文化影像建构的现实背景，塑造了一大批乡村教师、乡村医生以及乡村文化工作者，讴歌了他们爱国爱民的拳拳赤子之心，赞扬了他们自我牺牲的无私奉献精神。剧中参加"三支一扶"工作的教师、医生、科技工作者以及党的领导干部，有一些是国家政策性派遣下乡的工作人员，还有一些是刚刚大学毕业的青年志愿者，他们一般都来自发达地区，具有先进的专业技术、丰富的文化素养、现代的思想观念，他们的支援和帮扶工作往往围绕着传统习俗与现代观念之间的冲突、落后利己与先进利他之间的矛盾展开，他们的到来为贫困落后地区播下了希望的火种，他们的工作切实改善、提升了当地文教卫事业的整体水平，他们的社会责任感和无私为民的奉献精神极具感染力。总体而言，取材于乡村文教卫事业发展和"三支一扶"工作的影视作品是乡贤文化建构中独特而典型的银幕、荧屏影像，既是对21世纪以来国家相关政策的理解与肯定，也是对乡村建设发展现状的再现与诠释，是具有时代特征和现实意义的影像创作。

20世纪80年代以来，中国的乡镇企业异军突起，蓬勃发展，成为农村经济的重要支撑力量，一度被学术界认为是农民脱贫致富、实现农业现代化的必由之路。但是，很多乡镇企业是劳动密集型的经济组织，技术设备比较简陋，生产资料利用率和劳动生产率一般都比较低，容易造成资源浪费和环境污染。21世纪以来，特别是党的十八大以来，党中央、国务院作出一系列重大决策部署，农业绿色发展实现了良好开局。2017年，中共中央办公厅、国务院办公厅印发的《关于创新体制机制推进农业绿色发展的意见》指出，推进农业绿色发展是贯彻新发展理念、推进农业供给侧结构性改革的必然要求，是加快农业现代化、促进农业可持续发展的重大举措，是守住绿水青山、建设美丽中国的时代担当，对保障国家食物安全、资源安全和生态安全，维系当代人福祉和保障子孙后代永续发展具有重大意义。2018年的中央一号文件提出，推进乡村绿色发展，打造人与自然和谐共生发展新格局。乡村振兴，生态宜居是关键。良好生态环境是农村最大优势和宝贵财富，必须尊重自然、顺应自然、保护自然，推动乡村自然资本加快增值，实现百姓富、生态美的统一。

与之相呼应，“乡村生态环保”成为21世纪乡村题材影视作品的选材热点。相当一部分作品围绕加速乡镇企业转型、推进绿色农业发展、发展现代生态农业等农村工作的重点和难点，设计情节，展开叙述。其中，电视剧《刘老根》(2002)讲述了刘老根依托家乡得天独厚的自然资源，建设集旅游度假、餐饮娱乐和产业化农业于一体的企业集团，带领乡亲们走上发展乡村旅游业的致富之路的故事。《塞北婆姨》(2005)讲述了晋西北金沙湾村的春秀带领一群婆姨承包了全村的治沙和治荒任务，克服重重困难，终于完成了植树种草、修坝引流等工程，改变了家乡恶劣的自然环境的故事。《山窝窝里的弯弯事》(2007)中的豫西山区张沟村村长“大明白”为了开发本村旅游资源，发展农村旅游业，动员全村人学习普通话，排练大型演出，集资盖宾馆，举办“农家乐”厨艺大比拼，提高本村知名度，终于带领村民走上了绿色生态发展的康庄大道。《黄河那道弯》(2007)中的新任村主任乔荣旺在工作实践中逐步形成了环保意识，毅然阻止建设没有控污设备的焦化厂，转而设立农业科学发展基金，寻求绿色环保的生态发展之路。《西口长歌》(2010)中的右玉县铁沙堡老劳模铁立春及沈沙海等人，坚韧不拔地与恶劣自然环境抗争，坚持不懈地植树造林，防风治沙，建设绿化生态宜居家园。《金色农家》(2009)中的红草湾村党支书兼村主任靳诚在关停污染严重的村办造纸厂之后，采纳农业大学教授的建议，带领村民克服诸多困难，办起生态养猪场，种植了绿色蟹田稻，建起生态农业合作社，加速了乡村绿色发展的进程。《清凌凌的水蓝莹莹的天》(2009)中的上水村村主任钱大宝在情感与理智的较量中，深刻认识到乡村发展过程中保护环境的重要性，坚决关闭了弟弟钱二宝的污染严重的造纸厂，兴办渔业公司，组建观光农业联合体，让上水村既恢复了往日的绿水青山，又更加美丽丰饶。《永远的田野》(2010)讲述了望海村村主任黄榆不顾身患癌症的病痛，坚决同破坏环境的行为斗争到底，植树种草，退耕还林，禁止偷猎，终于保卫了自己美丽的家园，实现了人与自然的和谐共处的故事。相关电影作品如《老驴头》(2010)讲述村里首富想强行霸占老驴头的两亩耕地，日益严重的风沙即将掩埋老驴头家的祖坟。土地是老驴头赖以生存的希望，祖坟是老驴头将来死后的归宿，最后老驴头为了保护祖坟不被沙漠掩埋，选择了独自一人治理沙漠。《消失的村庄》(2011)讲述了云南某偏远村庄的村民为了让黑颈鹤有一个良好的迁徙和栖息环境，经历了内心的矛盾挣扎以及对家园故土的难舍难离之后，毅然离开了世代生活繁衍的村庄，迁往他乡的动人故事。

21世纪以来取材于“乡村生态环保”的影视作品创作大都基于一个共识，即一些高耗低效的乡镇企业危害生态环境，不能把开办乡镇企业作为发展农村经济、解决“三农”问题的唯一方案。因此，这类影视作品着力展现了广大农村干部和群众为了寻求既保护绿水青山，又发展地方经济的农村建设新路子，跨过重重阻碍，克服诸多困难，建设美丽富饶家乡的奋斗过程。电视剧中的人物形象如《西口长歌》(2010)中的老劳模铁立春及沈沙海等人，十几年甚至几十年坚守奋战在退耕还林、防风治沙的第一线，不惜付出生命的代价，与破坏生态环境的行为展开斗争；《金色农家》(2009)中的红草湾村党支书兼村主任靳诚，积极学习先进科技知识，大力宣传和推行科学种田和科学养殖，走发展生态农业致富的道路；《黄河那道弯》中的新任村主任乔荣旺、《清凌凌的水蓝莹莹的天》中的上水村村主任钱大宝，在吃了环境污染的亏之后，逐渐增强了环保意识，主动关停导致水土资源污染的乡镇企业，转而以地方农产品为依托，兴办农产品精加工和深加工的相关企业，实现农业机械化和农业产业化。电视剧中的一些乡村如《山窝窝里的弯弯事》中的豫西山区张沟村，因地制宜，依靠当地独特优美的自然风景资源，发展乡村生态旅游事业，既就近解决了村民就业问题，变“空心村”为“实心村”，又在保护环境的前提下充分开发利用环境，让村民回归乡土，立足乡土，建设生态宜居的新农村。概言之，在国家发展绿色乡村政策的指引下，21世纪“乡村生态环保”题材的影视作品关注农民生活居住现状，围绕农业发展中遭遇的瓶颈问题，在保护和改善乡村生态环境的前提下，描绘了科学发展农村经济的“绿色之路”，用丰满感人的时代故事构建了承载新时代乡贤文化的生动影像。

二、在传统美德与时代精神的整合中塑造新乡贤形象

乡贤文化影像建构的核心是在影视作品中塑造新乡贤形象。21世纪以来，

随着我国农村建设工作的持续推进，越来越多热心乡村建设事业的人投身到社会主义新农村建设中来，具有新时代特征、适应新时代需要的新乡贤大量涌现。这一时期的影视作品中塑造的新乡贤形象在人物类型、道德品质和工作业绩方面也呈现出一系列新特征。

21世纪乡村题材影视作品在塑造新乡贤形象时，突破了传统乡村题材影视作品中的“有经验、苦干事的村干部”即新乡贤的思维定式，密切关注当前乡村现实，基于乡村工作实际情况，在讲述乡村发展故事的过程中，生动地塑造和展示了一批不同于以往乡村题材影视作品中的乡贤形象，扩展和丰富了新乡贤的类型。具体来说，一是新乡贤的职业多元化。以往乡村题材影视作品通常会选择乡村干部或者德高望重的村民作为乡贤的典型形象。21世纪以来的乡村影视作品中，新乡贤的职业构成越来越多样。他们当中除了有优秀的基层乡村干部，还有奉献乡村教育事业的教育工作者，掌握先进农业科技的专家学者，先富起来且热心家乡建设的成功创业人员，响应国家号召支援新农村建设的来自各行各业的下乡志愿者，以及居住乡里且德高望重的本地村民。这些新乡贤往往具备某项专长，凭借自己的知识、技术或者经验，助力乡村建设发展，并借此获得了村民们的认可，成为具有新时代特征的新乡贤形象。二是新乡贤的年龄年轻化。正因为21世纪以来乡村题材影视作品中新乡贤的职业多样化，才使得更多的年轻人成为新乡贤。随着我国干部队伍的年轻化以及大学生村官政策的施行，影视作品中的基层乡村干部形象也逐渐年轻化。掌握新知识、新技术的技术人员，都是科技创新的中青年骨干力量，他们的平均年龄一般在35岁左右。投资家乡建设，在乡或者返乡创业的企业家也正处于年富力强的年龄阶段。当然，21世纪影视作品中仍然塑造了部分年龄在50—70岁，垂范乡里的乡贤形象，他们在处理乡村公共事务，调解邻里人际关系，维护和睦友善乡村风气方面发挥着重要作用。三是新乡贤的身份平民化。21世纪乡村题材影视作品中新乡贤职业的多样化亦带来身份的平民化。新乡贤形象完全有别于传统宗族士绅，也不囿于乡村基层干部，虽然有些作品中仍会提及新乡贤的祖先的社会政治地位，但绝大部分作品中的新乡贤身份趋于平民化。一个人即使是平民百姓，只要品德高尚、热心公务、乐于助人、有益于乡村建设，都可以成为新乡贤。因此，可以这样说，在新时期乡村题材影视作品中，新乡贤是一个极具开放性的群体，影视作品在新乡贤人物塑造时不拘一格，不择其龄、不择其业、不择其位。

21世纪乡村题材影视作品在扩展和丰富新乡贤类型的同时，基于传统乡贤的优秀道德品质，结合社会主义核心价值观，从国家精神、社会情怀、个人道德三个层面为新乡贤形象注入了新的时代内涵和品质。具体来说，第一，新乡贤以富强、民主、文明、和谐为价值目标。以往乡村题材影视作品中的乡贤形象通常深受中国传统文化的浸染，固守本宗本族利益，为了宗族发展甚至不惜与其他宗族大动干戈，相对来说比较缺乏现代国家观念。21世纪乡村题材影视作品中的新乡贤，一方面受到优秀传统文化的熏陶，一方面又充分接受现代文明和社会主义先进文化的教育，具有更广阔的家国情怀，在社会主义新农村建设中不囿于小集团、小家族的利益，能够自觉以建设富强、民主、文明、和谐的现代化社会主义强国为奋斗目标。比如《清凌凌的水蓝莹莹的天》中的上水村村主任钱大宝在情感与理智的较量中，最终以大局为重，为了上水村的富强与和谐，坚决关闭了弟弟钱二宝的污染严重的造纸厂，兴办渔业公司，组建观光农业联合体，让上水村恢复了往日的绿水青山。第二，新乡贤以自由、平等、公正、法治为价值取向。以往乡村题材影视作品中的乡贤形象在处理乡村事务过程中多依靠个人德高望重的优势，调解纠纷，化解矛盾，或者依据家法族规以及不成文的乡村惯例对重大事件进行评判和处置。21世纪乡村题材影视作品中的新乡贤形象区别于传统乡贤的一个显著特点是，他们大多知法、懂法，具有较为先进的社会主义民主法治意识。他们在处理乡村事务的实践中，往往能够依法办事，公开、公正、公平地解决矛盾，化解危机，在维护集体利益的同时，充分考虑和尊重个体的诉求，保障社会主义国家公民自由和平等的权利。比如《小镇大法官》(2016)中荷塘法庭的老庭长，作为最基层的法官，他在办案和处理邻里纠纷时既遵循法律，又尊重人情，令小镇百姓心服口服，让小镇生活安定和美。第三，新乡贤以爱国、敬业、诚信、友善为价值准则。以往乡村题材影视作品中乡贤形象的道德品格以忠孝仁义、善良敦厚、勤劳朴实为主，这是中华文明孕育的优秀乡民特质，是维系传统乡村稳定的重要精神要素。21世纪乡村题材影视作品中的新乡贤因受到社会主义先进文化的教育和影响，具有现代道德观念，往往能够自觉地在乡村倡导和践行社会主义精神文明。他们一方面以身作则，爱党爱国，弘扬积极向上的文化风尚，一方面运用村民喜闻乐见的形式，宣传和培养诚信友善的价值观念。比如《文化站长》中的管文化在担任文化站长之前就注重提升自身文化素养，在担任文化站长之后策划组织健康有益的文化活动，筹资建立文化站图书室，组织群众进行各类文体比赛，既丰富了群众的文化娱乐生活，又净化了乡风民俗。总的来说，新乡贤能够在国家层面、社会层面以及个人层面上，运用接地气的宣传载体和实践操作，把社会主义核心价值观与中华优秀传统文化有机结合起来，把社会主义新农村群众的价值目标、价值取向、价值准则统一到社会主义核心价值观的要求上来，推进社会主义新农村的精神文明建设。

21 世纪乡村题材影视作品在塑造乡贤新类型和表现乡贤新品质的同时，注重从新农村建设实际出发，关注新农村建设取得的成效，从拉动经济增长、弘扬文化传统和巩固社会规范三个层面，着力展现新时期新乡贤在乡村建设发展中取得的新佳绩。首先，助力脱贫致富，提高生活水平。乡村振兴的首要任务是发展经济，改善民生。21 世纪乡村题材影视作品中的新乡贤在拉动乡村经济增长，带领村民脱贫致富方面发挥了重要作用。他们当中有一部分是乡村中先富起来的人，比如《刘老根》中的刘老根，他通过举办生态养殖业和发展乡村旅游业等方式，带动其他村民富裕起来；还有一部分是外出奋斗且取得一定成就的返乡人员，比如《返乡》中的大学毕业生王有志，他将自己学到的知识、建立的人脉和积攒的资源带回乡村，运用新技术实现乡村企业绿色环保的可持续发展，既增加了乡村财政收入，又为富余劳动力提供了就业岗位，同时也为更多有“反哺乡村”想法的乡贤树立了榜样，充分体现了新乡贤在新时代乡村振兴战略中的独特价值。其次，继承优秀传统，引领文明新风。21 世纪以来，随着功利主义价值观的渗入，传统乡村的道德规范约束力逐渐减弱，乡村生活中暴露出许多因道德失范导致的问题。21 世纪乡村题材影视作品中的新乡贤是传统文化的继承者和现代文明的接受者，他们以社会主义核心价值观作为新时代重塑乡村文化的指归，运用自己的声望与影响力，以身作则，躬身示范，宣传良好家风，重建人际信任，促成文明乡村的建设。最后，构筑有效治理体系，化解社会矛盾。“作为新社会力量的新乡贤群体既熟悉乡村又熟悉城市，既具备一定的传统性又具备一定的现代性，为优化乡村治理结构，跨越乡村治理困境，提供了一个新的选择。”[①]21 世纪乡村题材影视作品塑造的新乡贤群体中不乏党员干部、科技

① 李金哲. 困境与路径：以新乡贤推进当代乡村治理[J]. 求实，2017(6)：87－96.

人才和文教人员，多样化的职业身份造成了多角度的思考方式，新乡贤成为联系政府和群众的纽带。作为政府工作的辅助力量，新乡贤的柔性参与，有助于提升国家宏观政策与乡村实际情况的契合度，有利于提高村民对基层政府的信任度以及对政策的接受度，进而形成运行有效的基层民主治理机制，有力地促进了国家政策在乡村的推广和落实。

三、在日常生活与乡村建设的交织中推进新农村叙事

21 世纪乡村题材影视作品在乡贤文化影像构建过程中，不再执着于以宏大叙事建构悲剧性的乡村形象，而是乐于用“小叙事”讲述乡村日常生活和乡村建设故事，建构充满喜剧气息的新农村形象，在喜剧化的乡村日常生活叙事中表现“经历风雨，方见彩虹”的乡村建设历程，形成了 21 世纪乡村题材影视作品新农村叙事基调明快、积极进取的风格。

21 世纪乡村题材影视作品尤其注重构建和展示明丽轻快的乡村日常生活影像，以此作为 21 世纪乡贤文化发生的土壤。一是着力表现美丽怡人的乡村自然环境。《暖》(2003)中曲折幽深的青石路和金黄色的稻田，《美丽的田野》(2005)中查干湖边迎风飘扬的芦苇和清澈如镜的湖面，《黑金子》(2006)中和谐恬静的松嫩平原，《花腰新娘》(2005)中彝族村寨独特的奇山异水，《乡村爱情》(2006)中村外的远山和清澈的溪流，《清凌凌的水蓝莹莹的天》中风光宜人的水库和美丽的花岛，还有《爱上油菜花》(2010)、《湖光山色》(2011)、《走进大山》(2016)、《圣水湖畔》等作品，都着力展现了乡村天然的原生态之美。值得注意的是，几乎所有的 21 世纪乡村题材影视作品都把发展现代农业与第三产业，尤其是旅游服务业预设为建设新农村的路径。比如《刘老根》中的龙泉山庄，《乡村爱情》中的温泉度假山庄，《走进大山》中的大魔谷旅游资源，《湖光山色》中的乡村旅游度假山庄等。在新农村建设进程中，“生态保护”“休闲农业”成为高频词。新农村建设是建设家园，而不是片面追求利益最大化而导致环境恶化和家园丧失，这已成为乡村发展共识。二是凸显充满人情味的乡村社会环境。乡村是熟人社会、人情社会，一个村庄里的几乎所有人都沾亲带故，互相以叔伯、兄弟、姨婶、姐妹相称。这些“小人物”的“小故事”，都散发出浓郁的乡土人情。在《刘老根》《乡村爱情》《文化站长》等电视剧中，最打动人的也许不是故事和人物

本身，而是真实、亲切的乡村生活场景，是乡村熟人社会透着“真意”的生活气息，是无处不在的浓郁的人情味。三是编织充满喜剧色彩的乡村日常生活。21世纪乡村题材的影视作品关注乡村日常生活中的酸甜苦辣，撷取邻里之间和家长里短之中的喜剧元素，再现了社会主义新农村的风趣幽默的乡村日常生活。《花腰新娘》中凤美的很多“野性”的表现，着实令人莞尔；《刘老根》中丁香对刘老根的一再误会，药匣子的多次弄巧成拙，制造了一个又一个笑点；《乡村爱情》中刘能、谢广坤、赵四等人的精彩表演，让人忍俊不禁……影视作品的乡村生活中诸如此类的各种“闹腾”，不胜枚举。

特别值得注意的是，21世纪乡村题材影视作品在编织充满喜剧色彩的乡村日常生活时，塑造了一批乡村“异类”人物形象。比如《刘老根》中的药匣子、《走进大山》中的蘑菇头、《文化站长》中的三愣子、《潮人》中的杜杜、《圣水湖畔》中的韩成等人。他们都是不太像“庄稼人”的农村人，因为既不善耕种，也不善经营，又或多或少有诸如懒惰、狡黠、私心重、吊儿郎当的毛病，所以被村民视为“懒汉”“二流子”。但是，他们头脑灵活，或有一技之长，或精于某种民间传统艺术，比如药匣子熟悉中草药，三愣子会放电影，杜杜长于即兴表演民间曲艺，韩成会口技，所以他们往往自视甚高，想法和行为不守常规。社会认同与自我认知的反差跟他们特有的乡土艺术气息结合起来，使得他们的一言一行都自带笑点，举手投足间满是喜感。在乡村题材影视作品中，这些乡村日常生活中的“异类”，既是增添喜剧效果的“笑料”，也是衬托新乡贤的“绿叶”。在新乡贤的感召下，在新的社会环境中，他们积极改变自身，如《潮人》中的杜杜、《圣水湖畔》中的韩成，都投身于新农村建设，走上了一心从事生产经营的正途。又如《永远的田野》中的朱二，他一贯游手好闲，时不时地讨好小寡妇“大美丽”，在村干部黄榆的人格魅力感召下，他渐渐地发生了可喜的变化。为了保护李会计身上买树苗的钱款不被小偷偷走，他不顾给“大美丽”买好的衣服被抢走、自己被小偷打伤，最终保护了买树苗的钱款。当满载树苗的大卡车驶回了望海村的村委会时，众人纷纷向过去无所事事的朱二致敬。诚然，这些乡村“异类”的转变最终实现了乡村日常生活和谐喜悦、明丽欢乐的戏剧效果。但是，很显然，这些人物思想与行为的转变多少有些概念化。在这些影视作品中，似乎只有这些“异类”、边缘人物都纷纷转变了，成为先进人物的忠实追随者，整个叙事才是和谐的。其实，恰恰是这些不守规矩的人物使乡村社会生动起来。深入了解一下民间艺术史，我们会惊讶地发现，人们眼中的一些“不务正业”的人恰恰是乡土文化的创造者，如果没有了他们，整日生产劳作的乡村生活会显得非常乏味。

21世纪影视作品一方面侧重描绘新农村审美化的、充满人情味的、具有喜剧性的乡村日常生活，向人们展现滋养和孕育新时代乡贤文化的乐土和沃土，一方面关注社会主义新农村的建设与发展，在日常生活叙事中用影像话语对新政策、新观念和新事物进行诠释，特别注重挖掘当代乡村经济建设和文化建设过程中的励志故事，从而多角度、全方位地展现新时代新乡贤的新作为，着力在影视作品中展示新农村和谐欢悦、幸福美好的社会生态环境。

党的十六届五中全会提出了“建设社会主义新农村”的时代命题，拉开了农村新一轮改革发展的序幕。面对当代农村经济建设过程中真实存在的种种挑战与挫折、矛盾与困难，21世纪乡村题材影视作品以革命乐观主义的叙事指向和积极进取的影像风格，讲述了新时代乡村经济建设中新乡贤的奋斗故事和成功事迹。21世纪乡村题材影视作品中出现了一大批不同于传统农民形象的致富能手，他们当中有些人是高考落榜生，有些是回到乡村的大学生，还有一些是外出打工又返乡的年轻人。他们既有一定的文化知识，又掌握一些现代农业科学技术，而且还很有经营头脑，具有市场经济意识。《乡村爱情》中的王小蒙，因为偶然结识了王兵，发现了豆腐的销路，就果断地把家庭经营的豆腐作坊改造成豆腐加工厂，后来又加盟上海的一家大公司，成立了豆制品有限公司。《康家大院的新媳妇》(2000)中的春花，曾经在南方打过工，见过世面，通过电脑网络为村里丰收却滞销的西瓜找到了销路，避免了瓜农的巨大损失。这类新型致富能手不仅依靠技术，而且善于获取现代社会的各种资讯和信息，带领乡亲们脱贫致富。《潮人》中的主人公夏莱是清华大学的高才生，又考上了香港科技大学的研究生，却选择了做一名大学生村官。剧中描写夏莱由于缺乏工作经验，起初遭遇了一些挫折，但最终在挫折的磨炼下走向成熟，成为引领乡村经济发展的弄潮儿。《走进大山》中的王青山，研究生毕业之后为了实践其山区可持续发展的研究成果，改变家乡贫穷落后的现状，毅然辞去了省农业厅科长的职务，回到家乡青龙山区做一名普通农民。剧中王青山的创业过程可谓阻力重重，不仅物质资源匮乏，还要处理复杂的人际关系。最终，王青山以现代公司制度来领导村民共同创业，既调动了村民的积极性，又吸引了外来人才，不仅在经济上改变了乡村的贫困状况，落实了山区可持续发展计划，还直接促进了基层行政改革，推进了乡村的现代转型。总的来说，21世纪乡村题材影视作品中的乡村经济建设，虽然困难重重，但总是有惊无险，乡村创业虽历经艰难，但最后总会苦尽甘来，获得成功。《插树岭》(2006)中的插树岭生态旅游成功了，《湖光山色》中的南水美景旅游公司成功了，《刘老根》中的龙泉山庄成功了，《清凌凌的水蓝莹莹的天》中的上水村渔业公司成功了。这些"经历风雨，方见彩虹"的乡村故事，既展示了21世纪乡村经济建设中新乡贤的新成就，又形成了21世纪乡村题材影视作品明快乐观的叙事风格。

早在20世纪30年代，面对当时乡村衰落的状况，梁漱溟就指出，中国乡村的核心问题是中国传统文化的严重失调，乡村建设要从文化建设开始。21世纪乡村题材影视作品围绕乡村文化建设问题，给出了重建乡村文化的两条路径：一是村民产生文化自觉，积极主动地追求新文化、认同新文化、建设新文化；二是进一步加强对乡村文化变迁的干预和引导，并且按照这两条路径的设计，讲述积极投身乡村文化建设的新乡贤的感人事迹和喜人成果，描绘乡村文化建设的美好图景。电视剧《潮人》中的辛天喜、蔡有才和杜小泉等人对建设乡村文化有着自发的、自觉的意识，特别是杜小泉，他不仅有文化自觉意识，而且对如何建设芦花村的乡村文化有清晰而完整的方案，在他的设想中，未来的芦花村是一个保存古老民居的农耕民俗文化村。电影《爱上油菜花》中的大全，原本在城里打工，被村主任"骗"回家乡，在村委会和镇政府的不断鼓励和引导下，他走上了参与乡村文化建设的道路，逐渐对乡村的未来有了憧憬与规划。影片通过大全思想的变化和行动的成效展现了乡村文化建设的希望。乡村文化建设很大程度上需要依靠政府的扶持，文化站长作为负责乡村文化建设的基层干部，在乡村文化建设过程中发挥了重要作用，21世纪乡村题材影视作品中就有一些专门讲述乡村文化站长的故事，比如《文化站长》《倒计时》(2008)等。《文化站长》中的管文化是一位热爱传统文化的普通农民，他完全出于对文化事业的热爱，克服了重重困难，有声有色地开展乡村文化建设工作，把村里的豆腐坊改建成文化站，自觉地保护民间老艺人的绝活，组织文艺宣传队，开展健身秧歌和国际舞乡村大赛，这些乡村文化建设活动既激发了村民参与文化活动的积极性，又满足了村民的文化生活需求，取得了令人满意的效果。诚然，乡村文化建设不是一个文化站长或者几个村民的事情，需要全体村民积极参与，《就是闹着玩的》(2012)与《越来越好之村晚》(2013)等影片展现了全民参与乡村文化活动的美好图景,影片中那些散落乡村却能积极参与乡村文化活动的有绝活的文化能人,是未来乡村文化建设的生力军。21世纪乡村题材影视作品中关乎乡村文化建设的那些人和那些事,既生动再现了乡村文化建设的可喜成绩,又表达了对乡村未来生活的美好憧憬,形成了欣欣向荣、充满希望的影像风格。

总的来说,21世纪以来,中国乡村题材影视作品在题材选择方面紧扣时代脉搏,在历史困境与现实新政的观照中展现新农村建设;在人物塑造方面聚焦时代人物,在传统美德与时代精神的整合中塑造新乡贤形象;在影像风格方面倡导时代精神,在日常生活与乡村建设的交织中推进新农村叙事。这些作品用丰满感人的时代故事和积极进取的艺术风格构建了承载新时代乡贤文化的生动影像,在对21世纪以来国家政策进行图解与肯定的同时,对乡村建设发展现状进行再现与诠释,既实现了乡贤文化影像建构的世纪转型,又全面展示了新时代社会主义新农村建设和乡村振兴战略取得的伟大成就。

第二节 21世纪乡贤形象的理想化建构

21世纪特别是党的十八大以来,乡村题材影视作品积极响应国家乡村发展政策,密切关注乡村建设进程,勇于表达乡村变革现实,在讲述社会主义新农村建设故事的同时,着力对传统乡贤形象进行理想化影像重构,塑造了一大批顺应时代需要,满足群众心声的乡贤理想化形象。乡村题材影视作品中的这类理想化乡贤形象作为优秀中华传统文化的承载者和弘扬者,在中国乡村社会发展进程中发挥着不可或缺的重要作用,既为社会主义新农村文化建设和制度建设提供了力量源泉,又为投身乡村发展战略的建设者树立了榜样和典范,产生了广泛而积极的社会影响①。

一、21世纪乡贤理想化影像建构的历史语境与文化背景

正如前文所述,20世纪60年代初期影视作品中社会主义“农村新人”形象

① 李静.当代乡村叙事中乡贤形象的变迁[J].江苏社会科学,2016(2):165-170.

虽然越来越具有理想化色彩，但是到了60年代中后期乃至70年代，主人公已经成为主流意识形态塑造的完美形象。过度理想化的塑造导致影视作品中传统意义上的乡贤形象消失了，具有当代品格的新乡贤雏形——社会主义"农村新人"形象也逐渐隐退。传统乡贤作为特定历史时期下的物质形态，其消隐具有历史必然性，但其承载的乡贤文化不一定，也不应该随着传统乡贤的隐退而消失。以传统乡贤为代表的乡贤文化虽然源自农业文明，但充满内生力量且与现代性有着千丝万缕的联系。在新的历史时期下，传统乡贤形象及其文化价值和文化功能必然会以新的形式出现。

20世纪90年代以来，在不断加速的"去乡村化"和城市化进程中，中国乡村的整体面貌有了很大的改观，但是与此同时，中国乡村治理面临多方面的挑战，乡村文化建设也出现了一定的困境。一是乡村腐败现象时有发生，某些乡村基层治理缺乏民主法治思维。二是乡村环境污染问题造成了隐患和危机。中国农村自推行家庭联产承包责任制以来，为了给农村剩余劳动力提供就业机会，也为了打破农村农作物种植的单一经济格局，各地广泛兴办乡镇企业。然而，不少乡镇企业生产导致环境污染所造成的损失甚至超过其创造的经济效益。另外，片面追求农作物高产而过度使用农药和化肥也造成了乡村土壤以及水资源污染。三是乡村医疗、教育和文化事业发展相对滞后。随着国家惠农政策的推行，乡村的文教卫事业有了很大发展，但是一些乡村的文化、教育、医疗现状仍不容乐观。乡村文化生活相对贫乏，乡村教育条件相对落后，乡村医疗水平相对较低，影响了村民在乡村生活的获得感、幸福感和安全感。四是一些乡风民俗被遗忘，一些传统美德被抛弃。乡村整体生存空间在传统与现代性的博弈中出现一定程度的文化真空地带，导致村民对既有生存方式与生存意义的认同危机，对于维系乡村社会生活的传统伦理道德产生怀疑、动摇甚至厌弃，诱发了道德失范和信仰危机。① 这一系列问题造成了中国乡村自20世纪90年代以来在现代化和城市化进程中面临的共同困境，即乡村"空心化"、乡村精英流失和乡村伦理道德退化。如何破解中国乡村建设遇到的难题，成为人们共同关注的焦点。

近年来，随着乡村振兴战略的持续实施和文化自信理论的深入人心，越来

① 季中扬，胡燕. 当代乡村建设中乡贤文化自觉与践行路径[J]. 江苏社会科学，2016(2)：171－176.

越多的有识之士意识到在现行政策的引导与支持下，进行社会主义新农村建设，迫切需要弘扬中华优秀文化传统，重建乡村自治结构，依靠德才兼备的建设者，形成建设社会主义新农村的文化内驱力、制度约束力和政策执行力。因此，21世纪以来，学界开始关注传统乡贤，研究他们在传统社会乡村自治的功能，以及在乡村情感凝聚和乡村伦理道德维系等方面的作用①，希望通过改造传统乡贤和复兴乡贤文化，探寻中国乡村建设的新路径和新方法。

学界对于传统乡贤的界定、传统乡贤的基本特征和社会功能等问题展开了广泛的讨论。有学者认为："首先，无论具有怎样的政治背景和经济地位，乡绅的日常生活都扎根于基层社会。其次，乡绅是自发形成的，是乡民公认而官方也认可的。乡绅的威信来自他们对乡民的贡献，这种贡献包括担任不拿国家俸禄的小官。再次，其实最为重要、最为典型的乡绅特征是有文化，即知书达理，深明礼义。"②又有学者认为："乡绅是中国明清时期活跃于广袤乡村中的一个重要而特殊的社会阶层。他们既为居乡之士，是一群特殊的会读书的人物而被乡民所崇敬，同时作为当地人与乡民有着地方性知识上的共识。他们又为在野之官，拥有着国家所赋予的法定特权，并因此产生了一种非正式权力。"③还有学者认为："乡绅是'高高在上'的官吏和'面朝黄土背朝天'的乡民之间的链接和中介。一方面，乡绅与官吏都是封建学校和科举制度的产物，其权力都直接源于传统的政治秩序。在这一政治秩序下，同一个人可以既为官，又为绅，在不同的时空下自然地转换其社会角色。他们实际上属于同一集团，而关系也必然是合作的。另一方面，居住于本籍的乡绅与乡民之间或者有着血缘关系，或者有着地缘关系，两者必然有着强烈情感和身份上的认同，并且乡绅凭借功名、学识及财富而成为众民之首、一乡之望，成为地方利益的代表者。"④

传统乡贤有四个要素：一是地域性身份要素，即本土本乡之人；二是品德要素，即拥有为同时代人所仰慕的道德品格；三是能力要素，即有出众的才干或学问；四是声望要素，即受到乡人的推崇和赞誉，享有崇高的声誉。⑤ 总之，传统社

① 裘斌．"乡贤治村"与村民自治的发展走向[J]．甘肃社会科学，2016(2)：163－167．

② 马小红．"乡贤"的过去与未来[N]．法制日报，2015－11－14(7)．

③ 瞿同祖．清代地方政府[M]．范忠信，晏锋，译，北京：法律出版社，2003：282－283．

④ 徐祖澜．乡绅之治与国家权力——以明清时期中国乡村社会为背景[J]．法学家，2010(6)：111－127，177．

⑤ 文学平．关于新乡贤文化建设的若干思考[N]．永川日报，2016－03－17(2)．

会乡贤发挥着延续乡村文明血脉，维持乡村社会生态平衡的重要作用。构成传统乡贤的基本要素同样是新时代新农村建设者的基本特质，传统乡贤与新时代新农村建设者在传统文化认同上的一脉相承，在造福乡里指归上的高度一致，构成乡村题材影视作品进行乡贤理想化镜像建构的历史积淀和现实基础，使 21 世纪以来乡贤理想化影像建构成为可能。

二、21 世纪乡贤理想化的影像类型与精神内核

传统乡贤笃行和承载的乡贤文化，以儒家伦理道德作为思想根基，涵盖了中华民族诸多传统美德与行为规范，是维系传统乡村社会动态平衡，保持乡村生活良性运转的重要精神文化力量。[①] 21 世纪乡村题材影视作品在塑造乡贤影像的过程中，既注重保留传统乡贤的地域性身份、品德、能力和声望等基本要素，又创造性地根据新时代中国乡村建设的现实需要，通过拓展乡村题材影视作品中乡贤形象的取材来源，丰富乡贤的影像类型，并对其进行精神内核的重构和实践行为的再述，成功实现了 21 世纪乡贤理想化影像的呈现。

21 世纪以来，乡村题材影视作品在进行乡贤理想化影像建构时不囿于一时一地，不拘于某人某事，而是借由多元的影像来源和丰富的影像类型，遵循主流意识形态宣传要求，充分考虑观看体验和受众心理，对不同历史时期的形象进行符合时代需求的合理改造，在更加广阔的创作视域和建构维度中，塑造丰满立体的乡贤理想化影像，使其言行既能展现传统乡贤具备的优秀品质，又符合新时期中国乡村建设的需要。具体来说，乡村题材影视作品建构的 21 世纪乡贤理想化影像主要有以下三种类型。

（一）小说人物改编

法国学者艾・菲兹利埃曾说："一提到文学带给电影的好处，首先就会想到改编。"[②]中国现当代文学史上不乏以广袤乡土为背景，反映乡村风土人情和乡村变革发展的优秀作品，这些优秀的乡土文学作品建构了一系列血肉丰满、朴

---

① 张兆成. 论传统乡贤与现代新乡贤的内涵界定与社会功能[J]. 江苏师范大学学报（哲学社会科学版），2016(4)：154 - 160.

② 艾・菲兹利埃. 文学和电影的关系[J]. 卜禾，译. 世界电影，1984(2)：4 - 19.

实感人的传统乡贤群像。21世纪以来的乡村题材影视作品的创作者积极探索与优秀乡土文学的良性互动，对文学作品特别是长篇小说进行改编。因此，相当一部分乡贤理想化影像来自对优秀文学作品中的小说人物的改编，其中比较典型的是对长篇小说《平凡的世界》《白鹿原》中的人物的取材和改编。

电视剧《平凡的世界》(2015)在塑造孙氏兄弟的荧屏形象时，既忠实于原著，保留了他们与传统乡贤一脉相承的优秀品质，又结合新时代社会主义新农村建设的现实，着力彰显了他们积极昂扬的生活姿态和自强不息的奋斗精神，侧重于把他们塑造成投身乡村建设的青年建设者和不畏困境、不断奋斗的理想主义者。电影《白鹿原》(2012)和电视剧《白鹿原》(2017)中的白嘉轩的影像均改编自小说《白鹿原》中的人物原型。原著中的白嘉轩是传统农村伦理秩序的维护者和传统社会道德礼义的守护者，必然有固守封建道德伦理纲常、不近人情的言行，这有违新时代乡村治理和文化建设的方针。因此，电影和电视剧通过合情合理的改编，强化了白嘉轩在"仁义"方面的道德感染力，以及作为族长的牺牲精神与责任担当。影视作品通过突显古今乡贤皆备的精神指归和行为范式，对传统乡贤进行适应时代需要的重构，使其成为对新时代社会主义新农村建设具有启示作用的传统乡贤理想化影像。

(二)历史人物再现

在新中国成立至今的70多年艰苦卓绝的乡村建设进程中，涌现出无数扎根乡村、一心为民的优秀乡村干部和眷恋故土、反哺家乡的优秀村民。这些中国乡村建设史上可歌可泣、感人至深的真实人物具备传统乡贤的品德、能力和声望等基本要素，但其言其行不完全等同于传统乡贤，其思想境界和价值观念也超越了传统乡贤，堪称时代的精神楷模。21世纪乡村题材影视作品取材于这类真人真事，运用视听语言对当代乡村建设实践进行历史回溯与再现，使之成为超越传统乡贤的理想化形象。其中比较典型的有对焦裕禄、杨善洲、甘祖昌等人先进事迹的影像呈现。电视剧《焦裕禄》(2012)真实地再现了焦裕禄的公仆情怀、求实作风、奋斗精神和清廉品质。电视剧《杨善洲》(2012)深入挖掘杨善洲同志的精神品质，深刻揭示他的内心世界，真实刻画他的感人事迹，再现了一个忠于党的事业，为人民群众谋利益，淡泊名利、廉洁奉公的领导干部形象。电视剧《初心》(2018)艺术地展现了"农民将军"甘祖昌光辉的一生，特别是他解甲归田、造福乡里的模范事迹，为观众再现了一位信仰坚定、内心博爱、坚韧顽强的乡村建设者形象，塑造了一位有内涵、有信仰的时代楷模。

优秀的人物，感人的事迹在任何时代都具有激荡人心的伟大力量。21世纪乡村题材影视作品中的焦裕禄、杨善洲、甘祖昌等人，其高尚的思想品质既体现了传统乡贤文化的精髓，又符合共产党人和人民公仆的道德标准。他们的所言所行，既是对传统乡贤不计名利，造福乡里的善举、义举的历史呼应，也是顺应国家政策和群众心声的当代实践。乡村题材影视作品中这类脱胎于真实生活的乡贤理想化影像，实现了时代精神与人格魅力的融会贯通，无疑具有重要的现实意义和审美价值。

（三）时代人物虚构

在新中国的建设历程中，在时代发展的大潮中，广大农村地区经历了前所未有的变革，发生了翻天覆地的变化。在农村地区的政治治理结构、经济发展策略和文化建设路径的不断调整和优化的过程中，传统意义上的乡贤逐渐退出历史舞台，取而代之的是新一代农民群体，他们改变观念，积极行动，自立自主，勇于谋求新生活。21世纪乡村题材影视作品在时代背景的底色上，关注农民的现实处境，捕捉农民的心路历程，经过故事虚构和艺术加工，浓墨重彩地挥洒出一幅乡村现实变革长卷，勾勒出众多个性鲜明、品德高尚、功业斐然的乡贤理想化影像。其中比较典型的有电影《暖春》(2003)和电视剧《油菜花香》(2014)等影视作品中的人物形象。

宝柱爹是电影《暖春》着力刻画的中心人物，他不仅收救孤儿小花，连儿子宝柱也是他年轻时从田野里捡来的。在处境困苦、艰难度日之时，他忍辱负重，无私奉献，最终赢得了乡亲们的理解、支持和敬佩。宝柱爹是中国广大农民群众中的一员，他身上有着传统乡贤的印记，但并非传统意义上的乡贤，但就是这样一个普通得不能再普通的农民的所言所行，恰恰是当前新农村乡风民俗建设中亟需倡导的。因此，宝柱爹这一经过乡贤理想化重塑的虚构人物形象产生了巨大的艺术感召力。电视剧《油菜花香》的主人公周英子是受到中国传统乡贤文化滋养的一位优秀农村妇女形象，她筑梦、圆梦的过程既展现了中华民族吃苦耐劳、勤奋善良的传统美德，又蕴含坚韧不拔、不屈不挠的优秀精神，激励着新一代农民在新时代社会主义新农村的建设中做引领潮流、勇往直前的“弄潮儿”。周英子这一虚构的当代乡贤影像，在21世纪乡村题材影视作品中犹如一朵美丽的油菜花，是不可多得的乡贤理想化影像建构典范，具有独特的审美意蕴和重要的现实价值。

21世纪以来的乡村题材影视作品在拓展乡贤形象取材来源和丰富传统乡贤影像类型的同时，深入挖掘人物的行为动因，着力展现人物的文化立场，充分传达人物的价值诉求，着力寻求和表达传统乡贤与新时代乡贤共通共有的精神内核，成功实现了乡贤理想化影像建构，塑造了一批优秀的21世纪乡贤理想化影像。经过理想化影像建构的乡贤，其精神内核主要有以下三个要素。

1. 行为动因：对家乡故土的眷恋与守望

地域性身份是成为乡贤的最基本要素，本乡本土的身份特征，生于斯长于斯的生活经历，深深地融进乡贤的血脉之中。这份对家乡故土的眷恋与守望，不论对于传统乡贤还是新时代乡贤来说，都是一生不变的乡土情结，也必然成为21世纪乡村题材影视作品中传统乡贤理想化形象最根本的行为动因。乡村题材影视作品中的乡贤们从来没有放弃耕种土地，没有忘记建设家乡，始终对家乡充满热爱之情。《白鹿原》的主人公白嘉轩坚守“耕读传家久”的古训，作为族长，他不惜豁出性命祭祀祈雨。从某种意义上说，白嘉轩的性格是生他养他的白鹿原塑造的，他的一生都围绕这片土地展开，是这片土地最忠实的守护者。如果说白嘉轩对土地的执念与其族长、地主的身份有一定关联，那么《老农民》(2014)中牛大胆这一人物形象，则更加深切和真实地体现了中国普通农民对土地的一往情深。牛大胆对土地由衷的热爱与信赖，让他能够带领麦香村的乡亲们埋头苦干，在历史风云变幻中顽强生存。牛大胆是中国老农民的典型形象，展现了大地之子的强烈的身份认同感。

21世纪乡村题材影视作品中还有很多这类乡贤理想化形象，如《初心》里的“农民将军”甘祖昌主动辞去官职回到故乡，《卒迹》(2014)里的李二卒和《油菜花香》里的周英子能够扎根家乡、建设家乡，都是出于对家乡故土的眷恋与守望，这一内在的行为动因，成为乡贤理想化影像精神内核的基本要素。

2. 文化立场：对优秀传统的执着与传承

拥有同时代人所仰慕的道德品质是成为乡贤的重要人格要素。在中国传统社会中，乡贤们发挥着承袭优良品德、塑造乡村道德风尚的作用。传统乡贤秉持的高尚道德品质通常源自中国传统文化，特别是儒家文化。遵照儒家文化传统的要求,在思想观念、人伦标准和处世原则等方面坚持道德主义和理想主义至上,同样也是 21 世纪乡村题材影视作品中传统乡贤理想化影像最显著的文化立场。执着是对优秀传统发自内心的文化认同,传承是对优秀传统身体力行的文化实践。乡村题材影视作品中的乡贤们始终坚守着优秀儒家传统文化蕴含的生命哲学和人生信条,成为优秀传统文化涵养和造就的人格典范。电影《百鸟朝凤》(2016)中焦三爷的德高望重源自他高超的技艺和对即将没落的传统技艺的坚守。当商业文明和物质主义渗透到传统乡村日常生活中时,精神空间的萎缩和艺术风尚的扭曲更显出焦三爷、游天鸣等这群匠心坚守者们的步履维艰和难能可贵。这种痴迷和执着于以唢呐为代表的传统民间艺术的匠心是支撑乡民精神空间的重要力量,在维护乡村文化生态秩序中发挥着不可或缺的重要作用。

21 世纪乡村题材影视作品塑造了许多这类乡贤理想化形象,如《白鹿原》里的朱先生是儒家仁义道德忠实的践行者,《暖春》里的宝柱爹是心怀仁爱、扶贫济弱的慈祥长者,《油菜花香》里的周英子身上鲜明生动地体现了中华民族善良、勤奋、智慧、吃苦耐劳的优秀文化基因。因此,对优秀传统的执着与传承是 21 世纪乡贤理想化影像精神内核的核心要素。

3. 价值诉求:对美好生活的向往与追求

一般来说,立德、立言、立功是在传统乡村社会中成为乡贤的具体标准。乡贤不仅要做人做得好,还要为家乡建设和社会发展作出贡献。21 世纪乡村题材影视作品中的乡贤理想化人物形象既是乡村道德教化的引领者,也是乡土文化传统的继承者,更是家乡各项事业的建设者。不论时代如何变迁,不管身处顺境逆境,他们内心中一直保持对美好生活的向往与渴望,在实际行动中坚定不移地向着美好未来努力奋进,这成为中国传统社会中的乡贤和乡村题材影视作品中乡贤理想化人物形象一致的价值诉求。《初心》的主人公甘祖昌有“农民将军”的美誉,让乡亲们过上丰衣足食的好日子是甘祖昌最大的心愿,这个心愿时刻激励着他奋勇向前。在近三十年的时间里,甘祖昌始终不改初心,带领乡亲们经历了艰辛曲折的历史进程,坚定不移地向着美好生活努力奋斗,满怀希望地迎接改革开放的好日子。《油菜花香》的主人公周英子不向命运屈服低头,为了摆脱贫困,实现幸福生活的理想,她投身改革开放的大潮,凭借坚韧不拔的毅力和对幸福生活的向往,靠自己的双手勤劳致富。在成为企业家后,她既造福了乡里，也实现了一家人幸福生活在一起的理想。

除了甘祖昌和周英子这两位具有生活感染力和时代感召力的乡贤理想化人物形象，21世纪乡村题材影视作品还塑造了一大批这样向往和追求美好生活的人物形象，其中比较典型的还有《平凡的世界》中的默默与命运抗争，不服输、不言弃的孙少安、孙少平，《插树岭》(2006)中的不屈不挠、一心一意带领全村乡亲奔小康的村支书杨叶青，等等，他们向往和追求美好生活的价值诉求构成了21世纪乡贤理想化影像精神内核的时代要素。

三、21世纪乡贤理想化影像的受众认知与文化价值

受众是大众传播的最终目的，传播活动要以满足受众需要为出发点和落脚点，作为反馈的受众认知是大众传播过程的重要环节，信息反馈让信息传递变得更有效、更有价值。① 影视作品作为一种文化产品，必须能够满足大众观看的消费需求，必须深受广大观众的欢迎，才能够在文化市场上具有消费价值，才能充分实现自身的审美价值与社会价值。21世纪乡村题材影视作品播出之后，受到广大观众的热切关注，影视作品中塑造的传统乡贤理想化人物也成为观众热议的对象。我们可以从情感共鸣、心理归属和价值认同三个维度来探讨广大观众对于21世纪乡村题材影视作品中传统乡贤理想化影像建构的接受度与认可度。

心理学研究证明，人类普遍具有趋同心理，这种趋同心理往往影响着大众对影视作品的观看选择。大多数时候，人们更愿意观看那些贴近自身实际和演绎熟悉生活的节目内容，因为这些节目更容易与自身达成心理同构，进而产生情感共鸣，获得更好的观看体验。21世纪乡村题材影视作品中传统乡贤理想化人物形象对土地的执着与热爱，对家乡的眷恋与守望，对乡亲的深情与帮扶，戳中了大部分观众的乡土情结，引起了观众怀旧的乡愁。当白嘉轩带领族人耕种的金黄麦浪在眼前涌动，当焦三爷用生命演奏的唢呐声在耳边回响，当甘祖昌带领乡亲们开荒山、修水库的辛劳背影在脑海中浮现，观众会从心底油然而生

---

① 丹尼斯·麦奎尔，斯文·温德尔. 大众传播模式论[M]. 祝建华，武伟，译. 上海：上海译文出版社，1987：103.

对故乡故土的心驰神往。观众对恬静美丽的自然风光的欣赏，对亲切暖心的乡村生活的向往，对淳朴敦厚的风土人情的渴望，都在观看乡村题材影视作品时得到了满足。相应地，乡村题材影视作品中传统乡贤理想化影像作为承载这一切美好乡村想象的人物形象，引发了大众的情感共鸣，获得观众的广泛认可与接受。

受众行为理论用“使用与满足”来解释受众与媒介的关系，认为受众是具有特定“需求”的个人，他们基于特定需求动机接触媒介和“使用”媒介，从而令特定需求获得“满足”。[①] 因此，“有着公共或社会动机的文化产品如果想要有效地介入文化经济，就需要比过去更多地注意大众的趣味和快乐”[②]。21世纪乡村题材影视作品中乡贤理想化形象基本能够成为大众观照内心世界、反省行为模式的心理参照对象。大众能够通过观看和对照剧中人物的所思所想、一言一行，调整自身认知与行为，获得满足并产生自我认同的心理归属感。比如，《平凡的世界》中孙少安和孙少平看似平凡却并不平凡的生活，引发了观众对人生基本命题的深刻思考。孙氏兄弟演绎的困难之中的温暖人情，成功背后的酸甜苦辣，人生道路的奋斗拼搏，契合了当代大部分观众具有的青春怀旧情绪，观众在对当年自我选择的认同和当下自我评价的认可中实现了对乡贤理想化影像的审美接受与心理归属。

“期待视野”是接受美学的重要概念。一部作品是否能获得受众的认同，作品的人物形象是否能深入人心，很大程度上取决于该作品能否满足受众的期待视野。艺术作品的魅力“产生于作品的实际描写与读者预期之间的心理张力”[③]。当一部作品与受众既有的期待视域符合时，该作品立即将受众的期待视域对象化，使得受众对作品理解与接受迅速完成，进而达成价值认同。21世纪乡村题材影视作品中乡贤理想化形象展现的对生活的真诚与热望、对工作的责任与担当、对传统文化的坚守与传承，从生活方式、工作态度、文化诉求等方面形成了符合新时代观众审美期待的理想主义价值范导。观众在关注这类人物命运的同时，重新审视自身成长轨迹并感同身受，进而与之形成认知同构与价值共识。比如，《初心》中的甘祖昌就是真实可信、符合观众审美期待的人物形

---

① 郭庆光.传播学教程[M].北京：中国人民大学出版社，1999：180.

② 吴士余.大众文化研究[M].上海：上海三联书店出版社，2001：151.

③ 李满，罗小奎.西方现代文艺理论与批评实践[M].北京：大众文艺出版社，2007：6.

象。他身上具有仁义情怀和刚直性格，他的卸甲还乡、造福百姓的形象不但契合农村观众的传统审美心理，而且满足了普通百姓对新时代官员的内心期待。《平凡的世界》中孙少安和孙少平虽历经磨难依然奋斗不息，从不放弃对梦想的执着与追求以及对爱的责任与坚守，这样的故事不仅让“50后”“60后”“70后”观众与之心意相通，也令“80后”“90后”观众受到警醒与激励，自然会引起观众对剧中乡贤理想化人物产生价值认同感。

21世纪乡村题材影视作品通过主流媒体和自媒体的强势传播，形成了当代影视市场中令人瞩目的类型片现象。乡村题材影视作品呈现的乡贤理想化影像作为中国农村建设发展的影像诠释与图解，具有独特的文化价值。如何客观地认识和评价乡贤理想化影像建构的理论价值与现实意义，是值得我们深入思考的问题。

新时代乡村振兴战略和新农村建设，呼唤与传统乡贤不一样的新时代乡村建设者。乡村题材影视作品对乡贤进行理想化影像建构，既是对历史必然的回应，也是对大众期待的满足。在对乡贤进行理想化影像建构的过程中，乡村题材影视作品最大限度地寻求乡贤与新时代乡村建设者的“公约数”。基于二者对传统文化的认同，对人性良知的共识以及对乡村建设的热情，这些作品努力挖掘新时代乡村建设者源于传统乡贤又超越传统乡贤的思想品质和行为理念，表达新时代乡村建设者的新使命、新观念、新作为，借此实现乡贤的理想化影像建构，让这些人物形象可感、可爱、可信。某种程度上，21世纪乡村题材影视作品中的乡贤理想化影像是融通中华优秀传统文化与社会主义核心价值观的桥梁和纽带，这类影像所呈现的世界观、人生观、价值观，既承继于中华优秀传统文化，又体现出对传统文化适应新时代需要的现代化改造，对于新时代新农村的建设发展具有重要的文化价值和启示意义。

在充分肯定21世纪乡村题材影视作品乡贤理想化影像建构的同时，我们可以从艺术表达和文化建构等方面考察这类影像建构的得失利弊。

大众传媒所展示的“象征性现实”会对人们认识和理解现实世界产生巨大影响。[①] 影视作品中的经典人物形象往往最能打动观众，使观众产生强烈的情感共鸣，给观众留下深刻的审美记忆。21世纪乡村题材影视作品中乡贤理想化

---

① 詹姆斯·库兰，米切尔·古尔维奇. 大众媒介与社会[M]. 杨击，译. 北京：华夏出版社，2006：64.

影像，在人物性格塑造方面更加鲜活细腻，在人物事迹讲述方面更加真实清晰，在人物精神呈现方面更加生动感人，加之饰演剧中人物的一批优秀演员的精湛演技，这些都促成这类影像的艺术感染力实现了质的飞跃。

当然，21 世纪乡村题材影视作品中乡贤理想化人物塑造依然存在类型化、模式化和单一化的问题，一定程度上缺乏多角度的深层挖掘和多层面的立体表现。过度拔高人物的思想境界、美化人物的言语行为，反而折损了人物本身的真实性和可感性。如何塑造更具价值包容度的理想化乡贤，在弥合乡村题材影视作品主题观念与当代观众之间价值鸿沟的基础上，完成主旋律意识形态的传递并达成新时代社会主义核心价值观的认同，也是当前乡村题材影视作品迫切需要直面的重要问题。

电影电视作品与文化之间存在着天然的联系，21 世纪乡村题材影视作品也不例外。乡村题材影视作品中的乡贤理想化形象作为特殊的文化形式和文化载体，以特征鲜明的影像表达方式，向观众展示中国乡村生活的变革和乡土景观的变迁，借此彰显乡贤文化在中国传统乡村发展和社会主义新农村建设过程中的重要作用。电影《百鸟朝凤》中焦三爷和游天鸣对传统技艺的执着与传承，电视剧《白鹿原》中朱先生和白嘉轩对儒家道德的坚守与实践，电视剧《初心》中甘祖昌对家乡的眷恋与付出，电视剧《杨善洲》中杨善洲对人民的大爱与奉献……这些乡贤理想化影像的成功塑造有助于乡村题材影视作品明确文化身份与文化立场，进而在传播过程中建构新时代乡贤文化，弘扬新时代民族精神。当然，在充分肯定 21 世纪乡贤理想化影像在乡贤文化建构方面起到的积极作用时，我们也应注意当前乡村题材影视作品创作的文化误区。比如，一些影视作品中的乡村建设者只注重乡村经济发展，忽视乡村文化建设；部分影视作品创作脱离乡村实际情况，以乡村想象代替乡村真实，造成影像乡村与现实乡村的反差；还有一些影视作品在塑造乡贤理想化形象时，在艺术虚构形式和内容选择方面千篇一律，千人一面，造成不同时代背景下的乡村建设者本身所具有的个性特征和文化意义被忽视、被淹没，最终使得个性化乡村混同于类型化乡村，丧失了乡贤文化的多样性呈现与丰富性表达。因此，如何实现主旋律作品庄正性与可视性的统一，如何达成现代视听传播大众需求与传统乡贤精神传承的融通，真正回归现实主义，彰显乡贤本色，弘扬理想主义，建构乡贤文化，是 21 世纪乡村题材影视作品在进行乡贤理想化影像建构时仍然需要正视和重视的问题。

总之,21世纪以来,中国乡村题材影视作品在选取乡贤理想化影像类型时,既有取材于文学作品的人物改编,又有脱胎于历史生活的人物再现,还有基于时代背景的人物虚构,在塑造理想化乡贤影像精神内核时,深入挖掘人物眷恋、守望家乡的行为动因,着力展现人物坚守传承优秀传统的文化立场,充分表达人物向往追求美好生活的价值诉求,成功实现了21世纪乡贤的理想化影像建构。丰富多元的影像类型和真实厚重的影像内核,使得21世纪乡村题材影视作品构筑的乡贤理想化群像在传播过程中获得受众的广泛关注。虽然乡贤理想化影像的现实感染力有待加强,时代融合度尚需提升,但是21世纪乡贤理想化影像不论是对推进新时代社会主义新农村建设,还是对实践社会主义核心价值观,都发挥了重要的价值导向和精神引领作用,充分实现了21世纪乡村题材影视作品预期的大众审美与认知功效。

第三节　新乡贤形象的生长

21世纪以来,中国经济建设和发展步入快车道,中国乡村的整体面貌发生了很大的变化。城乡一体化进程客观上促进了农村经济的发展,但也造成乡村传统社会结构的急剧变化,随之而来的是,中国乡村可持续发展遇到了巨大的挑战,乡村治理亦面临着前所未有的困境。目前,中国乡村发展和治理存在共性的问题主要有以下几个。一是乡村精英人才流失。中国经济的快速发展,使得农村与城市之间的壁垒被打破,但是二者之间的现实差距仍然存在。相对农村而言,城市在公共设施、医疗保障、教育资源等方面具有明显优势。城乡发展不平衡使得乡村大量精英人才流向城市,一方面导致农村经济建设和发展缺乏人力资源,一方面产生“空巢”老人、留守妇孺这些特殊群体。二是乡村文化生态破坏。随着农村经济结构的转型与发展,乡村物质生活水平不断提高,便捷的交通、发达的网络改变了封闭的乡村生活方式,传统乡村文化也受到外来文化的不断渗透和冲击,乡村居民的思想观念和生活方式亦随之发生变化。部分乡村尚未及时构建适应新时代乡村发展需要的精神文化范式,导致乡村文化生活贫瘠匮乏,村民邻里之间亲情人情淡漠、经济利益至上。三是乡村治理能力弱化。乡村治理的理想模式是乡村基层政府、乡村社会组织与村民在乡村公共事务管理中发挥各自作用，形成合力，推动乡村建设全面发展。然而，乡村基层治理组织部分工作人员的失职行为，一方面导致乡村社会组织管理乡村事务的参与度降低，一方面致使村民对基层政府的认可度和信任度下降，进而增加了政府基层治理的难度，弱化了乡村治理的效能，损害了乡村治理的成效。

一、新乡贤的主体构成与时代特征

为了突破乡村发展中的瓶颈，加快乡村建设的进程，党中央作出了实施乡村振兴战略这一重大决策部署。乡村振兴战略为新时代农村建设指明了新目标，规划了新方案，要求发挥政府的主导作用，通过农业农村现代化，建立城乡融合发展机制，通过完善基层治理体系，让更多有志于和有助于社会主义新农村建设的贤能之士加入乡村柔性治理中来，充分调动新农村建设者的积极性，发挥其主人翁精神和主观能动性，进而实现乡村治理主体伦理从“管制”到“共治”的互动。乡村振兴战略对于发展相对滞缓的乡村而言是“雪中送炭”，对于发展相对优先的乡村而言是“锦上添花”。随着乡村振兴战略的持续深入实施，新农村建设进程中出现了越来越多的“送炭者”和“添花者”，他们是一群有理想、有道德、有声望，且兼具经济资本、文化资本、人际资本的人，是适应新时代需求应运而生的新乡贤群体。

新时代以来的新乡贤现象，大致表现为以下三个方面：一是在思想舆论方面对新乡贤和乡贤文化的大力宣传；二是在基层治理中对新乡贤和乡贤文化的应用；三是在学术研究领域涌现出的大量关于新乡贤和乡贤文化的讨论。新乡贤是新时代和新使命催生出的新群体。新乡贤主要由哪些人组成？新乡贤群体具有哪些特点？他们在乡村基层治理和乡村经济建设中应该发挥哪些作用？这些都是在深入探讨新乡贤精神内涵和社会功能之前需要厘清的基本问题。

随着乡村治理理念的持续创新，多元主体协商共治日益成为基层柔性治理体系下乡村治理的新模式。城市化、人口流动和社会结构变动，都使得构成新乡贤的主体更加多元化。21世纪新乡贤的来源以本乡本土为主，同时又不局限于本乡本土，其中有开拓进取、为民服务的优秀村干部，带领乡亲们脱贫致富的能人，助人为乐、见义勇为的好人，孝敬公婆、睦邻助邻的好媳妇等，还有返乡的退休干部、投资家乡的成功企业家、返乡创业的外出农民、大学生村官等。因此，21世纪新乡贤主体构成从地域性上划分，可以概括为三类：本土的优秀乡村干部、知识分子、农民企业家；出自本土又回归本土的退休返乡人员、成功的经商兴业者、有技术经验的返乡务工人员；被派驻至本土的优秀乡村工作人员、热心乡村建设的外来投资者等。在广泛且多元的新乡贤群体中，在地乡贤、外来干部、大学生村官和返乡创业的外出农民这四类人群显得尤为突出，他们有乡土情怀，有奉献精神，有能力，有成就，为农村、农业和农民带来新视野、新风气和新动能，有效促进了社会主义新农村建设事业的可持续发展。

作为21世纪新农村的建设者和新时代乡村振兴战略的践行者，新乡贤群体虽然性别年龄不同，职业身份各异，但是与传统乡贤相比，新乡贤群体具有显著一致的时代特征。一是新乡贤的身份不受本乡本土的地域限制。传统乡贤主要是居住在乡的贤达人士，他们在成功的乡村治理实践中取得了乡民的拥戴和社会认可。新乡贤不一定是本乡本土之人，正如前文所述，从地域属性上来说，既有在地乡贤，又有不在地乡贤。有的乡贤扎根本土，耕耘奋斗；有的乡贤离乡奋斗，有了成就再回馈乡里，通过各种方式关心和支持家乡发展。他们的观念、知识和财富直接或间接地助推家乡建设发展。[①] 正是因为新乡贤的身份不受本乡本土的地域限制，才使得新乡贤有了更广阔的活动空间，也让更多有志之士愿意并且能够投身到乡村建设的队伍中来。二是新乡贤来源的社会阶层趋于平民化。传统乡贤往往出自具有深厚文化底蕴或者雄厚经济基础的名门望族，拥有并非官方赋予但在等级制度之下被认可的且高于普通乡民的地位和特权。新乡贤的来源和生成非但完全不受社会阶层的制约，而且更多地趋于平民化。21世纪新乡贤群体之中，有中共党员也有党外人士，有乡村干部也有乡村民众。正因为新乡贤大多来自基层，来源于群众，他们才可以更好地理解群众，新乡贤趋于平民化的来源生成机制更有利于他们深入基层开展工作，成为群众真正的贴心人。三是新乡贤的文化价值观念更符合时代要求。传统乡贤以儒家伦理道德作为教化乡民的主导思想，以封建纲常礼教作为维系等级秩序的价值观念，借此淳风化俗，规约乡里，构筑稳定而封闭的乡村秩序。新乡贤在吸收优秀传统儒家思想和传统文化的基础上，能够自觉弘扬以爱国主义为核

① 张颐武. 重视现代乡贤[N]. 人民日报，2015－09－30(7).

心的民族精神和以改革创新为核心的时代精神，把社会主义核心价值观和中华优秀传统文化有机结合起来，以乡民喜闻乐见的形式在乡村倡导社会主义先进文化。在乡村建设和治理过程中，新乡贤按照现代民主和法治观念，运用法律知识有效化解各种矛盾纠纷，建设新时代新农村和谐美好的绿色家园。

二、新乡贤的精神内涵与社会功能

回溯历史，我们不难发现中国传统乡贤身上所蕴含的“道德精神和力量主要体现为六个方面：宗儒守道，匡扶正义，崇文右学，敬宗收族，乐善好施，务本求实”[①]。中国传统乡贤所秉持和传承的中华优秀传统文化已被广泛接受和认可。当前，随着政治、经济、文化建设的全面推进和乡村振兴战略的实施，中国乡村的整体面貌有了很大改善，村民的思想观念也发生了巨大变化。新时代孕育出来的新乡贤，既继承了中华优秀传统文化的精髓，又摒弃了传统文化中的糟粕，在吸纳现代社会文明因子的基础上，彰显出改革创新、与时俱进的时代精神。较之传统乡贤，新乡贤呈现出具有鲜明时代特征的精神内涵，主要体现在以下三个方面。

一是厚植乡土情怀。费孝通认为：“土字的基本意义是泥土。乡下人离不了泥土，因为在乡下住，种地是普通的谋生办法。……我们的民族确是和泥土分不开的了……靠土地谋生的人才明白泥土的可贵。城里人可以用土气来藐视乡下人，但是乡下，‘土’是他们的命根。……农业和游牧或工业不同，它是直接取资于土地的。游牧的人可以逐水草而居，飘忽不定；做工业的人可以择地而居，迁移无碍；而种地的人却搬不动地，长在土地的庄稼行动不得，侍候庄稼的老农也因之像是半身插入了土里……直接靠农业谋生的人是粘着在土地上的。”[②]因此，土地对于中华民族和中国人来说，意义非比寻常。费孝通进而提出：“乡土社会是安土重迁的，生于斯、长于斯、死于斯的社会。不但是人口流动很小，而且人们所取给资源的土地也很少变动。……一个在乡土社会里种田的老农所遇着的只是四季的转换，而不是时代变更。”[③]因此，自古以来，生活在乡

① 颜德如．以新乡贤推进当代中国乡村治理[J]．理论探讨，2016(1)：17－21.

② 费孝通．乡土中国[M]．北京：中信出版社，2019：1－3.

③ 费孝通．乡土中国[M]．北京：中信出版社，2019：71.

土社会里的中国人对家乡和故土一直保有浓厚情意，这是一种基于农业文明特征的地缘认同感和归属感。乡愁和乡情既是文人歌咏的动人主题，也是中国人普遍具有的一种心理结构。鉴于农耕文明在中国的千年延续，土地对于中国人的意义在于它不仅是借以获得生活资料并赖以生存的物质基础，还是人们进行社会行为和开展日常生活的重要场域，中国人与土地之间形成了紧密的情感联系。随着时代的变迁和社会的发展，人口流动与迁徙日渐成为常态，越来越多的中国人因为各种原因离开故乡，去往他乡，甚至远赴重洋。但是，生活地点的改变不能阻隔中国人心中对故土的情感联系，反而会加深其内心对故乡的眷恋与思念。因此，新时代的新乡贤无论是外出求学还是谋生，都会因为内心深处的那份对家乡故土的牵挂与怀念，以淳朴深厚的乡土情怀和"故乡兴旺，我之责任"的使命感，用不同的方式为家乡建设贡献力量，泽被乡里。

二是承载传统美德。中国传统社会治理非常注重发挥德治的作用。费孝通在提出中国乡土社会的基层结构是一种"差序格局"之后，进一步分析了与之相对应的西方社会的"团体格局"，"陪衬出'差序格局'中道德体系的特点来。……在以自己作中心的社会关系网络中，最主要的自然是'克己复礼'，'壹是皆以修身为本'——这是差序格局中道德体系的出发点"①。"仁"作为一切私人关系中道德要素的共相，成为传统道德里一个笼统的观念，并最终回归和落实到"孝悌忠信"等道德实践上，形成了基于血缘关系和宗法制度的社会秩序。天人合一、仁义礼智、尊老爱幼、勤劳善良……这些中华民族承继了数千年的价值判断与道德标准展现了中国人对于人与自然、人与社会、人与人之间关系的认知与理解。因此，传统乡贤的首要标准是道德高尚，物质力量强大但德行不够的人，可以被称作"乡绅"，但并不具备成为乡贤的资格。"个人声望的获得并不完全依靠个人的经济地位大小，还与其对集体的奉献有关。"②在传统社会儒家伦理纲常的主导下，德行高尚是成为乡贤的最基本要求。传统乡贤这一"泽润乡里、以德为先"的显著表征代代传承，延续至今。我们不难发现，新时代的新乡贤依然承续着中华传统美德，依旧践行着有德之人的社会责任。积极入世的人生态度和与之紧密相连的修齐治平人生理想既为传统士人所信奉追求，也

① 费孝通. 乡土中国[M]. 北京：中信出版社，2019：45.
② 王先明. 新乡贤的历史传承与当代建构[N]. 光明日报，2014-08-20(1).

是新乡贤积极投身家乡建设的道德力量源泉之一。新时代的新乡贤具有大公无私的品德和乐于奉献的精神，成为乡民见贤思齐的榜样，是被学习的先进人物。对于乡民而言，新乡贤因其自身承载和展现的传统美德，在乡村生活中具有强大的道德标杆和行为指引作用。

三是引领先进文化。在分析中国传统乡土社会的权力结构时，费孝通认为："在变化很少的社会里，文化是稳定的，很少新的问题，生活是一套传统的办法。如果我们能想象一个完全由传统所规定下的社会生活，这社会可以说是没有政治的，有的只是教化。事实上固然并没有这种社会，但是乡土社会却是靠近这种标准的社会。……人的行为有着传统的礼管束着，儒家很有意思想形成一个建筑在教化权力上的王者……教化权力的扩大到成人之间的关系必须得假定个稳定的文化。稳定的文化传统是有效的保证。"①费孝通认为乡土社会实行的是一种"长老统治"，而他所说的"长老"，绝大多数时候是由传统乡贤来担任的。当今中国乡村中的乡村精英大量流出，使乡村传统文化后继乏人，也使得现代先进文化难以传播，乡村生活逐渐失去了其独特的乡土文化精神内涵。乡土文化不稳定和无传承的状况，导致乡土社会中教化权力的削弱和"长老统治"的失效。在这样的情况下，新乡贤之所以能够在人群中脱颖而出，某种程度上源于他们在思想文化上具备先进性，能够与党中央保持一致，准确把握社会发展方向，并推进乡村文化建设。新乡贤大多出自本乡，有本土生活经验，理解乡村居民的困难和诉求，因此，他们的做法更容易被乡村居民接受。新乡贤正逐渐成为乡村文化的领袖和灵魂人物，积极推动乡土文化教育，引领乡村文化进步。新乡贤代表的乡村先进文化是基于现代文明且根植于中国传统乡村的文化，是社会主义先进文化的重要组成部分，也是社会主义新农村精神文明的有机成分，体现"以人为本"的先进理念。引领先进文化的新乡贤，担当着启发民智、改造乡村文化生活的社会责任，他们用乡村居民喜闻乐见的方式传播先进文化，用人格魅力感染乡村居民，改变乡村居民的陈规旧习，带领乡村居民勤劳致富，提高乡村居民生活质量，真正改善乡村面貌。

中国传统社会长期实行乡村自治政策，"皇权不下乡"，自治主要靠乡贤，

① 费孝通. 乡土中国[M]. 北京：中信出版社，2019：95－97.

“他们是村庄的道德典范，是村庄的精神领袖，并因此而成为村庄秩序的守护者”①。新中国成立之后，中国乡村重建了相对稳定的乡村社会秩序。20世纪70年代末家庭联产承包责任制的实行，以及20世纪90年代初城市化进程的快速推进，再次打破了重建的乡村社会秩序，在城乡经济差距日渐扩大的同时，乡村亦面临着日益加剧的“空心化”、生态环境被破坏等情况。21世纪以来，随着社会主义新农村建设系列政策的出台与实行，乡村社会发生了一些新的变化，因此，推动和参与乡村建设的新乡贤，其在乡村社会中的作用不仅仅在于教化乡村居民、维护秩序，还要完成时代赋予的新使命，必然承担着与传统乡贤不一样的社会功能，概括起来有以下三个方面。

一是助力脱贫致富，建设绿色乡村。新乡贤要发挥其资金、技术、人脉、经验等优势，在带领乡村居民发展经济的同时，建设生态环保新农村。一些外来扶贫干部和大学生村官利用自己的管理经验和人脉资源，促进乡村经济社会发展；一些从本乡本土走出去的农民企业家回乡投资，发掘本地资源优势，带领村民调整种养结构、转变生产方式，因地制宜地发展绿色农业。

二是修复乡土文化，引领文明新风。“乡村精英的大量流出使村庄传统文化中的优秀部分面临后继无人的危机”②，传统文化的缺失使得乡村生活逐渐失去了其自有的独特的乡土文化精神内涵。新乡贤或来自本乡本土，或愿意来到并扎根乡土，他们有一定的群众基础，充分了解村民需求，他们的理念也容易得到村民的认可，新乡贤应该在传承和弘扬优秀传统文化方面作出积极的贡献，倡导克勤克俭、孝老养亲、邻里互助、诚信友善等传统美德和良风益俗。与此同时，新乡贤也应以其学识和言行“涵育乡风、敦化民风、醇厚人心”③，发挥精神文明建设的示范引领作用，积极宣传新时代社会主义核心价值观，“点燃激发农村群众善念”，④让“村庄再度变成一个熟悉而亲密的社群，被重塑为获得全体村庄成员认同的生活共同体和意义共同体”⑤。

---

① 赵法生. 再造乡贤群体 重建乡土文明[N]. 光明日报，2014-08-11(2).

② 张英魁. 农村精英人才流失与新农村人力资源再造的路径选择[J]. 华南农业大学学报(社会科学版)，2008(2)：6-10.

③ 颜德如. 以新乡贤推进当代中国乡村治理[J]. 理论探讨，2016(1)：17-21.

④ 吴晓杰. 新农村呼唤新乡贤[N]. 光明日报，2016-03-13(1).

⑤ 贺亮. “身心分离”视域下农村社会生活主体的缺失与在场——对转型期乡村社会的认识与想象[J]. 天府新论，2015(6)：114-119.

三是参与乡村治理，化解社会矛盾。实现乡村治理现代化，破解乡村治理的困局，可以从现代公共治理和传统人文精神中找到支点。新乡贤作为社会主义新农村建设的中坚力量，其积极参与乡村治理，建构村民积极参与、协同治理、民主监督的多元主体协商共治的新型治理体系，有利于形成推进社会主义新农村建设的合力。另外，面对在乡村社会转型和发展过程中出现的各种问题，小到邻里和家族纠纷，大至村与村之间、地方政府与村民之间的矛盾，新乡贤因其在本乡本土具有较高的威望，能够赢得群众信赖，既可以预先排查和及早发现问题苗头，也可以协助政府处理和解决已经发生的问题，降低矛盾纠纷演变为群体性事件的风险，“起到弥合社会分歧的作用”①，促进农村的和谐稳定与发展。

三、新乡贤的影像表达与文化价值

21世纪乡村题材影视作品积极呼应时代需求，在反映农村现状的同时，塑造了一大批在乡村振兴战略背景下投身新农村建设的劳动者，他们靠着苦干实干巧干，成为助力乡村政治、经济、文化建设的生力军。这类人物形象是新时代新乡贤在乡村题材影视作品中的影像表达，他们当中既有土生土长的在地乡贤，也有政府派驻的外来干部。大学生村官和返乡创业的新生代农民工也逐渐成为21世纪乡村题材影视作品中改变乡村落后面貌的生力军，充分彰显了这一时期影视作品与时俱进的现实观照。值得注意的是，21世纪乡村题材影视作品一反传统叙事模式中女性柔弱悲苦的形象定位，着力塑造了一大批乡村女性新乡贤形象，她们以自立自强、吃苦耐劳、泼辣能干的品质赢得了男性的尊重，并成长为带领当地农村发展的灵魂人物。“男强女不弱”，体现了新时代乡村女性自我意识的觉醒和社会地位的提升。

（一）在地乡贤：传统乡贤精神的继承者和发展者

传统乡贤以其高尚的道德情操在本地本乡赢得众人的尊重，进而获得话语权，依靠道德的感召力和感染力在乡村各项事宜中发挥积极作用，特别是对于

① 张颐武．重视现代乡贤[N]．人民日报，2015－09－30(7)．

优秀乡土文化传承和乡村伦理生态良性循环显得尤为重要。作为新时代乡村建设中的在地乡贤，他们在带领乡亲们进行经济建设和改善物质生活的同时，也在潜移默化中进行着新时代乡村道德伦理关系的建构与改善。相应地，在地乡贤妥善处理本地本乡涉及家庭伦理道德事宜，亦有助于确立其在经济建设领域的领导权和话语权。21世纪乡村题材影视作品敏锐地捕捉到在地乡贤这类新乡贤的这一特点，把在地乡贤置于复杂多样的新型乡村伦理关系中进行塑造，力图展现这类新乡贤在乡村经济建设和伦理重建中发挥的双重作用。

中国传统乡土社会中的人是通过血缘关系结合在一起的。“血缘的意思是人和人的权利和义务根据亲属关系来决定。……血缘所决定的社会地位不容个人选择。……亲密的血缘关系限制着若干社会活动，最主要的是冲突和竞争；亲属是自己人，从一个根本上长出来的枝条，原则上应当是痛痒相关，有无相通的。而且亲密的共同生活中各人互相依赖的地方是多方面和长期的，因之在授受之间无法一笔一笔地清算往回。”①理解了费孝通的这一论述，我们就能够明白为什么儒家会从基于血缘关系的父子、兄弟之间的权利和义务推及人与人之间的普遍关系准则，并且在这种由血缘关系组成的乡土社会中，特别重视伦理道德的教化与实践。在儒家看来，一个人只有不断提升自身的伦理道德水平，处理好家族宗亲之间的关系，才能够协助卿大夫处理好封地内的事务，进而才有可能“治国”“平天下”。在讨论了“血缘”之后，费孝通进而说：“在亲密的血缘社会中商业是不能存在的。……普通的情形是在血缘关系之外去建立商业基础。在我们乡土社会中，有专门作贸易活动的街集。街集时常不在村子里，而在一片空场上，各地的人到这特定的地方，各以‘无情’的身份出现。在这里大家把原来的关系暂时搁开，一切交易都得当场算清。……地缘是从商业里发展出来的社会关系。血缘是身份社会的基础，而地缘却是契约社会的基础。……契约的完成是权利义务的清算……在这里是冷静的考虑，不是感情，于是理性支配着人们的活动——这一切是现代社会的特性，也正是乡土社会所缺的。”②由此观察20世纪80年代以来中国乡村的变迁与发展，我们可以发现，在中国现代化的进程中，越来越多的商业贸易行为对基于血缘关系的中国传统

---

① 费孝通. 乡土中国[M]. 北京：中信出版社，2019：99－105.

② 费孝通. 乡土中国[M]. 北京：中信出版社，2019：106－108.

乡村伦理关系和伦理道德进行冲击与解构。因此,21世纪以来,越来越多的乡村题材影视作品创作者开始关注乡村日常生活中的伦理关系。亲情、友情、爱情,成为乡村题材影视作品故事架构的主线,伦理道德冲突成为情节发展的助推器。相当多的乡村题材影视作品都是以家庭伦理作为故事铺展的主线,在呈现农民爱恨纠葛、嬉笑怒骂的日常生活状态与农村柴米油盐、家长里短的整体生活方式的同时,塑造在地乡贤在乡村建设中既承继传统乡贤又区别于传统乡贤的新时代伦理形象。

《刘老根》是21世纪较早出现的乡村题材电视剧,其故事的主线是刘老根发展乡村餐饮旅游业,带领村民致富奔小康,但给观众留下深刻印象的恰恰是刘老根与丁香、韩冰之间的情感纠葛以及刘老根与子女之间戏剧化的家庭伦理矛盾冲突。刘老根最初并不是以一个完美的道德形象呈现在观众面前的,然而他在处理家庭矛盾和解决日常工作难题的过程中实现了自我成长和道德升华。《刘老根》的片头曲《只求无愧过百年》和片尾曲《圆梦》的歌词都体现了"人应该如何为人"这一道德追求和价值判断,既是对剧中人物伦理实践的印证和回应,也是对在地乡贤在新时代乡村经济建设过程中有效进行乡村伦理建设的肯定与彰显。

《刘老根》开启了21世纪乡村题材影视作品既弘扬主旋律又风格多样化的编剧模式,"刘老根"这一荧屏形象一度成为在地乡贤的影像模板。《当家的女人》(2003)中的张菊香顺从传统伦理要求,为了家族关系和睦,牺牲个人婚姻幸福,匆忙成婚。她通过坚持努力和不断奋斗,带领村民走上致富道路,自己也成为令人佩服的企业家,是名副其实的"当家的女人"。《插树岭》开篇就从牛拴柱和马春的婚事说起,在以这条线索串起的几家人之间的伦理冲突中,展现在地乡贤们看准"工业反哺农业,城市支持农村"这一时代潮流,带领村民在乡村改革大潮中奋勇前进并获得成功。《清凌凌的水蓝莹莹的天》的主题是宣传在地乡贤保护农村生态环境和积极发展绿色农业的行为,但情节的展开是以村主任钱大宝一家的亲情和爱情故事为主线。《乡村爱情》系列关注家庭伦理关系,在地乡贤的群像在解决伦理冲突的过程中得以塑造。在《老农民》中,创作者也将叙述视角放置在了农民具体而微的日常生活与纷繁复杂的感情纠葛中,彰显在地乡贤的高尚道德品质在乡村发展建设过程中坚定而持久的隐形力量。

（二）外来干部：社会主义新农村建设中新乡贤的扩充

“儒家所注重的‘孝’道，其实是维持社会安定的手段，孝的解释是‘无违’，那就是承认长老权力。长老代表传统，遵守传统也就可以无违于父之教。但是传统的代表是要死亡的，而且自己在时间过程中也会进入长老的地位。如果社会变迁的速率慢到可以和世代交替的速率相等，亲子之间，或是两代之间，不致发生冲突，传统自身慢慢变，还是可以保持长老的领导权。”[①]中国传统乡土社会是非常稳定的，因此乡贤的治理十分有效，传统的力量相当强大。21世纪以来，在不断加速的“去乡村化”的历史变革过程中，中国乡村有了很大的发展。乡村振兴战略实施以来，国家选派了一大批优秀干部，他们深入乡村基层，开展工作。这些外来派驻干部与传统乡贤不同，他们通常具备一定的知识文化素养，熟悉有关农村农业政策，了解且理解村民的经济文化诉求，他们能够运用村民喜闻乐见的方式宣传党和政府的各项政策、方针，他们善于在实际工作中把传统伦理道德与现代法治观念有机融合，让新时代乡村社会秩序深入人心。这些优秀的外来干部加强了当地政府与村民之间的有效沟通，提升了所在乡村公共事务决策科学化的水平，缓和了社会治理的诱发性矛盾，有效改善了当地基层治理现状，对于健全自治、法治、德治相结合的乡村治理体系发挥了重要作用。他们既保有传统乡贤的优秀品质，又兼具新乡贤的时代特征。21世纪乡村题材影视作品中有许多表现外来干部在乡村建设中积极贡献力量的作品，比如电视剧《福星临门》(2007)、《村里来了个指导员》(2008)、《永远的忠诚》(2011)等，剧中的外来干部都能充分发挥自己的才智，调动各方资源，在乡村干出一番事业，助力新时代乡村振兴战略。

在21世纪乡村外来干部题材影视作品中，《马向阳下乡记》以其非典型的农村叙事风格和非典型的村干部塑造方式，独树一帜，脱颖而出，在乡村传统伦理同现代转型的冲突与调和中，全方位展示了马向阳这样一名“另类”的外来干部的形象。剧中的马向阳克服毫无基层工作经验的困难，积极融入当地生活，真心与村民建立感情，逐渐赢得群众信任，通过保护和挖掘当地优秀传统文化，带领村民走上致富道路。

---

① 费孝通. 乡土中国[M]. 北京：中信出版社，2019：112－113.

马向阳作为电视剧着力塑造的核心人物，他的穿着打扮、言谈举止、性格特点、思想观点承载着创作者对新时代乡村干部的想象和期许。与以往农村题材电视剧中人们思维定式中的村干部形象不同，马向阳是一个从市商务局来到大槐树村的“高富帅”，他在各方面都很时尚，很“另类”，这是由时代背景和他的家庭环境决定的。马向阳这一村干部形象，既有乡村题材影视作品中优秀村干部认真为民办实事的普遍特质，又有时尚前卫、勇敢追梦的新时代村干部的独特气质。

作为第一书记，马向阳首要任务是用先进的思想理念引领传统落后的农村，他建立健全基层党组织，最终实现大槐树村面貌的根本改观。为此，作为外来干部的马向阳必须尽快融入农村和农民生活之中。为了尽快被大槐树村的村民接受，马向阳把自己当成大槐树村的一员，真心真意为乡亲们办实事。他把老祖奶卖煎饼时收到的一百元假币偷偷换成真的；他发现毛蛋因父母不在身边而常常被人欺负，就创造各种机会让毛蛋感受到关爱与尊重；他探望和关心瘫痪在床的二乔妈；他把超市交给独自抚养孩子、经济拮据的寡妇丁秋香管理，改善她的生活状况……马向阳的真诚付出最终换来村民们的真心拥护，他也由一名外来干部成为“大槐树村人”，成为村民们发自内心接受和认可的第一书记。从这个角度来说，传统乡贤在乡村治理中具有得天独厚的先天优势，不需要经历像马向阳这样被接纳、被认可的融入过程。是否能够成功融入当地生活、被当地村民接纳，是考验外来干部工作能力的第一关。

致富是实现乡村振兴的基本条件，基层治理现代化是乡村振兴的必由之路，讲述外来干部如何带领村民致富、如何在基层治理中发挥积极作用是 21 世纪乡村题材影视作品在塑造这类新乡贤时着力展现的主要内容。《马向阳下乡记》中的村民刘世荣是大槐树村“顽固派”的典型代表，面对刘世荣设置的各种阻力，马向阳入乡随俗，充分尊重村中长辈，在对重大事项进行决策前既发挥村委会民主决策作用，也广泛征求刘世荣及其他村民的意见，争取最广大群众的理解和支持，这体现出的是现代民主政治制度对传统伦理宗法治理的主动调适。经过马向阳的不懈努力，最终，固守传统家族利益的刘世荣认识到作为外姓人的马向阳为大槐树村的发展作出的努力和贡献，刘世荣不再仅仅着眼于“小家”利益，而是更多地关注大槐树村这个“大家”的集体利益。与此同时，马向阳在探索大槐树村发展经济的致富道路时，充分尊重当地的文化遗产和传统习俗，在保护和传承大槐树村乡土文化的前提下，修缮道路，建立公共浴室，成立电脑室、超市、煎饼公司和旅游公司，开展大棚种植。这些在保护乡村传统历史文化基础上提出的农业现代化转型实施方案，使得马向阳作为新乡贤的致富思维完全超越了刘玉彬等人唯利是图的思维和刘世荣等人狭隘保守的思维，既维护了群众利益，又因地制宜地有效落实了党和政府的方针政策，实现了农村经济的现代化和生态化发展。

相较于21世纪乡村题材影视作品中塑造的在地本村优秀基层干部来说，马向阳作为一名外来干部，一开始并不那么优秀，他在大槐树村面对形形色色的村民和处理各种各样问题的过程中，不断发现自我并超越自我，实现了自己的人生价值。更重要的是，马向阳不是作为村民的对立面来拯救和改造大槐树村的，而是主动把自己当作村民的一分子，急村民之所急，想村民之所想。这样一种新乡贤的影像表达有力回应了新农村建设的时代诉求：只有深入农村和农民，成为农民的好朋友，真心倾听农民的心声和诉求，全力为农民解决实际困难，才能切实加强农村基层治理能力，发展农村经济文化，提高农村生活水平，建设社会主义新农村。

（三）大学生村官：新乡贤在新时代农村的"青春版"

农村精英人才匮乏，农村社会经济发展缺少能人和领头人。农村基层"人才荒"问题突出，基层组织管理能力弱化，这些现状严重制约了新时代社会主义新农村建设进程。所以，在当前农村经济结构转型的关键时期，要实现乡村振兴的目标，乡村干部队伍中迫切需要厚植人民情怀、具备知识优势、能构建农村良性治理结构的新生力量。大学生是具有现代思维、现代知识、现代眼光的青年才俊，他们作为村干部加入基层治理队伍，有益于加强农村基层组织建设和缓解农村基层干群之间的矛盾，从而加快社会主义新农村建设的发展进程。

全国范围内选派大学生村官工作从2008年正式启动，随着大学生村官计划的广泛实施，大学生村官从个别地区的部分人群发展为遍及全国的优秀群体。一批批大学生村官在农村的广袤天地里成长、成才，成为社会主义新农村的优秀建设者。比如，为推动农村法治建设、维护农民权益不懈努力的周倍良；"扎根农村、服务农村"，身残志不残的郝新江；忘我工作、将生命定格在30岁的张广秀……实践证明，大学生村官在完善农村基层组织建设、推进社会主义新农村建设等方面作出了突出的贡献，成为新时代农村发展进程中一道独特而亮丽的风景。这些大学生村官真实感人的事迹成了21世纪乡村题材影视作品创作的灵感源泉，从而涌现出大量大学生村官题材的影视作品。例如，《大学生小村官》(2010)围绕大学生就业与农村建设的问题，讲述省城科技大学网络信息专业的大学毕业生黄新军回村担任村委会副主任，历经波折，组织乡亲们建设蔬菜大棚项目，带领农民致富的故事；《青春路上》(2010)描绘了大学生村官群像，他们在广阔的农村挥洒青春，把先进思想和技术带到农村，在为新农村建设添砖加瓦的同时，自己也逐渐成长成熟；《美丽村官》(2010)讲述大学生刘丹在陕北缺水山区担任村主任助理，想方设法解决村民吃水难的问题并捍卫乡亲们的利益的故事；《我是村官》(2010)的女主角艾萌是城市富家女，大学毕业后，她为了激情和理想，报名成为一名大学生村官，在经历了无奈、彷徨、苦闷和等待之后，艾萌收获了诚挚的友谊和村民的信任；《潮人》(2011)的女主人公夏茉是清华大学毕业生，她报考并成为一名大学生村官，在乡村工作和生活的各种纠葛、矛盾、困境、冲突中不断磨炼自己，为社会主义新农村建设贡献青春和力量；《葡峰山下小村官》(2012)讲述大学生村官吴潇扎根农村，敢想敢干，持之以恒，一心为村民们办实事，成功建设葡萄创业园，为当地农村经济发展闯出新路子的励志故事；《鸳鸯村的故事》(2013)紧扣时代元素，讲述大学生村官黄新军运用所学知识，特别是网络科技，在保护自然环境的同时，帮助村民们科学致富的故事；《返乡》把年轻人的爱情故事穿插在大学生村官王有志为了全村人能过上富裕生活的奋斗历程之中，在日常生活中展现了大学生村官灿烂的青春和理想的力量；《六年、六天》(2017)围绕一对年轻人的爱情故事展开，伴随着时光的流转，他们经历了各自的成长，男主人公路远成了一名优秀的大学生村官，女主人公小朵也学成回国。

大学生村官与传统在地乡贤最大的区别在于，前者中的大多数人主动放弃了留在城市工作和生活的机会，大学毕业后自愿选择来到乡村基层工作。21世纪乡村题材影视作品中塑造的大学生村官，很多都是顶住来自原生家庭的压力，在亲戚朋友的不解和埋怨之下，毅然决然地去往乡村。《鸳鸯村的故事》《返乡》等影片的主人公都是从农村走出来的刚刚毕业的大学生，他们破除来自家庭的阻力，毅然回到家乡。他们这样选择的动因，既有实现理想抱负的期望，也有对家乡故土的眷恋。父辈"跳农门"的人生目标在新生代农民眼中不再是实现人生价值的唯一途径，成为一名城里人似乎也不再是新生代农民的唯一追求。《葡峰山下小村官》《大学生小村官》等影片把城乡身份观念的冲突置于新生代农民的恋爱关系之中。吴潇面对男朋友的不理解和不支持，放弃了回城与男朋友一起开公司的机会，回到家乡当村干部。同样，黄新军放弃网络公司的高薪和留城的机会，不顾城里女友的反对，也回到家乡当村干部。可见，在新时代社会主义新农村建设的进程中，越来越多的大学生感受了城乡差距在减小，体会到了先进的科技与富裕的生活给父老乡亲带来的喜悦与满足，他们认识到个人身份的确立不再单纯依靠所处地域来判断，而是应当以个人价值的实现与否为标准。因此，他们积极响应党和国家的号召，勇于投身社会主义新农村建设，期望在广袤的乡村热土上施展才华，实现理想，完成个人身份的认同与个人价值的实现。大学生村官这一自觉自愿自主的行为，体现出这一群体对于广大人民群众特别是农民群众怀有的深厚感情，也彰显了大学生作为新时代中国特色社会主义事业建设者的历史使命感和责任感。从这个意义上来说，大学生村官是传统乡贤精神在新时代新农村建设征程中的薪火赓续者，是新乡贤人物在新时代乡村振兴战略中的“青春版”。

（四）新生代农民工：乡村振兴背景下新乡贤的希望所在

一般认为，“农民工”这一概念最早是由中国社会科学院的张雨林在 1984 年提出的。伴随着时代的变迁和社会的发展，农民工群体也在发生代际变化，导致不同代际的农民工之间存在差异。2010 年的中央一号文件明确提出：“采取有针对性的措施，着力解决新生代农民工问题。”这是“新生代农民工”一词首次出现在官方文件中。在此背景下，全国总工会新生代农民工课题组(2010)把新生代农民工定义为“出生于 20 世纪 80 年代以后，在异地以非农业就业为主的农业户籍人口”。

20 世纪以来，中国的经济增长依赖制造业的拉动，而制造业与城市的发展，又依赖于农村劳动人口，造成农民工群体向城市的极大规模流动，越来越多的农民开始涌向城市谋生。“随着中国城市化与劳动力市场的变化，乡下人脱离乡土进城谋生，持续了一个世纪的行为，在当下语境中突然别具意义了。”[①]影视作品开始叙述农民工的故事，塑造农民工影像。

---

① 徐德明.“乡下人进城”的文学叙述[J]. 文学评论，2005(1)：106－111.

农民进城了，却无法获得市民身份，他们大都从事着辛苦的工作。新时期影视作品没有回避对农民工进城后生存现实图景的叙述。在电视剧《生存之民工》(2005)中，一群来自全国各地的农民工来到松江市，他们在“香榭丽舍”这个高级公寓的建筑工地上辛勤劳碌着，住在极其简陋的工棚里，可是他们的工资却被无情地非法挪用了。为了生计，他们被迫集体讨薪，可是他们面对的却是暴力威胁和致命的恐吓。在电影《不许抢劫》(2009)中，老板王奎一次又一次地食言，不兑现农民工应得的工钱，朴实的农民工杨树根忍无可忍，最后带领几个农民工兄弟冲进了王奎的家里，以“熬鹰”手段讨回了工钱。在电影《高兴》(2009)中，我们目睹了刘高兴等来自农村的拾荒者在城市中的艰难生存状况。在《泥鳅也是鱼》(2006)中，我们看到农民工不仅物质生活缺乏保障，生理需求和情感需求往往也得不到满足。尤其在一些纪录片中，我们可以目睹农民工的种种艰辛。在周浩的《棉花》(2014)中，延威是河南上百万名去新疆摘棉花的女工之一，她坐了56个小时的绿皮火车才到达新疆采棉基地。她与其他女工一道住进了上下两层的大通铺，每天天不亮就坐上比绿皮火车更挤的卡车，到二十里地外摘棉花，一直干到晚上十点才结束，这样高强度的劳动持续了三个月。

影视作品中的农民工大都吃苦耐劳，质朴善良，如《天下无贼》(2004)中的傻根，《高兴》中的刘高兴，《不许抢劫》中的杨树根、《泥鳅也是鱼》中的“女泥鳅”等。在《不许抢劫》中，农民工为了不让老板有什么损失，宁愿春节不回家，在城里加班加点地搞建筑，甚至在面对谎言与欺骗时，农民工杨树根仍坚守着一诺千金的古训，他说：“是人，说出的话就算数，当真。”在《农民工》(2008)中，安徽阜阳农民大成带领兄弟茂盛、二牛、喜龙前往浙江打工，面对茂盛承包的伪劣工程问题，大成坚决要求返工重做。在新时期影视叙事中，农民工质朴善良，即使生存再艰难也不违背道德。在《泥鳅也是鱼》中，“女泥鳅”与丈夫离婚后带着一对双胞胎女儿来到北京，火车上，她遇到了一个也叫“泥鳅”的包工头，“男泥鳅”一直试图说服她与他“晚上一起睡觉做个伴”，还经常说要给她“买个大宅子”，但“女泥鳅”始终不能接受没有爱的两性关系。新时期影视作品不约而同地塑造了一大批吃苦耐劳、质朴善良、诚实守信的农民工形象，绝不仅仅是为了博取观众的同情，在这“不约而同”的背后，深藏着人们对农民仍然是传统道德的坚守者的认知，人们在潜意识中期待着农民进城能够为“城里人”带来久违的传统美德。

近年来，我国制造业正进行劳动集约型的转化，产业区域升级调整带来的农民工离城返乡的现象日渐突出。加之乡村振兴战略的实施使得农村基础设施逐步完善、投资环境大为改善，因此，回乡创业的新生代农民工大幅增加。新生代农民工的受教育程度相对较高，接受新鲜事物的能力较强，能够在创业过程中通过不断学习获得新技能和新技术；他们能够利用网络技术获取与创业有关的资料，为创业提供有效信息支持；他们更换工作的频率较快，流动性较强，间接为回乡创业积累了人脉资源。另外，新生代农民工有可能从小跟随父母在城市生活或者曾经在城市工作，他们视野开阔，能够较敏锐地把握政策、形势。这些都成为新生代农民工返乡创业的利好因素。

新时期的乡村题材影视作品中少有把新生代农民工返乡创业作为单一主题予以展现的作品，而是将他们置于与其他新农村建设者的人物关系之中，把他们返乡创业的故事融合在展现乡村全面振兴发展的各种故事之中，对其进行复调式的讲述。在当今中国城乡二元结构依然存在，农村城市化进程持续推进的时代背景下，新生代农民工的返乡创业也许是农村乡镇化和现代化的有效途径，他们中的成功者亦堪列新时代的新乡贤。

电视剧《潮人》中的杜水泉是比较具有典型意义的新生代农民工形象，他在返乡创业的过程中，逐渐重塑自我并产生身份认同。他在通过返乡创业实现乡村经济发展的同时，为乡村文化建设作出了积极贡献。杜水泉不甘心退伍回村做农民，然而在城市打工谋生又不顺利，这时候，夏茉说了一番话："为什么要抛弃这片热土、家园，进城去挖掘不属于你们的那块处女地呢？"[①]于是，他开始反思自己生存发展的选择和方向，最终他选择和夏茉一起回到芦花洲，在家乡奋斗。在这个过程中，杜水泉越来越意识到"城里是好，但不如踩在自己的地上踏实"[②]。在他的带动之下，芦花、芦芸、韩晓亮等在外打工的年轻人陆续回到芦花洲，加入建设社会主义新农村的行列。尽管从人物塑造和影像建构的角度来说，剧中新生代农民工建立身份认同的过程有些戏剧化，建设家乡的成果有些理想化，但是该剧展现了一个不容忽视的客观事实，即新农村建设的主体应该

① 张爱凤.融合还是背离——论新农村题材电视剧《潮人》的文化立意[J].扬州大学学报(人文社会科学版),2013(3):107-111.

② 张爱凤.融合还是背离——论新农村题材电视剧《潮人》的文化立意[J].扬州大学学报(人文社会科学版),2013(3):107-111.

也必然是本村本土的原住居民。换句话说，只有农民才是社会主义新农村建设中真正可靠的行为主体，因此重塑农民的自我身份认同，是社会主义新农村文化建设至关重要的组成部分。

《潮人》在表现杜水泉这类新生代农民工返乡创业对于农村文化建设的作用和意义时，提出了一个问题，即中国新农村文化建设是以城市文化改造乡村文化，还是建成符合本地实际、各具特色的新乡土文化。杜水泉和大学生村官夏茱所努力创建的正是一种符合社会主义新农村建设需要的新乡土文化，正如有学者指出的，“新的乡土主义是在今天的历史条件下，重新建立城乡互动的、相互哺育的良性关系。这个良性的关系，不是把乡村变成城市，也不是把城市变成乡村，而是在保存乡村既有的文化多样性、物种多样性、生物多样性和生存方式多样性的情况下，使得乡村能够成为更适合人类居住的地方。”[①]在这样的文化理念指导下，杜水泉带领村民大力发展以种植绿色蔬菜和天然水产养殖为主的有机农业，形成健康、有机农产品的生产链和销售链，并由此构建互哺互动的新型城乡关系。因此，我们也就不难理解，为什么当韩江引进外资，要在芦花洲村建立一个造纸厂时，杜水泉表示坚决反对。“农业的发展必须走工业化这条路吗？农民的出路，只有抛弃土地进城务工吗？……”杜水泉这一系列的发问非常有力，一针见血地指出了部分地区曾经在农村建设方面出现的意识偏差和行为误区，那就是发展农村经济以牺牲农村自然生态、牺牲乡土文化作为代价，盲目粗暴地用所谓的城市文化改造优秀的传统乡土文化。

总的来说，21世纪乡村题材影视作品在充分了解新乡贤主体构成的基础上，选取了在地乡贤、外来干部、大学生村官和新生代农民工等极具时代特征的新乡贤类型，通过巧妙的故事讲述，运用丰富的视听语言，在生动再现社会主义新农村建设进程中新乡贤社会功能的同时，充分彰显了新时代新乡贤丰富深刻的精神内涵。在新时代乡村振兴战略持续实施的进程中，广大观众最想看到的是社会主义新农村真实的样子。乡村题材影视作品应该用更加多元的影像表达，创造出更多富有时代特征的典型乡贤人物，在表现乡村美好生活的同时，建构和传达适合社会主义新农村发展需要的先进文化，实现影视作品传播的审美功能与文化价值。

---

① 吕新雨. 新乡土主义，还是城市贫民窟？[J]. 开放时代，2010(4)：115－135.

第四章
乡贤的影像叙事及新乡贤的“变异”

影像是一种融合了文字、画面、语言、音乐等各个方面的媒介形式，它在记录历史、反映社会现实等方面有着极其重要的作用。新乡贤文化作为新时期以来乡村文化的典型代表，一直以来都是影视导演热衷的表现对象。以新乡贤为主题的影像叙事立足乡村生活，用影像再现乡村现实、乡村建设、乡贤成长，是影像构建新乡贤文化叙事的典范。因此，我们通过对影像建构艺术方式的探讨，将会为新乡贤形象、新乡贤文化的深入人心提供除思想内容、主题表现以外的更多答案。

第一节　乡贤的影像叙事及其特色

这里的叙事主要指艺术表现手法。新乡贤影像叙事是通过影视作品中的形象塑造、声音元素和镜头语言等完成的，向观众展示了不同于文字的立体形象，将以往常常出现在文学作品中的乡贤形象变得可视化、生动化。这样的影像叙事方式用镜头语言代替人物的内心独白，通过对人物动作行为和表情的把控直接让观众身临其境般地感受到人物的情绪波动，借助影像媒介独有的表达方式，赋予其更强的张力和更深刻的内涵。

一、日常生活叙事

相比于其他类型的影视作品（如警匪片、枪战片、青春片等）的艺术表现手法，因为新乡贤影视作品的故事大多发生在乡村环境中，所以导演更多采用的是日常生活式的叙事手法和现实主义的表现手法，镜头之下展现的是带着烟火气的乡村生活和乡村现实，以期让观众能够感受到真真正正的乡土人情和地域风光。“随着乡村影像的发展及时代的进步，人们在书写乡村影像时的心境发生了变化。村民们不再利用影像表达对大城市的憧憬，而是希望展现乡村最真实的美感。在现代化的生活中，人们的物质享受达到了一定的程度，反而开始觉得城市生活没有什么有意义的事情。在这个时候，人们发现乡村不一定要处处模仿城市，乡村有着自己的美丽等待人们去寻找，如日出而作、日落而息的安逸生活，青山绿水、水塘荷花的田园风光。”①

（一）非虚构的乡村实景

新乡贤影视作品向观众展现的乡村景色并非虚构，都是依据现实情况再现或者是直接实地拍摄。电影《一点就到家》（2020）中的取景地就在云南省澜沧拉祜族自治县，影片展现了原汁原味的乡村景色，加之群演都是当地寨子里的村民，因此电影画面中并没有产生特别明显的不和谐感。导演以电商这一极具现代化特色的业务为突破口，展现了传统的千年古寨在现代文明冲击下的一系列改变，当剧中的乡贤人物带来的现代化电商产品走入村民家中时，现代与传统的冲突就直观地展现在了观众面前。同样，电影《十八洞村》（2017）的取景地位于湖南省湘西土家族苗族自治州的花垣县，原生态的苗族村落积累了浓厚的文化底蕴，从片头小车都开不进的泥泞小路到片尾修完路后络绎不绝的旅游大巴，扶贫干部与村民之间的不解之缘就围绕着修路这个主题展开，这样一个小小的山村在新乡贤们的带领下走上了现代化的道路。再如，《圣水湖畔》《希望的田野》等剧中用远景长镜头的方式拍摄了遥望中的山村、田野与湖泊，这些真实的乡村美景在给观众带来审美体验的同时，也带来了一定程度的新鲜感，使观众产生了对这些原生态场景的向往之情，从而带动了乡村旅游业的发展，具有一定的现实意义和价值。《乡村爱情》就曾经大大带火了取景地象牙山的旅游产业。特别是近些年来，随着短视频行业的兴起，乡村影像的记录者不再局

① 毛婕灵．论新媒体环境下乡村影像书写方式的创新——以李子柒的视频为例[J]．西部广播电视，2022(7)：5－7．

限于专业的导演、编剧,越来越多的普通人开始加入记录乡村影像、传播乡村文化的行列。这些被记录的形形色色的普通人中也逐渐出现一批新时代的新乡贤,他们通过实践和行动向观众展现了最直观、最质朴的乡村景象、乡村文化和自身的乡贤品质。以李子柒(首届"全国乡村振兴青年先锋"标兵)为例,"中国传统的乡村社会依然保留着农耕时代的生产生活方式,小桥流水人家、自给自足的小农经济、融洽的乡民交往、富有智巧的手工制作、田园牧歌式的生态景象成为现代社会人们向往的理想之地。传统乡村自然生态的常绿、文化生态的原真、社会生态的合融,呈现一片既生机盎然又整体和谐的景象,满足了现代人们的精神需求与审美追求,是一种强烈的生态意识觉醒。李子柒短视频中展现的是没有受到现代工业社会浸染的原生态传统乡村图景,春耕、夏种、秋收、冬闲是传统乡村生活的常态,与现代都市生活相比物质资料虽不够丰富,但人们的精神生活更为富有,不需要过多的物质财富依然可以过着自得其乐的怡情生活,自然、简单、古朴、快乐成为都市人难以企及的目标,当人们看到李子柒视频时,一种莫名的愉悦感自然生发,寻找与回归原真性的生态空间是人们热捧李子柒视频的主要原因。"①

相较于新乡贤影像中对于乡村环境变化的描写,传统乡贤影像更多关注的是文化的诉求而非现实的发展。如电视剧《白鹿原》中,白鹿村除了祠堂的修缮,村庄环境基本上没有发生太大的变化,故事的推进依靠的是人物的成长与变化。"青年导演们一面对于乡村中糟粕的部分进行批判,一面又深情地回望着乡村——这个能给他们带来宁静与平和的地方。相较于第四代在'现代化商品化进程中所感受到的惶惑与轻蔑',近十多年来的青年导演对于现代性有了更多的批判,相隔二十年,不变的是当人们厌倦社会匆匆的步伐时,依旧会把目光投向印象中缓慢平静的乡村世界。但是在现代性的冲击和影响之下,乡村早已不是平静的世外桃源,而是同样卷入了文化冲突的危机之中。"②传统乡贤影像对于乡村实景的描写更多是展现局部环境以描绘人物所处的特定环境,对于大环境的交代缺乏前后的变化对比,是以人为中心阐释文化发展及其变化的。而新乡贤影像叙事为了展现新时代乡村在新乡贤人物带领下的大发展、大变

① 徐俊六.都市与乡村的异构:"李子柒现象"之人类学解读[J].西北民族大学学报(哲学社会科学版),2021(1):59-67.

② 常雅琴.近十多年来乡村现实题材电影的空间研究(2005年—2018年)[D].兰州大学,2019.

化，以最直观的乡村实景变化来突显乡村发展。

当然，除了展现这些美丽乡村，当代乡贤影视作品也没有完全回避现实乡村所遭遇的困境与问题。在电视剧《一个都不能少》(2020)中，我们看到了焉支村在大雨和泥石流冲刷下的惨痛场面；在电影《留守五姐妹》(2012)、电视剧《女人的村庄》(2009)中，我们看到了乡村留守妇女的困境，她们在照料老人和孩子的同时，还要承担填补家中男性劳动力进城后造成的农业生产劳动力空缺的压力，这也导致许多田地的荒废；在电视剧《文化站长》中，我们看到了一个自发组建的乡村文化站所面临的各种困境：设施简陋、资金匮乏、无人问津，等等。尤其是纪录片《空山》(2003)、《乡村里的中国》(2013)、《村小的孩子》(2014)等，直面现实乡村，镜头展示了乡村的真实现状。

纪录片《乡村里的中国》中的杜深忠是一位典型的在乡知识分子，他对于现代城市文化挤压下的乡土社会所面临的各种问题有着切身的体会和思考，在村民眼中的他总是有些异想天开。杜深忠有着不同于普通农民的对于精神生活的渴求，他热爱文学创作，喜欢拉二胡、弹琵琶，写得一手好字，坚信“人活着要吃饭，精神也需要吃饭”。现实与理想的巨大落差使得他深刻反思自己的人生，反思自己对土地的情感。他在镜头前感叹“土地不养人”，家中靠种果树维持生计却始终获益微薄，可他对土地终究是有感情的。看到村民为了个人利益将村里的古树卖到城市去搞绿化，他满腔怨愤，怒斥这是“剜大腿上的肉贴脸上”；獾吃了他家玉米，妻子要把獾灭掉，他说不行，“獾是国家二级保护动物”，要保护。对于土地、村庄、环境和生态，杜深忠有着强烈的保护意识，他这种“爱之深，恨之切”的复杂情绪，实则是对现代化转型下农民生存命运的无奈和喟叹。他教育子女，希望他们未来能够凭借学识脱离贫苦，并告诫子女，自己失败的人生经验于他们而言更加具有警示意义……尽管他的生活有着诸多的不如意，他对生命仍有着文人独有的豁达和醒悟，“人有旦夕祸福，日子总要过下去”。杜深忠作为在乡文人的典型，显示出乡土社会物质文明匮乏导致的精神文化缺失，以及由此带来的农民在思想意识上与土地之间的矛盾冲突和逃离意识。纪录片对这一类问题的聚焦呈现充分说明了当下农村建设的着力点不仅在于经济建设，更在于精神文化的充分补给，草根乡土民众不仅需要更加富足的物质生活，也需要更加充盈的精神满足。①

"'现代化'到底给'乡村社会'带来了什么？除了令人震惊的乡村'自然危机'，当然，还有我们已提到的审美和道德问题，马克斯·韦伯在谈及德国资本主义与农村社会关系时，则在审美和精神层面，对今天的我们思考乡村问题提供了颇多启发：'如果都市资产阶级已经牢牢掌握了经济和政治的权力，扎根于农村的政治精英中心，是否就要没落？而都市是否就要成为政治、社会和审美文化的唯一载体，而唯我独尊呢？'"②

（二）淳朴的邻里乡情

影视作品中，镜头记录下了新乡贤参与乡村治理的过程，同时也记录下了乡村中的日常生活图景。镜头下的乡村生活图景是以一种自然的、非刻意的形象出现在观众面前的。

电视剧《静静的白桦林》讲述了大山中"山妈妈"的故事。白桦岭卫生所所长达兰是早年插队来到白桦岭的知青，医专毕业后，她没有随着大批返城知青回到都市，而是默默地守着这个小小的卫生所，守着年轻时属于自己的那份爱情，守着大山里的村民，年复一年地为老百姓巡诊治病、送医送药，她被当地百姓亲切地称呼为"山妈妈"。"山妈妈"是当地最神圣的称呼。省城来的青年志愿者乔楠、吕芳打破了小小白桦岭的宁静。达兰意外地发现，乔楠竟然是她的被前夫乔志达带走多年的亲生女儿。眼看着吕芳忍受不了白桦岭偏僻落后的环境，提前返城考博，而乔楠却逐渐融入了自己的生活，达兰悲喜交加。她悲的是，自己得了病，将不久于人世；喜的是，失散多年的女儿又回到自己的身边。白桦岭林区的人们靠山吃山，日子倒也过得滋润，只是观念的落后导致了因病致穷、因病返穷的现象。患者马小雪、白来锁等人的遭遇深深地刺痛了乔楠的心，她越来越感觉到，白桦岭急需建立新型的农村合作医疗制度。随着返城考博的日子临近，她愈发眷恋"山妈妈"、眷恋白桦岭的山山水水。晨雾中，乔楠踏上小木桥，身后突然传来马小雪深情的呼唤——"山妈妈"，乔楠被深深地震撼了。面临着城里男朋友赵一帆对爱情的背叛，白桦岭青年民营企业家林枫、林

① 苗晓霞. 新世纪乡土题材纪录片中的乡土中国形象研究[D]. 江苏师范大学，2018.

② 曾一果. 影像传播与改革开放以来中国电视剧的"乡村叙事"[J]. 中国电视，2010(4)：18－26.

场青年工人石海的追求，乔楠的情感掀起了波澜，她知道，从此白桦岭将与自己的命运紧紧地联系在一起了。“剧中村民对医生‘山妈妈’的称呼，将木头砸人称为‘咬人’的小趣味，嘎头瞎拽谐称自己‘德艺双馨’的幽默，蒋翠花对黑心大夫刘旺说出‘救人一命，胜造七级屠夫’的口误，都充满了浓郁的乡土气息。”①

同样，在电视剧《刘老根》中，村民在炕上“唠嗑”，完成日常的“信息交换”，作为本地“富乡贤”代表的刘老根也需要通过这种模式来完成自己参与乡村建设的过程；在电视剧《希望的田野》中，党委书记徐大地在与村民沟通时经常参与到日常的劳作中去；还有电影《十八洞村》中出现了制作苗家酸鱼和酿造苞谷烧的场景，酸鱼和苞谷烧也成了扶贫干部小王与本地乡贤杨英俊之间沟通的媒介。这些琐碎的日常生活，看似毫无意义，却真实地再现了乡村的生活场景，“作为日常生活空间，乡村本来就是混乱无序、无目的的，没有那么多可歌可泣的爱恨情仇，也没有什么具有深度所指的符号体系，所谓的故事也无非是些家庭矛盾、邻里纠纷，就是这些鸡零狗碎日常琐事的‘再现’，却透出一种‘真意’，即扑面而来的热烈的生活气息”②。在这一点上，传统乡贤影像与新乡贤影像在叙事上达成了一致。

电视剧《闯关东》(2008)在表现近代中国东北社会的生活习俗、口语化的表达方式等方面与以《刘老根》为代表的一系列电视剧有许多相似之处，其中体现的邻里互帮互助等淳朴民风也是一脉相承的。但有一点不同的是，无论是传统乡贤影像还是新乡贤影像，乡贤形象在参与这样的日常生活图景时，其所代表的社会文化内涵是不同的。《闯关东》中的朱开山作为传统乡贤形象代表之一，他为人热情、不拘小节，得到了周围邻居的一致好评。但是作为传统社会中的一个大家长，他对于邻里之间情感的回报方式是强行给自己的儿子说了一门亲事，这也导致后续一系列惨剧的发生。以当代人的眼光来看，他对子女婚姻的横加干涉让人感到不可理喻，必然引来观众对传统文化的反思。而在新乡贤影像叙事中，日常化的生活图景参与新乡贤叙事中的好处是显而易见的。一是加强新乡贤形象的真实感，当观众沉浸在一个真实构建的场景中时，会下意识地忽略掉人物身上细微的不协调感。二是通过构建乡村熟人社会，展现乡土人情

① 张蕾. 实现主旋律作品在思想性、艺术性与观赏性上的最佳配置——试析电视剧《静静的白桦林》中商业性叙事策略的引入[J]. 中国电视，2008(10)：16－18.

② 李静等. 城市化进程与乡村叙事的文化互动[M]. 北京：中国社会科学出版社，2015：176.

味。在《刘老根》中,返乡办企业的刘老根与村民谈事时,仍然喜欢在炕上就着花生米喝小酒;《十八洞村》中的杨英俊一开会就把大家全部喊到家里喝苞谷烧;在《山海情》(2021)中,马得福向李大有道歉,李大有高兴地揉了揉他的脸,可见马得福这样一个村干部在长辈眼中仍然是曾经的小娃子。这样充满乡土人情味的熟人社会,让我们看到了乡土人情的可贵,消弭了新乡贤与普通村民之间的身份隔阂,是串联起新乡贤与村民之间的纽带,给当代城市中冷漠的人际关系注入了一丝温暖。

(三)有地域特色的乡风民俗

乡风民俗是乡村文化中非常重要的一部分。“民俗文化是民族的基础文化,是与日常生活息息相关的文化。它既不抽象,也不思辨。它直接服务于基层社会。党的十九大报告提出乡村振兴战略的总目标是‘产业兴旺、生态宜居、乡风文明、治理有效、生活富裕’。这里面谈到的生态、乡风、治理三项与民俗文化有着非常密切的关系。民俗文化是乡村社会重要的传统文化,我们需要对它进行深入研究,重新发现民俗文化对于当代乡村社会的资源价值,把它作为创新性发展与创造性转换的文化凭借,以此助力乡村振兴。”①

乡风民俗在乡村题材影视作品中的再现比比皆是。在传统乡贤影像的叙事中,乡风民俗承担了很大一部分的文化展现工作,如电视剧《白鹿原》中的重要的故事发生场所“祠堂”,就承担了祭祀先人、教化村民等重要的民俗文化功能。“伐神取水”这一场景也向我们展示了古老、神秘的民俗信仰。还有朱先生退清兵一节唱的秦腔“劝君更尽一杯酒,西出阳关无故人”也是陕西民俗文化中重要的组成部分。同样,电视剧《闯关东》的第八集中也通过朱传杰之口向观众展示了传统文化中复杂的“宴客文化”:菜应该给上座先上;要是有鱼的话,鱼头应该冲着上座;桌子上的木纹应当冲着上座,横着就叫不顺;女人不能上席面,等等。诚然,这些传统文化中有些在现在看来是封建迷信和陈规陋习,但是在传统乡贤影像的叙事中却承担了交代文化背景、丰富人物性格形象的重任。

在新乡贤影像叙事中,由于新乡贤不再仅仅是“土生土长”的,因此在面对乡风民俗的洗礼中呈现出了两种状态:一种是像电视剧《遍地书香》(2020)中外

---

① 萧放.民俗传统与乡村振兴[J].西南民族大学学报(人文社科版),2019,40(5):28-36.

派的村书记刘世成那样，初来乍到的他对于本地的一些“约定俗成”的规矩感受到了不适应与排斥，但是随着自身“本土化”的加深，他也能够做到“随波逐流”，逐渐适应了本地的行为习惯并将之带入建设乡村的工作中。而由本地村民转变而来的新乡贤是在当地的民俗文化中成长起来的，他们的一言一行都有着浓郁的民俗文化气息。如电视剧《山海情》中的饮食文化，从本地新乡贤马得福爱吃的陕西油泼面、宁夏滩羊，到外来新乡贤陈金山给凌教授带的福建岩茶，称“想家的时候可以喝一喝”。此外，还有展现二人转、秧歌等民俗文化的电视剧《刘老根》《乡村爱情》，展现跑旱船、踩高跷、挑花篮等民俗表演形式的电视剧《文化站长》，等等。这些影视作品重新焕发了乡土民俗文化的活力，在构建新乡贤文化叙事时，将这些民俗文化融入乡村日常生活中，一方面为这些传统民俗文化赋予了新的时代文化内涵，提出了新的时代诉求，另一方面体现了这些略带“土”味的传统文化与现代社会之间的矛盾与统一，“要保持和传承乡村民俗文化的品质特性，不能简单地将城市文化照搬到乡村。现在讲城乡融合，我们乡里的文化，是不是也可以融合到城里边呢？乡里保持的传统，可以移到城市里，城市人的一些生活方式，也可以进入乡下，但是不要去改变乡村生活里优良的品质。如，作为共同体的人际关系里互助的传统，人生仪礼过程中的互惠传统等，是应该保持的。有秩序的、和谐的乡村生活状态，是我们所期待的。”①

二、形象的立体化塑造

“电视剧是叙事艺术，叙事的核心离不开人物塑造。”②电视剧如此，电影更是如此。一个完整的人物应该有着他自己的喜怒哀乐。“形象主要有三层含义：首先当指人、物之相貌形状；其次是指能够作用于人们的感官，使人们产生印象、观念、思想及情感活动的物质；最后，它是具体与抽象的统一，也是物质与精神的统一。”③相比较而言，新时期伊始的部分影视作品中，大多数乡贤人物的优良品德被放大了，其自身的某些性格缺陷往往被掩盖了，这使得人物显得不那么真实，“虽然在日常生活序列中，我们每个人都愿意做一个‘好人’，然而在

---

① 萧放. 民俗传统与乡村振兴[J]. 西南民族大学学报(人文社科版)，2019，40(5)：28－36.
② 卢蓉. 电视剧叙事艺术[M]. 北京：中国广播电视出版社，2004：134.
③ 秦启文，周永康. 形象学导论[M]. 北京：社会科学文献出版社，2004：2.

努力中我们却不难发现‘难，实在是难’啊！我们生存在社会中，我们时时刻刻在为社会服务，在适应社会生存，也就是说社会在时时刻刻中锻造着我们，让我们在现实的土壤中不得不质疑剧作者这些‘好人’是‘源于生活’吗？可惜相当多的人物塑造却脱节于‘活生生’的农村，如《刘老根》中为刘老根慷慨解囊的韩冰、《马大帅》中的马大帅。韩冰和刘老根仅仅是认识就能给他千万资金支持他回村办旅游业，马大帅一个不富足的农民能在城市开办学校，并能意外获得大笔遗产？《都市外乡人》中的郭老师、《插树岭》中的五婶子等这些典型的‘好人’来回穿梭在复杂的日常纠葛中，时刻准备着去充当‘调解员’‘和事佬’，一旦矛盾加剧或冲突白热化，他们即刻义无反顾地去‘灭火’或‘减震’。一味地展示郭老师、五婶子这样的‘好人’在农村世界中的缝合作用和灭火功能，无疑充分体现着我们曾经批判过‘高、大、全’的人物形象塑造法，虽然他们是传统伦理美德的象征，但是，遗憾的是这些‘好人’不仅难以成为调和农村矛盾的最终决定力量，反而会因其‘完美’而遮蔽农村的真实境况。”①

随着欣赏水平的提升，观众开始反感这样的“完美”，近些年来大量新乡贤人物的塑造就逐渐弥补了这一方面的缺陷。乡贤人物的成长经历、性格特征不再千篇一律，人物身上不同性格造就的不同的命运曲线所产生的新鲜感也在不断刺激着观众的探索欲望。他们或正直善良，或诙谐幽默，或机敏“狡诈”，或谨慎小心，让我们看到，乡贤并非完人，他们有痛苦、有烦恼，也有偷懒的时刻。也正是这些普通人所具有的性格特点，将新乡贤人物平民化，拉近了他们与普通人之间的距离，加深了人物的代入感。之后，当他们真正展现自身的责任感、使命感时，他们带给观众的冲击力才会更加强烈。

从人物的塑造上看，传统乡贤几乎都是由本土成长起来的，他们的形象自然而然就能融入乡村这个大环境中。如电影《百鸟朝凤》(2016)中的焦三爷，不吹唢呐时，他就是一个普普通通的农民；吹唢呐时，他又展现了一位文化传承者所具有的坚毅品格和风骨。在面对查家后辈出钱又出人，跪求焦三爷吹一曲《百鸟朝凤》时，焦三爷十分坚定地拒绝了他的请求，“不是钱的问题”，短短一句话就把人物的性格、品德衬托了出来。传统乡贤形象基本上是围绕“新环境中的传统乡贤接受现代文化”这样一个母题来进行塑造的，从他们的身上，我们可

① 赵淑梅. 论东北农村题材电视剧[D]. 吉林大学，2010.

以看到传统文化的底蕴，也可以看到传统文化与现代文化之间碰撞的火花，而人物形象也正是在这样的火花中成长、丰满起来的。与之相对应的是，新乡贤本身接受了新文化、新环境，他们身上传统文化的闪光点虽没有传统乡贤那么明显，但他们能将之有效地与新兴事物相结合，形成自己独特的新乡贤文化。以电视剧《喜耕田的故事》为例，普通农民喜耕田迫于经济压力外出打工，当听说国家免除农业税时，喜耕田马上回村签订了土地承包合同，还让在城里打工的妻子回来一起种田。在剧中，我们看到的是一个普通农民对土地无法割舍的爱，正如他所说的：“这几年农民们净到城里打工了，把好好的地都荒了，看着叫人心痛……俺是农民，俺就种地，俺要是不种地，俺就对不起国家的好政策。”这番话集中体现了新乡贤对土地难以割舍的情感。喜耕田正是新时期成长起来的新乡贤形象。他进过城，所以知道政策的好处，还会用法律武器帮助村民维权；他接受过现代知识的洗礼，搞起了蔬菜大棚、绿色生态农业，展现了新时代环境下新乡贤对于新技术、新思想的追求，具有鲜明的时代特色。那么，这样一个典型的新农民形象在造型上又是如何设计的呢？在剧中，我们可以看到，喜耕田的整体造型就是一个普通的农民形象，黝黑的皮肤、略显花白的平头、稀稀拉拉不整齐的胡须，再搭配上布鞋、汗衫、袖口没有扣上的外套和一口地道的山西普通话，整体上就是一个普通、“接地气”的农民。这样的形象恰恰符合他的身份和他所代表的普通农民。再看喜耕田周遭的环境。故事的发生地就在农村，充满乡土气息的场景很好地交代了人物所处的背景与地理环境，为喜耕田的行动提供了现实依据。

电视剧《山海情》中的农林专家凌一农是一位外来的“科技乡贤”。电视剧的开始，凌教授以水土不服为由拒绝了请他去普及种菇技术的陈金山。迫不得已之下，陈金山略施小计，谎称如果凌教授不去，他只能自己上，种不好蘑菇都要怪在凌教授头上，这才“逼迫”着凌教授跟他回了村。实际上，一旦投入工作，凌教授就一心为村民着想。来到宁夏后，凌教授先花费了大量时间研究环境、土壤，然后才开始教村民种菇。种多了，他还自掏腰包建冷藏库，收购村民卖不出去的蘑菇。最后，他更是多次恳求杨县长，为闽宁村开通了运菇专线，彻底解决了蘑菇的销路问题。然而，凌教授所付出的辛勤努力大多是村民们看不到的，在村民面前，他总是一副乐呵呵的模样，一方面，他是看到大家种菇的积极性上来了而高兴，另一方面，他也是用这样自信的态度来鼓励村民。他要求自己的助理多笑一笑："你高兴一点，一会儿我们到村里，我们要有种丰收的喜悦。"私底下，他却总是为了菌菇的销路而发愁。在讨论菌菇销路的问题时，他是严肃认真的，在跟家里要钱补贴村民时，他又是小心翼翼的。在面对恶意压价的无良商人的威胁时，凌教授表现出了少有的愤怒的一面，他冲上去就揍了领头的无良商人一拳，然后扭头就跑，这样的举动也得到了广大观众说他"可爱"的一致评价。虽然最后免不了被一顿打，凌教授躺在病床上时还颇有些骄傲地说："不要紧张，我年轻的时候打架很厉害的。就是几十年没打，拳头生锈了。"这样的"小傲娇"又引得观众莞尔一笑。他有自己的喜怒哀乐，有自己的抱负，有自己的责任担当，有自己的坚持，也有自己的行动，这样一个可爱的、赤诚的、让人又发笑又心疼的教授形象怎么会不打动人心呢？从一个大喊着"我不会去的"大学教授到一个自掏腰包助农的新乡贤，人物形象在行为变化中更加栩栩如生。"《山海情》给观众留下深刻印象的人物有很多。出身贫寒、有情有义、百折不挠的脱贫干部马得福从原来工作中遇到问题时的沮丧、茫然，到确立坚定信念后的自信、成熟，体现出了践行'立志家乡脱离贫瘠'的时代主题；正视现实、乐观向上的李水花在贫困生活中依然抱有坚韧、乐观的生活态度，面对人生困境总能以坦然的态度面对生活；教授凌一农学以治贫、奉献戈壁，个人价值在为百姓服务中得到升华。正是有了这些'人物弧光'，电视剧塑造的人物群像才能够鲜活立体，跃然于荧屏之上。这些人物和观众身处在相似的时空中，内心也有着相似的欲望、欢乐和悲伤，使得观众可以真切感受到人物的快乐与痛苦、希望与失望、成功与挫败，使得人物塑造有质感、有贴近性、有亲和力。"①

三、景别与色彩的画面表达

景别是指由于在焦距一定时，摄影机与被摄主体的距离不同，而造成被摄主体在摄像机画面中呈现出范围大小的区别，一般可分为五种：远景、全景、中景、近景、特写。远景主要用来交代大环境（包括地理环境和人文环境），如电视剧《乡村爱情》中风光秀美的象牙山、电影《十八洞村》中原汁原味的苗族村落、

① 王志宏，伊文臣. 借力影视艺术 讲好奋斗故事——以热播主旋律题材电视剧为例[J]. 当代电视，2021(4)：41-43，59.

电视剧《美丽的田野》中随风飘摇的芦苇丛，还有电影《爱上油菜花》中金灿灿的油菜花田。这些秀美的风景在保留了浓郁的乡土气息的同时，还能唤起人们难以割舍的乡土情结。全景是指摄取人物全身以及周遭环境或者展现较小的场景（如室内）的全貌的画面，主要用于交代小环境或人与环境之间的联系。电视剧《山海情》中用全景展现了吊庄移民户为了躲避风沙只能住“地窝窝”的艰难环境，电视剧《庄稼院里的年轻人》(2000)中田辛下乡搞绿色经济开发的工作场景也运用了全景的镜头。中景是指表现人物小腿以上的镜头或与此景别相同的场景。同理，近景是指表现人物胸部以上景别的镜头或类似场景。中景和近景主要表现的是人物的动作和表情，以此来传达人物的情绪变化。《山海情》中有这么一个镜头，新乡贤女性形象代表之一的水花用板车拖着残疾的丈夫和年幼的女儿赶往金滩村，板车上丈夫冷漠、毫无生气的面孔与水花乐观的微笑形成了鲜明的对比。在水花看来，金滩村就是活下去的希望，而她身后的板车承载的就是生活的全部，她眼中的光芒就是不屈服于这苦难生活的最好的证明。特写镜头则只关注人物的局部特征或是物品、场景的细节部分，在乡贤题材的影视作品中多用于外化人物的内在性格情绪，交代环境特征和细节内容等，如在电视剧《白鹿原》的“伐神取水”场景中，导演先给了白嘉轩面部一个特写，表现了他的挣扎与犹豫，下一个镜头则将白鹿出现的幻象与他的眼睛特写相结合，寥寥几个镜头就塑造出了白嘉轩作为白鹿原上的“白鹿”的形象，从侧面展示他的奉献牺牲精神。同样，电视剧《圣水湖畔》塑造了一个精明干练、大大咧咧的新女性形象——马莲，故事以马莲保护耕地为主线，讲述了科技兴农的新思想、新观念。剧中第一集就通过开柜子、开锁、拿钱这些连续的特写镜头交代了马莲在家中处于“管钱”的地位，奠定了她的性格特征，也为她之后保护耕地的一系列行为打下了基础。

影视作品中的色彩往往包含着不同的含义，红色一般代表激情和火热，蓝色一般代表冷静和寒冷，黄色一般代表丰收与温暖，灰色一般代表悲伤与阴郁，等等。画面的色彩选择往往与镜头人物的情绪联系在一起。因此在许多乡贤题材的影视作品中，为了表现乡村建设初期的困难，往往会采用大量的暗色调，如《山海情》《我和我的家乡》中沙尘暴的暗黄色，给人压抑、窒息的感觉；电影《吴仁宝》(2012)中的人物场景转为灰色，一方面告知观众这是几十年前发生的事，另一方面用来表示当时的困难环境。在表现希望、丰收等方面时，则会采用较暖、较亮的色调，如电视剧《希望的田野》中表现丰收的亮黄色，电视剧《江山如此多娇》(2021)中代表希望的嫩绿色。另外，在剧中人物服饰的色彩设计上，由于新乡贤人物经常需要亲力亲为参与乡村建设，其服装色彩多为浅色调的灰蓝、灰白、灰绿色等，以此来体现新乡贤人物吃苦耐劳、艰苦朴素的品质，而领导干部类型的新乡贤人物多配以黑色或灰色的正装，以区别身份。

四、语言与声音的情感烘托

声音的元素包括音响与音乐。音响是指除语言、音乐以外的环境音，如风吹过麦田的沙沙声，沙尘暴中沙粒击打在玻璃、墙面等物体上的声音，主要起到渲染气氛的作用。音响消失时，会给人一种沉默、寂静的感觉，如电影《李保国》(2018)中，面对村民的质疑和猜忌，李保国教授只是默不作声。当村民都离开后，突然消失的环境音，反而更加烘托出了安静环境带来的压抑感，使观众对于李保国教授此时面临的压力有了更深刻的理解。

音乐在影视作品中的应用则是具备了更多的功能。一是起到烘托情绪的作用，如电视剧《石头开花》(2020)中，在扶贫干部吴非飞整治村中懒汉，懒汉撒泼打诨时，配合轻松滑稽的乐曲用以营造喜剧效果；电视剧《大村官之放飞梦想》(2015)中，片尾曲《我爱我的村》“以诗意化的歌词语言描绘了故事发生地的美丽风景，演唱者采用简洁的唱法和饱含深情的舒缓音调传递出对美丽家乡的无限热爱和赞颂，为歌曲赋予了极强的艺术感染力”①。二是起到交代环境和文化背景的作用，如《十八洞村》片头的苗族歌曲，给人一种宁静、悠远、空灵的感觉，一瞬间就能将观众带入苗族村寨的大环境；电视剧《乡村爱情》《刘老根》《圣水湖畔》等中，带有明显二人转风格的主题曲与插曲也充分展示了东北人直爽、率真性格以及东北地区的饮食文化习俗。三是包含了独特的现实意义，像电影《百鸟朝凤》中贯彻全篇的一曲《百鸟朝凤》，不但是当地独特的丧葬文化的代表，也是评定一个人道德标准的标杆；电视剧《山海情》中的片尾曲《花儿一唱天下春》也唱出了乡村发展的艰辛与变化，从“干沙滩上花不开”“日日落尘埃”到“拔掉穷根把花栽”“沙漠变花海”，再到“干沙滩变成了金沙滩”“花儿一唱幸福

① 苏军. 民族民间音乐在农村题材电视剧中的应用[J]. 中国电视，2016(7)：103－106.

来”，向我们展现了一幅完整的乡村变迁的史诗画卷，而歌词中的“那年你到咱家来”“再唱花儿等你来”从侧面肯定了新乡贤在乡村治理中的作用，也在呼唤着更多新乡贤的到来。

语言因素逐渐成为影视作品中的一大撒手锏，地方方言本身就是当地乡村文化的组成部分，承载了不同地理环境、历史文化氛围所培育出的精神面貌。影视作品作为视听艺术的一种，在塑造新乡贤人物形象的同时，应尽可能地还原出故事发生地的现实生活空间，这里面就包含了当地的民俗文化、宗教信仰、方言等等。各种方言的组合不但丰富了剧情内容，在给观众带来情感共鸣的同时，也大大增加了影视作品的真实性与历史厚重感。以《刘老根》《乡村爱情》《闯关东》为代表的电视剧中出现的东北方言，例如“小样儿”“整”“爱咋咋地”等词语，在展示了东北人豪爽的性格气质的同时，也逐渐成为流行词。《山海情》中不同人物所采用的不同方言也增加了戏剧冲突，比如金滩村居民听不懂陈金山的带有福建口音的普通话，闹出了各种笑话；麦苗进城务工听不懂工厂领班讲的粤语，等等。时至今日，方言在影视作品中的应用越来越广泛，但如何巧妙、细致地将其与本土的历史文化相结合是值得我们深入思考的。

21 世纪乡贤形象的影视建构，其意义毋庸置疑。从影视传播角度看，“影视乡村”叙事基调明快，充满着积极进取精神，弥漫着乐观的气息和理想化情调。这种精神气质具体表现在两个方面。一是“影视乡村”更倾向于表现美丽的、和谐的乡村，充满希望的、欣欣向荣的乡村。如《刘老根》系列与《乡村爱情》系列中东北农村热火朝天的日常生活场景，《潮人》中苏中乡村充满希望的景象等。又如乡村创业，在现实生活中往往困难重重，但在影视作品中，我们却看到鲜花满地，要么不做，做则必成。在《插树岭》中，插树岭村的生态旅游成功了；在《湖光山色》中，南水美景旅游公司成功了；在《刘老根》中，龙泉山庄生意火爆；在《乡村爱情》中，象牙山村成立了专业合作社，青年人都经营着企业，开办了公司；在《村官过大年》(2006)中，乡村合作社也成功了。诸如此类，不一而足。二是“影视乡村”叙事大多惯于塑造理想人物。如《美丽的大脚》(2003)中的乡村教师张美丽，《沉默的远山》中的乡村干部周国知等。尤其是那些回乡参与新农村建设的年轻人，他们不仅掌握新的生产技能，具有开拓市场的能力，而且有很高的道德水平，如《湖光山色》中的楚暖暖、《暖春》中的宝柱爹等，他们的品格都近乎完美。这种题材与基调明快、充满着积极进取精神的叙事方式，切合了当代大众文化心理，而和谐的、充满希望的乡村影像则给予了这种文化心理一种替代性的满足，为在城市化进程中感到困惑的人们揭示了当代乡村生活应当或可能的未来图景。也许正是出于这个原因，《乡村爱情》等电视剧获得了出人意料的较高的收视率。

与其他文艺样式尤其是文学创作相比，影视作品的意识形态属性和理想化色彩较为浓厚。尤其是乡村题材的影视作品，大多由政府投资拍摄，往往要及时地反映国家有关乡村的一些重大政策，以影像诠释新政策、新观念、新事物，甚至在日常生活叙事中，也不会忘记时政大事。1998 年，我国开始实行农村基层选举，这是一项举世瞩目的重要的乡村政治民主化政策。此后，在《湖光山色》《别拿豆包不当干粮》（2006）等影视作品中，这一重要政策就转化成了影视形象。2005 年以后，政府出台了一系列政策，不仅取消了农业税、各种“提留”，而且对农民给予各种补贴，拉开了新一轮社会主义新农村建设的序幕。相应地，新农村题材的影视作品对政策进行了及时跟进。在这些新农村题材的影视作品中，乡村旅游、生态农业、城乡一体化、土地流转、合作经营、非物质文化遗产保护等，一一被影像话语所诠释。相比较而言，文学作品也关注现实的乡村，也不回避时政大事，但更倾向于发现问题，进行冷峻的思考。如在文学作品中，我们就看到了农村基层选举政策在执行过程中遭遇的诸多现实问题，如李立泰的《爹吃面》中的贿选，何申的《村民钱旺的从政生涯》中各种势力对选举的影响、操控，李洱的《石榴树上结樱桃》中被选举人之间的明争暗斗等。影视作品则更多地切合了主旋律和意识形态的需要。这是客观事实，但并不能说明这类题材的影视作品就一定会形象单一、观念僵化，如电视剧《山海情》中就有返乡青年干部马得福、提供技术援助的凌教授、“一个都不能少”的白校长、坚定乐观的李水花，还有牺牲在工作一线的张树成书记，这些性格不同、职业不同、社会地位不同的人物形象组成了充满活力的新乡贤群体，获得观众的交口称赞。这就说明，题材不是关键，关键是通过怎样的表现手法和拍摄理念去诠释、宣传。

乡贤文化的世纪转型不但是传统乡贤文化的回归，也是新乡贤文化参与乡村振兴的契机。新乡贤文化有着传统文化最深厚的品德积累，也有着新时代的活力与创新，其最终目的是形成一个积聚了乡村发展的能量，可以在现代化进程中创新发展的乡贤文化。“总之，传统再造与现代勃兴的社会主义乡村中国，现代乡贤文化的认同与培育、传统士绅精神的现代回归，既不失为传统乡村文化复兴的主线之一，又为时代所急需，借以加快乡村善治目标的实现，更好地推动新时期的乡村振兴。”①

第二节　新乡贤的蜕变和异化

新乡贤是21世纪农村现代化发展中的支柱和引导者。新乡贤在参与乡村发展和治理的过程之中，以“德乡贤”“文乡贤”“富乡贤”和“技乡贤”的形式承担了乡村社会相当一部分的事务，弥补了乡村治理领域的不足，维持了乡村社会急剧变化的秩序。一方面，他们有现代意识，热衷乡村建设，出钱出力，带领乡村脱贫致富，赢得称赞和尊重。另一方面，他们也会受到来自外界的影响。物质和金钱的诱惑，权欲的膨胀，导致一小部分新乡贤道德堕落、人格变异，最终形成新乡贤形象的异化现象，“一旦他们丧失了理想与信念，失去了对于自我的约束，就可能蜕变为‘无公德的个人’乃至‘村霸’”②。21世纪以来涉及新乡贤的影视作品，也客观反映了这种蜕变现象。

一、观念的陈旧

“新世纪以来的乡贤人物在一些作家笔下呈现出一种思想上的不彻底性，传统乡贤所坚守的道德标准与处世观念在现代文明和市场经济浪潮中遭到巨大冲击，但包含现代性特质的新式道德与价值体系又在短时间内无法完全取代根深蒂固的传统思维模式，甚至需要仰仗旧的道德和伦理来艰难而缓慢地推进乡村文明的现代化……”③这句话套用在影视作品中的新乡贤形象研究上也是适用的。新旧文明交替时期，新旧观念杂陈，新乡贤在成长过程中自然会受到传统观念的影响。如果他们没有意识到自身的不足，思想上故步自封，甚至仍然沿用传统观念开展需要现代理念才能推进的工作，那么，他们的行为就会有

---

① 王亚民.现代乡贤文化的认同、培育与乡村振兴[J].晋阳学刊，2019(6)：110－115.

② 杨超高.“新乡贤”的生成、困境与蜕变的可能——论二十年来“新乡贤”小说叙事的一种路向[J].江苏社会科学，2021(2)：167－174.

③ 罗祎英.论新世纪以来文学乡贤形象的批判性建构[J].江苏社会科学，2021(2)：175－181.

违于新乡贤身份，从而产生蜕变。

电视剧《乡村名流》(2009)讲述了一批年轻人——秦亚芳、秦亚男、刘大鹏、高长水等通过自身努力，帮助梨花村解决苹果滞销的问题，在实践中成长为新乡贤的故事。秦亚芳是村里的大学生，毕业后满怀热情地回到梨花村接任了村主任助理一职，一门心思想把苹果卖出去。她在推销苹果的过程中所采取的方式方法、遇到问题时的解决办法，都表现了其传统思想还没有得到转变，从而影响了她的成长过程。刚刚上任时，秦亚芳选择在好朋友陈妍所在的幼儿园卖苹果，哪个小朋友苹果买得多，他(她)得到的小红花就多。秦亚芳不顾姐姐秦亚男的劝阻，一意孤行决定执行这个计划。结果小朋友为了得到小红花，苹果越买越多，甚至有小朋友通过大量购买苹果的方式向陈妍讨要班长职位。这样错误的价值观念不断传递、发酵，最终导致学生家长投诉，陈妍被开除，苹果也没卖出去多少。秦亚芳不得不求助姐姐，让姐姐出面解决这件事。在这个事件中，秦亚芳的表现有几处明显的不足：一是盲目相信陈妍，认为好朋友都是对的，在事情出现不对劲的苗头时仍没有阻止；二是面对自己闯下的祸，不积极认错，而是想方设法地找人摆平；三是得知投诉陈妍的学生家长对自己姐姐有感情时，居然长舒一口气。之后，在苹果收购的事件中，梨花村村民因为不懂法，在与高长水签订了收购合同后，又习惯性地采用了“价高者得”的传统做法，结果导致高长水的公司面临亏损，恼怒的高长水把果农们告上了法院。由于是秦亚芳把高长水介绍到村里来的，面对村民们的指责，秦亚芳没有对他们进行普法教育，而是让人跑去找高长水求情，要求他撤诉。当高长水执意要通过法律给梨花村村民一个教训时，秦亚芳甚至开启了无理取闹的模式——“我们是要守法，但还有人情在吧”；“我也是梨花村的人，你要教训，连我一起教训吧”。纵观整部剧的内容，秦亚芳虽然为梨花村的建设作出了自己的贡献，但是她全程都受到了传统乡村人情礼俗的影响，处处有顾虑，事事有忌讳，这限制了她作为新乡贤在乡村发展中所发挥的作用。在她身上，我们能看到明显的“人情”大于“法治”，“人情”控制乡贤行为模式的异化情况。同样的问题还出现在剧中人物刘大鹏身上。他是村里头一批创业致富的年轻人，他在城里的公司还聘用了大量村里的年轻人，成为村里新一代的“偶像”。同样是面对高长水的诉讼，他选择了“仗义”，卖掉公司，自掏腰包，帮村民补齐了差价，以方便他们履行收购合同。他的做法看似解决了问题，实际上却是蔑视了法律，助长了村民“违法”的气焰。“大鹏和亚芳在观念上是理解高长水的做法的，他们的观念跟现代市场经济契约精神一致，但执行过程中还是顺应了乡村的传统伦理价值，新一代能人面对乡村伦理和市场伦理冲突的时候，只能技巧化执行和人情化处理。”①如果不能及时改变思想、改变理念，他们很可能走上异化之路。

电视剧《清凌凌的水蓝莹莹的天》中，乡长要去视察钱二宝的造纸厂，钱二宝怕污染的事实暴露，就去求哥哥钱大宝帮忙。钱大宝作为村主任，本应以村民的利益为先，但面对弟弟的苦苦哀求，他先是在饭桌上隐瞒污染的事实，拽走了想要举报揭发的满一花，又在陪乡长上山前往造纸厂的路上假装晕倒，把众人骗下山。钱大宝希望村庄发展的理念是正确的，但是在面对是举报造成了污染的造纸厂还是维系与弟弟之间的亲情时，他选择了无视法律法规，这是他身上仍然残留的传统熟人社会中的那一套做法，预示了他发生变异的可能性。

另一个比较明显的会造成新乡贤异化的原因就是宗族理念。宗族自古有之，可以说最早的传统乡贤大多源自宗族，因为长期以来“国权不下县，县下惟宗族，宗族皆自治，自治靠伦理，伦理造乡绅”②。新中国成立以来，传统的宗族治理结构已经被新的政务体系所代替，但其最基本的生存土壤——“乡土社会”仍然存在，这使得宗族在一定程度上得以存续。我们可以看到，当代宗族在乡村振兴建设中表现出了一定的适应性与创新性，这是值得鼓励的，但其中一些传统的、老旧的思想仍然对现代的法治制度造成了一定的破坏和影响：“在宗族传统根深蒂固的地区，非正式制度与正式制度博弈过程中经常发生‘越俎代庖’的乱象，宗族制度权威在诸如村民选举、国家司法审判等事务中破坏了法定程序，其功能错位威胁到正式制度权威在乡村社会中的合法性地位。同时，由于正式制度权威是以国家强制力为保障，而依附于乡规民约、礼俗等非强制力因素的宗族制度权威在正式制度权威与非正式制度权威互动情境中处于相对弱势地位。正式制度权威因边界意识不足而介入本该遵循非正式制度逻辑进行治理的空间，造成了宗族制度权威与其治理空间发生分离。而这种功能错位与空间分离之间并不是平行状态，而是交错杂织的存在。功能上的错位将导致权

---

① 夏维波. 乡村生活世界的想象——东北农村题材影视剧与生活意识形态的生产[D]. 东北师范大学，2012.

② 黄宗智. 中国乡村研究：第一辑[M]. 北京：商务印书馆，2003：2.

威与治理空间上的分离，而制度权威与治理空间上的分离则会加剧功能上的错位。”[①]2022年的热播剧《幸福到万家》对于宗族的问题就有所涉及。故事讲述了农村姑娘何幸福历经事业与婚姻、爱情与亲情的多重考验后不断成长，最终带领万家庄村民实现物质文明、精神文明双丰收的励志故事。剧中的万家集团本质上就是一个由万家庄组成的大型“宗族企业”。万家庄的村书记万善堂在村民看来是一个尽心尽力的好书记，他也常常将“集体利益高于一切，个人服从集体，少数服从多数”这样的口号挂在嘴边，但是在王庆来家的土地征收一事上，我们不难发现他口中的“个人”指的是王庆来这样的外姓人，“集体”指的是万家庄，集体利益在这里被万善堂等人异化成了宗族的利益，他们实际上是将宗族的乡规凌驾于国家的法规之上。导演郑晓龙在采访中就说过这样一番话：“在剧本处理过程中我们修改了万书记的人物形象，虽然他一心为老百姓，不贪不腐，但他‘家丑不可外扬’‘不能当被告’的老传统（思想）根深蒂固，最后通过摆事实讲道理，才明白知法懂法的重要性。在社会发展道路上，经济富裕了，会遇到精神文明、法治文明、生态文明建设跟不上的问题，这些问题必须要解决，也是我们要做这部剧最大的意义。”[②]

新乡贤群体参与乡村治理，其所处的乡村环境注定了群体本身必然会受到乡村熟人社会中的传统观念的影响。“村干部作为村庄的成员，其行为方式无法完全摆脱乡土社会人情礼俗的约束，乡村社会地方性知识‘软化’了行政体系的刚性规定，导致村干部在执行上级政策时采取了有限规避的策略性行动，从而避免了来自村庄舆论的道德谴责，但村干部的策略性执行方式也为村庄的防控效果蒙上了一层阴影，在某种程度上削弱了行政权力的介入效果。”[③]随着传统道德礼法约束力的下降，一些村民的行为模式仍然遵循着旧有的熟人社会的运行规则，缺乏法治意识，这使得人情与法治的冲突时有发生。有些新乡贤为了获得村民的认可，加强自身在乡村环境中的话语权，往往会选择参与

① 张磊，曲纵翔.国家与社会在场：乡村振兴中融合型宗族制度权威的重构[J].社会主义研究，2018(4)：114-123.

② 丁薇，史雅萍.《幸福到万家》：乡村要振兴，法治不可少！——专访导演郑晓龙[N].中国艺术报，2022-07-29(6).

③ 徐琴.行政介入、人情礼俗与个体理性：乡村社会整合的多重逻辑——基于赣东北X村防疫行动的考察[J].农林经济管理学报，2020(4)：506-516.

到人情治理的过程当中去，“新乡贤组织在处理乡民事务时，因为乡民对于情感的接受程度往往比对法律的接受程度要高，所以其很多时候是以‘晓之以理，动之以情’的道德为先、国法为据的准则处理矛盾。”[①]这就要求新乡贤掌握好“度”，如村民有触犯法律的情况，则坚决不能以情代法，也不符合现代化乡村的发展进程。

二、金钱的诱惑

乡村的现代化进程带来的是经济、社会、文化的发展，但是有些地区往往只重视经济发展而忽略了文化的进步、精神的提升，进而造成村民只知“富乡贤”而不知“文乡贤”和“德乡贤”，“在利益至上的原则支配下，很多乡村文化出现了异化，过去那种建构在熟人关系上的亲切与温情瓦解了，取而代之的是功利主义的泛滥”[②]。乡村在物欲、商品化的侵蚀下逐渐异化，这种异化也渐渐体现在一些新乡贤身上。一些新乡贤在摆脱经济困境、逐渐发财致富的过程中，忘却初心，为金钱、物质利益所迷惑，在金钱带来的自我膨胀中道德沦丧、人格异化，甚至为了谋取一己之私利，利用手中的话语权操控、影响、阻碍乡村发展。

电视剧《清凌凌的水蓝莹莹的天》中，上水村没有什么特色产业，全靠钱二宝的工厂给村民们带来了稳定的收入。钱二宝是一个形象良好的乡镇企业家，从他乐善好施帮助村民解决了工作问题，还准备开网吧来帮助大家开拓视野的行为上看，他是一个受人称赞的“富乡贤”，他的身上体现了传统道德中乐善好施的一面。但随着收入的提高、物质的富裕，他对金钱的欲望愈加膨胀，逐渐被利益蒙蔽了双眼，竟以牺牲环境的代价攫取金钱。钱二宝为了赶工赚钱，在没有污水处理设备的情况下偷偷向村里的水库中排放污水，导致村里的日常用水变臭，养殖的鱼不好吃，最后还引发了中毒事件。为了不让工厂停工和赔付大笔违约金，他对前来检查的乡长百般阻挠，将自己的哥哥钱大宝关进了仓库，最终，钱二宝因为触犯了法律而锒铛入狱。

新时期乡村的发展最缺乏的就是经济产业的支持，而最容易导致新乡贤异

---

① 刘俊巧. 新乡贤治村中的问题以及对策研究[J]. 学理论，2017(2)：21－22.

② 姜德波，彭程. 城市化进程中的乡村衰落现象：成因及治理——“乡村振兴战略”实施视角的分析[J]. 南京审计大学学报，2018(1)：16－24.

化的也是由经济产业快速发展带来的经济利益。在《清凌凌的水蓝莹莹的天》中，我们可以看到，不论是一心想为村民办实事的村主任钱大宝、作为“富乡贤”的钱二宝，还是德高望重的七爷，在面对唾手可得的利益时，他们都有意无意地忽略了生态环境的问题。出狱后的钱二宝曾一度怨天尤人，在得知自己的儿子因为长期饮用被污染的水而患上白血病时，他才幡然悔悟。面对村民们有钱出钱、有力出力的援助时，他才真正感受到了温暖，做回了那个曾经善良的钱二宝。浪子回头的他得到了村民们的谅解，成为新建立的生态渔业公司的总经理，又一次积极投身到上水村的建设中去。

在电视剧《福星临门》(2007)中，男主角郭永谋是村里一名成功的企业家，他在大城市中有自己的建筑公司。偶然的机会，他听说自己曾经追求过的杨玉兰要回村当包村干部，急欲表现的他也回村当起了临时村主任。虽然动机不纯，但郭永谋回村后也切切实实为村里办了许多事，可以算得上是村里的“富乡贤”。他建冷库，帮助存储村里的特产黄姜；他与杨玉兰出资帮助贫困户成立牧羊队；他还积极联络投资渠道，为村里招商引资。但是从另一角度看，在缺乏一定的文化和道德水平的情况下，郭永谋走入了以金钱和财富衡量乡村发展的误区，在一定程度上产生了异化：他赚快钱，追求短期利益的做法，导致村民在参与过程中的各种不道德行为，最终引发了种种矛盾，产生了适得其反的效果。在杨玉兰的帮助下，他也明白了文化和道德水平是决定一个乡村发展的重要基础，重新走回了正确的致富道路。《福星临门》关注了现代乡村在经济上获得成功后精神层面的缺失，“农民的生活方式、态度、思想和观点等极度失衡，金钱成为衡量道德观、幸福观和价值观的标准，剧中的享乐主义严重危害了社会主义新农村的精神文明建设。”①

电视剧《金色农家》(2009)里的村主任靳诚，在村里的造纸厂因为污染问题被关闭后，与农业专家金谷一起克服了重重困难，为村里开发了生态农业，在给村民带来丰厚收益的同时也保护了环境。但是，在生态农业刚起步，没有获得明显收益的时候，靳诚因为急功近利而偷偷在猪饲料里放添加剂，以期快速产出。

物质化的金钱欲望是现代乡贤异化的主要原因之一，这也是大多数乡村发

① 王兵兵.中国农村题材电视剧的底层叙事研究[D].中国艺术研究院，2015.

展中的通病。许多地区把经济发展放在了首位：“一些基层领导干部存在‘重经济发展、轻文化建设’的思想，不能正确处理经济发展和文化建设的关系，忽视文化建设在乡村社会建设中的支撑与动力作用。在畸形政绩观的引导下，部分基层干部把文化建设放在经济建设之后，甚至把经济发展作为工作的唯一目标。即使抓文化建设也是为了完成国家下达的任务，应付上级的检查与考核。部分领导过度地追求乡村文化的商业化，将乡村文化建设视为纯粹的经济行为，忽视文化本身具有的内涵和人文精神，使乡村文化发生异化。”①面对新的经济体制下的发展问题，许多传统乡村无法及时转变观念，转而求助于乡村中的致富能人，将他们视为带领乡村发展的唯一出路。如雨后春笋般出现的“富乡贤”确实大大带动了乡村现代化建设的脚步，但是其忽视道德文化教育，一味追求经济发展的问题也在逐步显现。一方面，这些“富乡贤”中许多人本身就是商人出身，文化和道德水平不高，追逐利益是他们的天性。同时，在成为新乡贤的过程中，这些商人也在乡村社会中获得了一定程度的话语权，在利益和权力的刺激下，缺乏道德、文化约束的他们极易遭到金钱腐蚀，从而产生异化。另一方面，快速累积的财富向村民展示了扭曲的价值观和财富观，形成了一股金钱至上的歪风邪气，处在乡村熟人社会中的新乡贤也极易被裹挟其中从而产生思想上的异化，最终导致堕落。“改革开放在打开国门学习先进技术文化的同时，西方资本主义的腐朽思想也流入了国门，拜金主义、享乐主义在农村逐步蔓延。有的村干部看到外出打工的村民赚到不少钱，过上了好日子，心理产生了不平衡，在金钱至上、不劳而获心理的支配下，便利用职权想方设法捞取利益。”②在冲破了传统伦理道德的约束后，一些意志力不够坚定的新乡贤在物欲的冲击下产生了异化，并最终走向了新乡贤的反面。

三、权力的膨胀

“因乡村有效监督不足，监督组织数量少，监督活动不活跃，乡镇政府与行政村村支委，行政村村支委与村民、村民小组、各种社会组织等之间仍然以信息

---

① 吕宾. 乡村振兴视域下乡村文化重塑的必要性、困境与路径[J]. 求实，2019(2)：97－108，112.

② 梁娟. 村干部犯罪治理体系研究[D]. 南昌大学，2019.

的上传下达为主要方式，乡镇政府、村支委与包括新乡贤个人或组织在内的村民、村民小组、各种社会组织等之间仍然存在信息沟通不畅的问题，而城乡建设涉及大量惠农资金、拆迁安置资金，村干部巨贪、农村黑恶势力抬头等情况屡有发生，此外，还有部分新乡贤在利益诱惑面前蜕化，出现权威异化的现象。”①

新乡贤中的一部分来自乡村干部。这部分新乡贤手中掌握着权力，有一定的社会资源，他们在乡村治理中肩负着主要责任。和那些因为追逐经济利益变异的新乡贤相比，一些本就是村干部的新乡贤往往因为权力和权力带来的各种利益而迷失了自己。一方面，“乡村干部的权力资本与公共身份可以保障他们在乡村社会的话语权威与行动能力，为他们的乡村改革与建设提供便利”②；另一方面，权力带来的可能还有新乡贤性格的异化以及人格的堕落与腐化。在权力的视角下，金钱、亲情、爱情、人性等等都可能成为被衡量的筹码，甚至权力本身也被包含在内。

“在乡政村治的新体制下，处于国家与社会之间的村庄的地位凸显，村干部扮演着政府代理人和村民当家人的双重角色。双重角色的权力来源不同，对其期盼也有差异。政府希望村干部有效地贯彻落实政务，村民希望村干部为村民提供良好的服务。”③双重甚至多重角色的职责承担，就决定了村干部或村主管这一类新乡贤的权力职能定位不清，承担了过多职能的他们往往会因为过多的话语权而异化为“一言堂”类型的干部或管理者，像电视剧《干部》(2003)中的项达民、电视剧《湖光山色》中的旷开田等人就是这样的情况。

电视剧《干部》改编自范小青的长篇小说《百日阳光》，真实刻画了自20世纪90年代以来乡村发展和产业经济结构改革、调整带来的机遇与困境，再现了乡村现代化改革过程中的阵痛。剧中的主人公塔镇镇委书记项达民从二十年前回乡时就开始了艰苦的创业历程，他建立起了塔镇的支柱企业王桃厂。在他的带领下，塔镇成了较先跨进小康生活的乡镇，还被树立为平江县的典型，他也最终成为一个有理想、有能力的乡镇干部。纵观项达民的成长史，他是一个典

① 吴莉娅.新乡贤在乡村振兴中的作用机制研究[J].中国特色社会主义研究，2018(6)：86－90.

② 杨超高.“新乡贤”的生成、困境与蜕变的可能——论二十年来“新乡贤”小说叙事的一种路向[J].江苏社会科学，2021(2)：167－174.

③ 刘晓.村民小组组长的双重角色：代理人与当家人——以云南某村民小组的土地征用为例[J].湖北广播电视大学学报，2010，30(7)：52－53.

型的以农民的身份通过自身的努力和奋斗成长为新乡贤的人物。对于项达民在原著小说中的人物形象，有学者是如此评价的：“项达民气吞万里如虎，其胆识、其魄力、其精力、其权谋、其手腕、其霸道、其顽强不屈百折不挠犟牛横拖，确实了得。他认准的理，没有谁能扳他回头；他想办的事，没有谁能拦得住他；他眼观六路耳听八方，一切都在他掌握之中；他刀山敢上火海敢闯，临危不惧遇惊不乱，山崩于前而不避，地裂于旁而不慌。他长袖善舞洞察人性上司下属上上下下应对接待分寸恰如其分；他游刃有余千丝万缕错综复杂矛盾纠葛解决处理令人心悦诚服；他负重若轻来去自如排忧解难化险为夷神机妙算尽在料中。他就是桃花镇的脑袋，他就是桃花镇的一切……”①电视剧中也有这么一句话肯定了项达民的功绩，在第五集中，镇长柏森林是这么评价他的：“没有项达民，就没有塔镇的今天。”诚然，项达民多年来的努力是值得肯定的，但是，不断的成功、村民的信任以及镇委书记带来的权力支配让他产生了盲目的自信，放大了他的性格缺陷，使人物形象产生了异化。项达民的异化表现在三个方面。一是权力决策的失误。多年来的成功经验使得项达民产生了自我膨胀，镇委书记赋予他的权力使得他轻易地上马了数千万元投资的游乐场项目，他还会亲自带领来到塔镇的客人去参观游乐场，但就是这样，游乐场还是无人问津，盲目上马的项目最后资金链断裂，引发了一系列严重的后果，就连上级领导也感叹了一句：“一个镇党委书记，每天坐过山车，倒是蛮讽刺的。”二是性格的缺陷。项达民作为一手建立塔镇乡镇企业集团的领头羊，多年来带领和指挥村民参与建设让他养成了独断专行、刚愎自用的作风，整个塔镇几乎成了项达民的“一言堂”。这样一根筋式的性格缺陷在权力的烘托下不断被放大：他不承认自己建立的企业模式已经落后，这导致了乡镇企业出现了货物滞销、拖欠工资、篡改保质期甚至是行贿供销商等一系列问题；他不承认游乐场一期项目的失败，坚持推行游乐场的二期项目，结果是一亏再亏。在乡镇发展的十字路口，项达民展现了他“不撞南墙不回头”的决心，却因为自己的一意孤行被撞得头破血流。三是落后的发展观念。权力既给项达民带来了地位，也带来了沉重的压力和责任。于是，我们就看到了一个急于发展乡镇却缺乏与时俱进理念的镇党委书记，项达民所展

---

① 吴星飞，郭济访. 雄关漫道从头越——范小青长篇小说《百日阳光》的启示及项达民形象的现实意义[J]. 群众，1998(5)：61－63.

现的落后观念已经不适应这样一个快速发展的现代社会了。

电视剧《湖光山色》中,楚暖暖与旷开田是楚王庄的一对小夫妻,两人性格善良、吃苦耐劳却一直苦于无致富的方法,偶然的机会下,两人发现村里的楚长城是很好的旅游资源,于是依靠楚长城遗址和丹湖,办起了“楚地居”,搞起了旅游业,并因此发家致富。在二人的带领下,楚王庄兴起了一股大搞旅游业的浪潮,村民也因此得益,旷开田还被乡里邀请去介绍致富经验。之后,楚暖暖当上了楚王庄的村主任,旷开田则成了赏心苑度假村的总经理。手中有权的两人很快就走上了不同的道路。楚暖暖当了村主任后一心为村里谋福利,而旷开田却将总经理的职位当成了自己报复别人、捞好处的工具。楚暖暖与旷开田曾经得罪过原村主任詹石磴,詹石磴就在村里处处给二人下绊子,旷开田当上总经理后利用职务之便,公开羞辱詹石磴的儿媳妇悠悠,把詹石磴气到住院。旷开田还在销售村里的猕猴桃时“吃回扣”,接受投资公司老板的各种好处,计划占用村民耕地修建度假村。在权力和金钱的腐蚀下,旷开田彻底变成了另一个人。楚暖暖也认清现实,与他离了婚。相比于电视剧,《湖光山色》原著小说中的旷开田当上了村主任后,更是变本加厉,他收受贿赂,吃拿卡要,无视法律。在电视剧中,旷开田的腐化堕落是肉眼可见的,面对詹石磴的刁难,他一开始是默默忍受的,正是这段时间的忍耐,让旷开田下意识地认为权力就是用来制约他人的,而这样扭曲的思想在他当上总经理后彻底地爆发了,他也完成了从善良、勤劳的新乡贤转变为飞扬跋扈、目中无人的“村霸”的过程。

权力不仅异化了旷开田这样由普通农民成长起来的新乡贤,也异化了项达民这样的乡镇干部。在乡村发展建设中,他们曾经出过力、吃过苦,做出过成绩,但渐渐忘却了自身的职责,抛弃了自己的理想,沉溺在权力编织的美梦之中,甚至成了反面教材。在经济迅速发展的新时期,物质的丰富带来了价值观的异化,价值观的异化诱使权力发生了缓慢的异化,这种缓慢而隐秘的权力异化是更需要我们防范的。“乡贤群体在传统与现代、城市与乡村之间能够自由行走,一方面,他们在乡村治理中具有只单纯拥有某一方面优势的治理主体所不具备的独特效能;另一方面,也要看到‘乡贤治理’因为对乡贤群体的高度依赖,乡贤群体很容易担任‘家长’角色,对乡村实施全能式、全方位管理,有可能导致他们把村庄当作自己‘地盘’,排斥、孤立不同声音,抑或将村庄整体利益当作其家族利益的附庸。因此,在加强当代乡贤实践表达的同时,也需要防止乡贤群体作为治理主体的异化可能。可以从道德和法律两个层面构建起有效的风险防范机制，对乡贤群体进行规制。从道德层面而言，要以社会主义核心价值观为引领，进一步形塑‘尚贤敬德，奋进向上，造福桑梓’的人格品德，使其传统品格在核心价值观层面得到提升和高扬，并肯定其作为社会主义核心价值观在社会层面上的实践者角色与作用，及其垂范乡里、甘于奉献、文明乡风的价值取向。从法律与制度层面而言，权力只有在制度的笼子中才能保留其最大善意与公正。要完善与基层治理相关的法律法规与制度，使乡贤群体的言行在法律制度框架下进行，不越轨、不逾矩，防止人比法大、以德代法等现象。同时充分发挥基于地域、文化、道德、乡情而形成的村规民约、自治规定等非法律制度体系对乡贤群体的内生约束力，以确保乡村治理的连续性和有效性。”①

① 舒隽. 乡村治理变迁与新乡贤的当代表达[J]. 浙江工商大学学报，2018(5)：125－133.

第五章
乡贤文化与政务新媒体

第一节　新乡贤文化的内涵与价值

以传统乡贤为基础的乡贤文化经历漫长岁月的淘洗，在社会治理、家风传承、宗族理念、文化交融等诸多方面发挥了重要的纽带作用。近年来，随着媒体传播技术的革新、融合，传播生态的演替，新乡贤文化更是闪现出璀璨的新时代光芒。

一、新乡贤文化的时代内涵

重新构建传统乡村文化，不仅需要一批有担当、有水平、有素质的贤才，还需要通过新乡贤文化将其完善。作为乡村传统文化的守望者、新时代的道德模范和具有正能量的人物，新乡贤发挥的积极而独特的作用是巩固乡村自我管理、提升基层治理水平的应有之义，最终实现基层管理的和谐发展。

传统乡贤是古代封建农耕社会的产物。它最初是指那些因有操守和能力而受到基层本地、本乡尊崇的人，其意见、看法具有答疑解惑作用和指导意义，类似现在所说的“意见领袖”。

随着社会经济的不断发展，每一历史阶段的“乡贤”一词，除了保留“乡”与“贤”的共性，不同的时代都赋予其特定的时代意义，由此而衍生的乡贤文化亦呈现独特的社会价值。在当下的新时代，凡是能为家乡发展建设作出贡献的先进分子，都会被纳入新乡贤的范畴，包括在外经商的商界人士、企业家、从政人士、为民服务的基层干部、反哺故乡的志士仁人等。今天的新乡贤可以凭借自己的经验、知识、专业、技能、才干、财富以及文化修养，参与社会主义新农村建设。可以说，这个时代是属于新乡贤的黄金时代。新乡贤或多或少在自己从事的领域里有了一定的建树和成就，又都怀着爱乡之情，他们所传达的文化道德具有深厚的能量，不仅对乡村居民起到积极的教化与引领作用，也对乡村发展起到实实在在的促进作用，更对凝聚人心、助推乡村治理和精神文明建设具有重大的促进作用。

（一）新乡贤涵盖的主体更加广泛

当前，我国的乡村治理逐渐迈进现代化，是国家治理体系和治理能力现代化的重要组成部分。为了实施乡村振兴战略，各级政府正在积极动员、鼓励越来越多的新乡贤回到家乡，为家乡建设带去更好的经验技术、创造更多的契机，让乡亲们能够走上发家致富之路。与此同时，新乡贤还可以凭借自身在乡镇中的威望和信服力，教化乡民、重塑乡风，实现基层管理的和谐发展。

在我国实施乡村振兴战略的过程中，新乡贤已经成为重要的建设力量，他们广泛分布于各行各业，为建设美丽乡村作出自己的贡献。新乡贤群体应包括但不限于以下几类人群。一是离退休返乡且有较高威望的人员，如退休的干部、军人、教师、医生等，他们拥有超强的专业技术能力和丰富的社会资源，离退休返乡后，可将自己的知识、技术与资源应用于家乡建设，为家乡振兴贡献自己的力量。二是长期在乡村基层工作的党员、领导干部等，他们在村民中具有很高的影响力，熟悉当地的风土人情，了解乡村事务的管理，退休后可以继续发挥余热，成为乡村振兴战略实施的辅助力量。三是当地具有较强影响力的各行业模范人物，如道德楷模、致富能手等。他们虽长期生活在乡村，但具有丰富的专业知识和技能，视野比较开阔，能够为当地居民排忧解难，长期服务于当地乡村建设，具有较高的威望，成为新乡贤的重要组成部分。四是积累了丰富经验的返乡新市民和新企业家。他们离开家乡到大城市打拼，经受了城市文明熏陶和市场经济洗礼之后，取得了一定的成绩，或成为经济建设能手，或成为成功的企业家，但仍心系家乡，选择回乡创业，投身于家乡的经济发展，带领家乡人民脱贫致富，实现家乡振兴。五是从乡村走出去、学有所成的高层次人才，如在大城市学习的乡村大学生、身居海外的华侨等。他们虽远离家乡，但仍通过项目投资、技术支持等方式为家乡振兴出资、出智，致力于家乡的振兴发展。

（二）新乡贤的法治意识更加强化

《荀子·君道》有载："法者，治之端也。"这句话的意思是法制是政治（治理国家）的开头。党的十九大提出实施乡村振兴战略，法治成为全面振兴乡村的重要保障。2021 年 4 月，第十三届全国人民代表大会常务委员会第二十八次会议通过了《中华人民共和国乡村振兴促进法》，标志着国家对于乡村振兴重大战略的规划部署实现了有法可依，为全面推进乡村振兴提供了制度保障。从乡村振兴推进的具体实践来看，全国各地的行政村、自然村的振兴，都需要更加适合当地情况的条例、地方法规和实施办法等作为支撑，以发挥法治对乡村振兴的引领及保障作用，不断增强基层政府及组织的法治思维和法治方式。

在我国的农村建设和乡村治理实践中，新乡贤积极参与其中，以自身的示范作用和影响力带动当地乡村法治建设，成为乡村建设重要的辅助力量。与长期生活在乡村的村民相比，新乡贤具备丰富的乡村知识文化，对法律知识了解得更多，具有更高的法律素养，他们有能力且有条件发挥其法律知识储备丰富的优势，推进农村法治建设，提高村民的法治素质。新乡贤在推进新乡村法治工作中，可以利用自身的身份和法律知识为村民提供法治宣传、纠纷化解等相关法律服务，起到法律咨询、普法宣传、矛盾调解等作用。随着我国法治政府、法治社会的深入推进，新乡贤应以实际行动引领农村区域法治建设，帮助村民了解法律法规，在解读法律、运用法律方面为村民做好示范，让法律法规成为乡村民众重要的行为指引，不断推进基层社会治理体系的完善。

（三）新乡贤是现代乡村治理的重要参与者

乡村振兴的关键是人才振兴，乡村的发展归根结底需要人才的支撑。随着我国城镇化的持续推进，城市尤其是大型城市对人才产生了巨大的虹吸效应，大量乡村人才从农村流向城市，导致村庄出现了"空心化""老龄化""低龄化"现象，乡村治理人才严重流失，人才短缺成为制约乡村发展的关键因素。

新时代背景下，现代乡村治理需要构建一个有多元主体共同参与的治理体系，以解决乡村中凸显的管理主体弱化、管理对象多元化以及环境复杂化等问题。新乡贤在乡村治理中的作用日益突出，应成为乡村治理主体中的重要成员，我们应重视其在新农村建设中发挥的引领示范作用。当代新乡贤大多来自农村，他们往往都接受过良好的教育，并通过自身努力取得了为人瞩目的成绩。新乡贤可以成为新农村建设的重要人力资源，成为推动城市和乡村共同发展的新动能，加快城乡一体化进程，为社会主义新农村建设奠定坚实基础。许多新乡贤作为当地政府和民众公认的社会精英，因其拥有的高威望以及与当地存在的天然联系而具备很强的号召力。打造并宣传好新乡贤典范，可以产生强大的示范效应，吸引更多的乡贤返乡助力乡村建设。新乡贤在投身家乡建设的过程中，还可以帮助培育乡村人才，如在生产实践中为农民解答疑难问题、向农民传授专业的知识和技能等，通过各种形式将在当地生活的传统村民培育成新型职业农民，为现代新农村建设输送人才，解决制约乡村人才振兴的短板。

虽然中国农村优秀人才大量涌向城市，乡村人群结构呈现哑铃型，老年人和儿童多，青壮年少，但在脱贫攻坚、乡村振兴等国家战略的布局与实施中，乡村治理手段越来越多元，治理能力显著提升，“美丽中国”的治理成效尤为明显。借助于新乡贤人才这一资源，中国乡村将会得到长足发展，更多地满足人民对美好生活的向往。

二、新乡贤文化的时代特征

传统乡贤文化产生于中国传统乡村社会，带有鲜明的农业经济的特色。新乡贤文化脱胎于中国传统乡贤文化，是对传统乡贤文化的传承和现代化的发展。新乡贤文化是以新乡贤为主体的思想价值观的集中表达，既蕴含着中国乡土社会的历史文明，也是现代城镇化发展的产物，更是社会主义核心价值观在农村弘扬和践行的重要体现。培育新乡贤文化，可以重塑乡村文明并成为推动乡村文化振兴的持续动力。

（一）诞生于新时代背景

在乡村振兴的场域环境下，新乡贤文化作为融合了优秀传统文化与现代先进文明的新型文化形态，有其独特的孕育环境。“新乡贤文化”一词诞生于 2016 年的全国两会，由全国人大代表、安徽省社会科学院研究员钱念孙提出，此后在中央发布的一号文件、党的十九大报告、“十三五”规划纲要和《乡村振兴战略规划(2018—2022年)》中均有提及，强调要发挥新乡贤的示范引领作用，大力弘扬乡贤文化①，乡贤文化建设上升到国家战略层面的高度。

我国工业化与城市化的快速推进，导致乡村地区精英人才流失严重，乡村建设和发展内生动力匮乏，乡村发展受到严重制约。在新时代大背景下，为了解决乡村发展存在的系列难题，党的十九大报告提出乡村振兴战略，以加快推进农业农村现代化。乡村振兴战略的扎实推进，需要广大乡村居民的支持，特别需要优秀人才的广泛参与。新乡贤作为新时代精英，不仅具有丰富的知识储备和实践经验，更有发展的眼光，在党和国家的号召、指引下，成为地方政府、村委会治理乡村的辅助力量，在乡村现代化发展中发挥积极作用，为家乡振兴贡献自己的力量。因此，在新时期乡村振兴战略扎实推进的过程中，新乡贤文化的产生与重构高度契合当今乡村振兴的实践需求。

(二) 改变乡贤文化的地域属性

“乡贤”一词由“乡”与“贤”组成。所谓“贤”，通常解释为德能兼备之人。“乡”则是“贤”的籍贯，意为贤士的活动区域在广大乡村，包含了一定的地理属性。由此可见，乡贤文化是某一个地域历代贤士积淀并传承下来的地域文化形态，具有较强的示范及激励作用，是包含了地域思想、信仰、价值等优秀文化的体现，是一个地域精神文化的重要组成部分。

传统乡贤诞生于中国乡村社会，乡村也是乡贤发挥作用的主要阵地。传统乡贤面对的是相对封闭的熟人社会，他们的生活具有鲜明的地域特色。在此背景下产生的乡贤文化包含乡村治理的智慧与经验，从古至今对于乡村的稳定发展起到促进作用。现在中国的社会结构已经发生了翻天覆地的变化，快速的城镇化导致农村人口大量流向城市。与此同时，因人口流动导致乡贤的选任也发生了显著变化，新乡贤的选任范围从所在乡村扩展到新市民、流动人口。从地理属性的角度看，新乡贤改变了原来单一的乡村地域范围，不再局限于出身的地域，具有更广阔的空间范围，形成了典型的城乡双重属性。在新时代语境下，新乡贤不

---

① 董文华，辛正果. 打造新乡贤文化振兴的齐鲁样板——基于山东省新乡贤文化建设的探索[J]. 南方农机，2022，53(6)：77-79.

仅包括生于斯长于斯的本地人，也包括那些心系乡村并为乡村发展献资金、献智的人，他们愿意投身乡村治理和乡村建设之中并为乡村振兴贡献自己的力量。

（三）创新乡村治理模式

在封建社会漫长的发展历史中，中国长期奉行的是“皇权不下乡”的封建社会治理模式，国家权力不会直接参与乡村的治理，而主要依靠乡贤维系乡村秩序，乡贤成为国家与乡村的联结纽带。但随着历史的演变以及外部环境的发展变化，传统的乡贤文化逐渐失去赖以生存的社会载体和政治基础，传统乡贤治理村庄的模式也走向终结。在新时代的中国，国家在县级政府以下设有乡（镇）政府、村民委员会、村民小组三级权力组织，村民代表大会及村两委是村庄的最高权力机关和权力行使机关①，乡村组织管理系统相对较为完善。新乡贤作为乡村治理的主体之一，成为现代乡村治理中重要的辅助力量。新乡贤都是来自不同领域的精英人才，他们将丰富的知识、充足的资金和先进的技能带到乡村建设中来，不断提升乡村基础设施建设水平和文化凝聚力，成为乡村先进生产力的代表。新乡贤利用所拥有的丰富社会资源，可以实现在政府、市场与村民之间的有效沟通，整合各方资源，实现利益最大化，激发村民实现乡村自治。新乡贤积极参与乡村治理，可以使得乡村治理体系不断完善，乡村治理结构不断优化，为新时代乡村治理持续注入新的动力。

（四）引领现代乡村的先进文化

乡贤文化根植于中国乡村，是广大劳动人民智慧的结晶，在漫长的历史发展进程中，对于教化乡里、涵育乡风起到重要作用。传统的乡贤文化主要包括乡村宗族治理、道德伦理维系以及民风淳化等内容，不但维系着古代基层社会组织的稳定运转，还肩负着传承乡村文化的重任。

中华民族素来具有“尚贤”“重能”的优良传统，新乡贤因具有传统与现代、农村与城市的多重基因，使得他们在乡村具有较高的社会影响力，从生活方式到学习习惯以及为人处世的态度，都对当地居民有示范和引领作用。新乡贤不

① 李秀芸，杨雪英，李义良. 比较语境下新乡贤内涵之探讨[J]. 江苏海洋大学学报(人文社会科学版)，2020，18(3)：118－126.

仅在经济上带领村民发家致富，更在思想和行为上引领和影响村民积极向上，成为乡村振兴过程中最有优势的人才资源，成为培育新时代良好家风、淳朴民风和文明乡风的关键力量。新乡贤文化成为现代乡村先进文化的重要组成部分，是社会主义核心价值观在乡村落地的现实表达。

三、乡贤文化传播的价值内涵

依托互联网和新媒体的融合传播模式，当代传媒需要积极传播构建乡贤文化的新时代内涵，凸显乡村精神文明等多元的社会价值。从现有传播成效来看，将乡贤文化设置为公共议题，借助融媒体平台技术的传播优势，有利于化解基层的社会治理难题，吸引人才回流，凸显乡贤文化治理价值。与此同时，各种传播形式和渠道的加持，奠定了乡贤文化的传播土壤，为乡贤文化的传承注入了新的活力。在当下，基于融媒体平台的助力，乡贤治理模式逐渐被村民所接受，村民认同感的提高对乡村基层治理发挥了至关重要的作用。

（一）乡贤文化的治理价值

乡村治理，除了需要行政管理体制、体系积极发挥作用，乡贤及其背后的乡贤文化也可作为积极的、行之有效的补充力量。其中，最大化激活乡贤引导乡村居民的领导力、促进乡贤治理手段的科学性成为重中之重。

融媒体环境下的乡贤文化传播为政府新时代乡贤文化传播的内容构成、目标效果提供了新思路。目前政府层面的乡贤文化传播主要集中于官方媒体的个案报道、事件报道。在新华网和人民网中搜索“乡贤”一词，检索结果主要是乡贤事迹以及乡村建设的介绍与宣传，例如中央电视台制作的《我眼中的乡贤》系列专题节目，向社会各界介绍了新时代的特色农村文化，对于乡贤群体的准入标准进行了调整，以达到宣传典型的效果。①

1. 融媒体赋能乡贤文化的公众影响力

目前，大多数媒体在报道乡村建设的选题时，乡贤文化始终是积极关涉的

---

① 周爱炳. 传统与时代的缝合：当代农村文化的媒介建构——《我眼中的乡贤》电视新闻报道分析研究[J]. 新闻研究导刊，2016(13)：25－27.

公共议题。这种传播议程的设置，将乡村建设置于公众视野，强化民众对农村建设的关注度，使民众接触、了解、分享乡贤群体（个体）有效且积极参与乡村建设背后的励志故事，潜意识里强化民众的认知，最终提升乡贤的公众影响力。

诚然，乡贤文化通过电视、报纸、广播等传统媒体传播，也可以产生一定影响力，但在当今的传播生态中，乡贤参与乡村治理、乡贤文化的涵化效能需要充分发挥融媒体的优势。融媒体是一种吸收电视、广播等传统媒体的各自特点与共同点，整合以互联网为代表的新媒体所具有的传播效率更快和传播空间更广等长处的新型媒介。这种媒介样态在人才、内容、宣传等方面进行统一规划，避免资源浪费，实现效率与收益最大化，从而在融媒体传播环境中实现互联网传播的最大效能。媒体传播技术的不断革新，民众文化消费习惯的变化，乡贤文化和乡村治理政策的宣传与引导效率的提升，越来越强化融媒体的传播作为与利用效率。换言之，借助微博、微信公众号、短视频等方式进行全方位融合传播，可提升宏观性、政策性的传播效果。

2. “在场效应”助力乡贤文化的立体传播感

新媒体平台的乡贤文化传播，需要逐步强化制度建构、议程设置、组合效应、板块效应等方面，充分发挥传播的“在场效应”，持续提升乡村文化建设、乡村发展的治理价值。审视现有传播效果，制度建构需引起行政机构、媒介管理机构、传播平台、各类传播主体的足够重视，因为制度建构一方面是从制度层面规范乡贤文化的内容与内涵，使乡贤文化符合社会主义核心价值观，从而易于并能够得到广泛传播，另一方面是从制度层面完善新媒体传播者的主体规范，约束其在传播过程中遵守媒介伦理和道德规范，以保证积极向上的乡贤文化得以正常传播。

“在场效应”可实现乡村与乡贤之间见贤思齐、共同进步的效果。当代乡村主要面临人才流失，建设过程中缺乏知识与思想引导、道德观念薄弱等问题。因此，在议程设置层面，可以将乡贤文化相关议题置于传播的重要位置，鼓励人才回流与人才引进，在地方媒体上强化对乡村建设知识的宣传和道德观念的教化，重点宣传积极推动乡村建设、团结乡村民众的优秀乡贤，从而树立优秀乡村典范和乡贤楷模。

“在场效应”可弥补人们身在异乡、心系故土的乡愁缺憾。媒体应利用融合传播的信息整合优势，将积极投身乡村建设的乡贤管理实践信息，适时传达给活跃在乡村建设一线的乡贤群体，稳步提升乡贤群体的媒介素养与综合传播能力，促进乡村建设更加科学有效，实现乡贤文化更加精准传播。与此同时，融媒体的组合效应及板块效应应得到充分发挥，将乡贤新闻以更高频率和更为集中的形式融入日常的消息推送中，通过新媒体技术的广泛应用，使得“身在异乡、心系故土”的人们在阅读文字、观看图像与视频时获得“一解乡愁”的在场感。

3. “互联网加持”提升村民自治管理水平

随着网络和通信设备在乡村中的逐步普及，乡贤组织、村委会等各类组织在乡村治理过程中越来越充分运用互联网传播这一崭新路径，其便捷、适时、互动性强、反馈及时等效果尤为明显。

在“村村通”工程有序推进的时代背景下，越来越多便于宣传农村政策、乡村重要新闻的公众号平台相继开设，一方面减少村民获取信息的成本，规避政策与春耕秋种事项的滞后性，移动互联网技术更是为村民随时随地获取消息提供了保障，另一方面通过公众号推文对乡村振兴政策、乡村大小事项进行符合各地村民信息消费习惯的宣传与地方性解释，且宣传内容可保存在手机中，方便村民随时回看，这与过去获取信息都要去村委会相比，不仅节省大量时间，而且资讯内容也极大丰富，真正实现为百姓做实事、谋福利的治理宗旨。

与此同时，乡村管理手段信息化与现代化的稳步推动，乡村事务线上平台解决的新型治理方式，为村民通过互联网享受足不出户便可解决乡村事务提供了便利，同时也减少了村委会和新乡贤处理乡村事务耗费的精力，从而使其更加高效地投入到乡村治理、乡村建设、乡村发展等其他环节中去。

（二）乡贤文化的传播价值

古时候，囿于媒介技术欠发达、人口地域流动性弱等现实限制，乡贤文化大都在相对固定的地域范围传播，口头传播、人际传播的特征较为明显，而组织传播、大众传播的特征则鲜有显现。换言之，除了人们口耳相传，大抵以书籍、书信为主要载体，乡贤文化很少出现跨地域的大范围传播。

随着媒介技术的不断发展、互联网的普及应用，信息传播方式及呈现方式日新月异。乡贤文化的传播方式由以人际传播为主开始步入大众传播阶段，新媒体为乡贤文化提供了易于传播的土壤。伴随着新媒体时代的到来，乡贤文化以书籍、电影、电视纪录片等更多的载体形式被保存下来，多元化、立体化、可视化的传播载体激发了新时代乡贤文化传播的原生态性、再生性与多样性，从而为乡贤文化的持续传承注入新活力。当下，基于融媒体传播平台的乡贤文化顺应新时代信息消费习惯，拓展传播路径，呈现出符合国家期待的传播价值。

1. 新媒体传播充分展现新乡贤的时代使命

在当下的融合传播生态中，新媒体传播优势表现得尤为充分：一方面，新媒体通过各类资讯、图片、短视频、声频等方式，向“在场”与“不在场”的村民充分展现新乡贤乡村治理的角色功能与时代内涵；另一方面，新媒体通过新乡贤的治理实效，不断提升新时代乡村治理政策、理念和模式的科学性、权威性，最终服务于脱贫攻坚、乡村振兴的国家战略。

当然，如今新媒体传播的不足，同样需要引起我们的足够重视与审慎鉴别。首先是新媒体虚假信息泛滥、网民传播素养高低不一、新媒体平台监管复杂、媒体资本逐利本能、后真相传播等诸多问题难以在短时间内彻底解决，这些问题同样裹挟着乡贤文化的新时代传播。其次是当下乡贤文化信息消费呈现的“碎片化”“饥渴性”的特点亦需引起特别关照。“碎片化”是指有关乡贤、乡贤文化、乡村治理的信息不是以贯穿前后的完整面貌出现的，而是以大量同质化的、片面的信息碎片传递给受众的；“饥渴性”则指“在场”与“不在场”的村民已经养成互联网信息消费的需求，习惯于每时每刻使用手机刷屏，沉迷于日常的碎片化信息消费不能自拔，这使得人们往往产生多于自身实际需求的信息消费需求。

虽然过度信息消费会使受众陷入“信息茧房”，受众在对信息进行接触的过程中，会根据个人的兴趣来选择性地获取信息，导致在消息获取上产生了封闭性，但不可否认的是“信息茧房”强化了受众对乡贤特定领域信息的认知。从宏观视角来看，乡贤文化可能不一定符合绝大多数受众的兴趣，但是主流媒体的新媒体板块依然需要充分设置“乡村治理”议题，持续强化新时代乡贤可为、作为的时代使命，为美丽乡村建设作出更多的贡献。

2. “涵化效应”谋求乡村治理的时代共识

乡贤文化的新媒体传播以短消息、微视频、微声频、图片新闻等“微传播”与“微消费”方式，实现“涵化效应”的传播价值。涵化理论的提出者是美国著名学者格伯纳。格伯纳认为，在当代传媒集团预设立场的影响下，公众所感知的主观现实与客观现实之间正在出现差距。这样的影响不是一蹴而就的，而是一个平缓的、潜移默化的“教化”过程，并逐渐悄无声息地改变着公众的现实观。

在20世纪后半叶的现代社会中，大众传媒对“共识”的形成起到了重要作用，尤其是电视，其通过对标志性事物的筛选、刻画、表现和传播，替代了各式各样的社会因素，公众在此基础上体验到相似的社会真实感。

在当下的融媒体环境中，电视的地位已经逐渐被新媒体取代，电视不再具有支配性的教养作用，乡贤文化通过微信、微博和短视频等新媒体来为人们塑造着社会真实，久而久之便在受众心目中增强了乡贤文化的影响力。

新媒体对乡贤文化传播发挥着潜移默化的涵化作用。从当前的传播实效来看，新媒体对乡贤文化的涵化主要体现在以下两个方面：一是积极为百姓传播优秀乡贤文化的价值观念，引导村民积极参与、主动优化乡贤治理模式；二是逐渐增强人们对于乡贤的认同感，润物细无声地强化乡贤在治理过程中的领导作用。对乡贤文化不熟悉的人在新媒体涵化作用的影响下，逐步了解、认知、消费乡贤文化；对进入社交媒体时代的乡村居民来说，新媒体进一步提高了乡贤治理在人民日常生活中的影响力。

3. 文化赋能乡村共同体重构的时代要求

“共同体”概念是德国学者滕尼斯在《共同体与社会》一书中提出的，其本质可以理解为“现实的和有机的生命的一种关系和结合”①。共同体不同于普通的利益结合体，它是一种以自然情感为纽带实现个体之间相互联结的一种新型社会形态。根据共同体的内涵，我国广大乡村应属于共同体的范畴。在广大的农村地区，村民长期共同居住在同一个地区、受到相同的区域文化的影响，以“远亲不如近邻”的朴素情感作为依托，共同生产、生活。随着近年城镇化进程的加快，加之生产方式的改变和社会转型，乡村中人力资源流失严重，乡村共同体遭受严重的冲击。在乡村振兴的国家战略背景下，我们需要整合乡村居民的力量，重构乡村共同体，以提升乡村整体的发展水平。

文化具有渗透功能，在乡村共同体重构过程中融入文化要素，以丰富乡村共同体的文化内涵，是实现乡村振兴的必然选择。新乡贤文化蕴含着丰富的人文价值，充分发挥“乡愁”“乡情”的情感共鸣作用，营造出“用贤爱贤”的环境氛围，鼓励吸引优秀的人才回归家乡。在新乡贤文化建设过程中，新乡贤群体通过投身乡村建设、为村民服务实现乡村实力的提升，增强乡村的吸引力和凝聚

① 刘明德，胡珂．乡村共同体的变迁与发展[J]．成都大学学报（社会科学版），2014(3)：20－28.

力；通过参与乡村事务管理获得村民的认同和接受，将广大村民联结在一起，为乡村共同体重构提供丰富的人力资源。充分利用新媒体传播优势，将新乡贤文化蕴含的文化基因以文化创意的方式渗透到乡村共同体构建的各个环节，赋能乡村产业转型升级，通过激发消费者的情感共鸣以刺激文化消费。因此，在广大农村逐渐兴起的新乡贤文化以及活跃在不同地区的新乡贤群体积极参与乡村建设的具体实践，为文化赋能乡村共同体的重构提供了切实可行的发展路径。

（三）乡贤文化的实践价值

融媒体时代的乡贤文化传播，强化了受众在信息传播过程中的“使用与满足”。基于获取“与自己休戚与共的乡村建设相关信息”的需求，乡贤和乡村居民的生活在某种程度上已经与媒体融为一体。新媒体依托其传播速度快、传播范围广等优势使村民这一需求容易得到满足，在此基础上产生新的更高层次的信息需求，促成人们对于乡贤文化信息获取与满足的良性循环，从而推动乡贤文化的自我完善与更新。

在不断需求与获取乡贤文化的基础上，“乡贤治理”与“新媒体传播”完美结合。受众在接收有关乡贤信息的过程中具有了高度的自主性，当代的乡村治理可以充分运用这一传播特点，打造依托互联网和新媒体的新型乡村治理模式。

1. 引导民众参与，实现公共平台的传播价值

在乡贤文化传播过程中，单向度传播固然可以产生一定的传播效果，而互动性传播不仅符合当下信息消费习惯，而且可以有效增强传播效果，互动性传播本身就是新媒体环境下信息传播过程中的显著特征。

许多村民并不是被动地参与乡村建设，而是主动地投身乡村建设，这一行为本身便是村民参与乡贤文化互动性传播的过程。乡贤文化的互动性传播将村民生活与乡村治理联结为相互作用的命运共同体，村民的反馈会直接影响乡村治理政策的制定与实施。传统的宣传方式可以呈现政府治理的宏观性、指导性和政治性，依托传统媒体的权威性能够达到很好的政策宣传与执行效果。

乡贤文化新媒体传播则可以显著增强“参与性”“互动性”，让更多网民发挥主体性作用，参与乡贤文化的内容生产、观点呈现、实时评价，从而确保传播的黏性、活跃度。如今不仅仅是农村居民和地方乡贤参与到乡村建设的过程中，

也有越来越多的网民为乡村建设建言献策。

在人人都是传播者的新媒体时代,传播者主体范围扩大使得人人可以是建议的提出者,而不仅仅是政策的评论者,这一方面可以发现更多潜在的乡村精英群体,发掘乡贤群体的后备军,扩大乡贤群体的队伍,另一方面有利于集思广益去推动和创新乡村振兴和建设,帮助推动乡村振兴政策的落地与实施。另外,广泛传播乡贤文化这一举措,能够让社会主义核心价值观得以更好地宣传和弘扬,对不断完善乡村社会治理体系建设来说意义十分重大。

2. 厘清乡贤角色认知误区的现实价值

传播乡贤文化有助于避免在乡村治理实践中误入歧途,有助于人们对新乡贤的内涵与角色进行甄别。在近年来的乡贤文化研究中,较多学者会选择收集和整理当地历史上涌现出的各类古圣先贤,整合他们的思想并作出总结,使其成为村民学习的榜样。在探讨乡贤培育的意义时,我们首先要厘清相关的认知误区。

首先是认为当代乡贤和传统士绅完全相同。随着时代的不断发展,中国的社会结构已经发生了翻天覆地的变化,现代乡村已经难以支撑传统士绅的发展。如果我们寄希望于照搬过去已有经验,批量生产乡贤,这无疑是荒谬的。

其次是将地方财富精英等同于当代乡贤。在当代,能够被称为乡贤的人,其所作所为必须能够赢得村民的认可。否则,再有钱的人,充其量只是“土豪”。

最后是将主流文化与乡村文化看成是对立的。其实,这两种文化不是对立的,而是互相影响和共同发展的。

(四) 乡贤文化的社会价值

新媒体传播有效呈现与发挥乡贤文化的软实力,乡风文明是乡村振兴战略中一项非常重要的内容。结合近年来该项工作开展的实践效果,我们发现,主动、多元参与乡村治理的乡贤的确起到了非常积极的带头作用,他们在现代公共治理以及传统文化中寻找到新的平衡,为推进基层协商民主建设等方面发挥了积极的作用。

1. 呈现榜样效应,激励乡村人才回流

早在20世纪40年代,面对农村社会日益衰败的局面,费孝通先生创作了

《损蚀冲洗下的乡土》一文，文中明确提出，乡村人才的大量流失打破了中国传统意义上的“落叶归根的社会有机循环”，出现了越来越多的“回不了家的乡村子弟”，而他们回不了家既是“不愿”，也是“不能”①。乡贤文化传播目的之一便是引导和倡导更多乡村人才回流，为家乡建设作出贡献。

乡贤文化是文化软实力的撬动点之一。新媒体平台可以充分发挥新乡贤的汇聚效应，以其反哺桑梓、泽被乡里等具体事件的传播宣传，构建乡贤文化的新时代内涵，在传承淳朴厚重的优秀乡村文化、构建乡村精神文明的新时代内涵、展现绿水青山的新农村生活环境、凸显新农村建设的惠民实绩、助推新农村的治理成效等方面彰显内容多元的社会价值。

2. 弘扬社会主义核心价值观

为有力推动农村培育社会主义核心价值观这项工作的开展，就要切实做到借助新乡贤文化来促进社会主义核心价值观的弘扬与发展，使这两种文化相互融合，相互促进，逐步让乡村群众接受社会主义核心价值观，促使其将社会主义核心价值观融入自身的生活。

在对乡贤文化进行改良的过程中，应该充分发挥社会主义核心价值观的作用，将乡贤文化与时代特色相结合，不断促进传统乡贤文化的继承与发展，加快新乡贤文化的形成速度②。现在新乡贤文化的发展已经取得初步成果，大批新乡贤已经形成，他们是一个个具备引导作用的个人所组成的社会群体，他们在前进的过程中，受到了中华优秀传统文化的影响，但是又能够与时俱进，结合时代发展的需要建立新的道德观和价值观。

当前的新农村建设过程中，新乡贤能够也积极运用优秀的传统文化来指引自身的行为，同时又结合新时代的发展需要，持续学习，不断提升包括融合传播素养在内的综合能力。他们既是新农村的引领者，也是社会主义核心价值观的践行者和传播者，为村民树立了榜样，让越来越多的村民近距离接触现代的价值观念和行为规范。

3. 启迪民智，推进基层文明建设

乡风文明是乡村文化建设的重要组成部分，对促进乡村文化振兴具有重大

---

① 姜方炳. “乡贤回归”：城乡循环修复与精英结构再造——以改革开放 40 年的城乡关系变迁为分析背景[J]. 浙江社会科学，2018(10)：71－78.

② 刘德萍. 传承乡贤文化为实施乡村振兴战略凝聚力量[J]. 社科纵横，2018(9)：6－8.

价值。乡村振兴战略的实施要求农民群众的文化素养不断提高，乡风文明建设持续推进。随着信息技术的迭代更新，生活在中国广大乡村地区的农民群众开始广泛使用微博、微信、短视频等新媒体来获取信息，在便捷获取信息的同时也使当地的优秀文化受到了不良风气的影响。作为乡风文明建设的主体，新乡贤群体理应发挥良好的示范效应，带领农民群众积极学习社会主义核心价值观，并以身作则成为乡风文明的倡导者与示范者。

乡贤文化持续、有效的传播，可以让社会主义核心价值观更好地得到传递和弘扬，渗透到乡村社会精神文明建设的方方面面，从而更深地影响每一位村民，让他们在潜移默化中改变自己的观念和行为。

4. 改善乡村教育环境，提升基础教育水平

"百年大计，教育为本。"在现行的教育体系里，农村地区的教育资源与城市相比存在不均衡的现象，尤其是偏远农村地区的基础教育资源更是匮乏，导致农村中小学生难以享受和城市同龄孩子同等的基础教育，甚至部分农村儿童迫于各种原因都无法享受完整的九年义务教育。因此，教育长足发展，需要社会多方力量的共同支持，而乡贤正是不可或缺的重要力量。乡贤来源于乡村，也更致力于服务乡村，成为乡村教育重要的人才资源和文化资源。新乡贤文化的发展，吸引了较多有志之士致力于乡村振兴的建设，为乡村教育培养和输送了一批具备优秀传统文化知识和较高道德素养的乡村教师，有效地改善了乡村教育环境，有助于提升乡村基础教育水平，促进义务教育均等化的早日实现。

5. 促进农村产业转型升级，推动经济发展

党的十九大提出实施乡村振兴战略，产业兴旺居乡村振兴战略总要求的首位，也是乡村振兴的基础。2015 年和 2016 年的中央一号文件均将"乡贤文化"列入农村思想道德建设中，其中，2015 年的中央一号文件指出："创新乡贤文化，弘扬善行义举，以乡情乡愁为纽带吸引和凝聚各方人士支持家乡建设，传承乡村文明。"正是在国家发展战略及国家相关政策的激励下，大批乡贤返乡支持家乡建设，从而诞生了许多新乡贤。新乡贤拥有丰厚的资金、先进的技术、宽阔的视野，他们将这些优势资源带到家乡，以企业家、技术人才、现代化农产品经营者等不同的身份投入社会主义新农村建设，这有助于促进乡村产业转型、推动现代化农业升级，实现农村经济的不断发展。经济水平的提升，可以吸引更多的人才投身于美丽新农村建设，农民生活才能更加富裕，农村才更加有吸引力，从而形成良性循环，实现农村经济的可持续发展。

在乡村盛行的多种文化中，乡贤文化是其中重要的文化，对于乡村振兴发挥着重大作用，对于社会主义核心价值观的弘扬与发展也有很大的帮助。乡贤文化提倡的“仁”“义”“礼”“智”“信”等信条，是优秀传统文化，包容于社会主义核心价值观之中。从国家发展的宏观层面来看，切实走好社会主义文化强国的道路，乡贤文化是一个可作为、“接地气”的切入点。在沿江、沿海地区的新农村建设实践中，优质乡贤文化的切实、大力度开发成效，充分发挥了提高村民素质、启迪民智的作用，提高了村民的文化认同感以及文化自信。

源远流长的乡贤文化凝聚着前人的智慧，对于新时代的乡村治理很有借鉴价值，当下的乡村治理需要从中华优秀传统文化中汲取营养。乡贤文化不但能提高村民行为的规范性，还可以提高乡村治理的效率，促进乡村的不断发展，实施乡村振兴战略，保护农村地区的优秀传统文化。因此，在巩固脱贫攻坚战成果的当下，积极传播乡贤文化，对于建立连接乡土、维系乡情的精神纽带，对于延续中华优秀传统文化，具有同样重要的社会意义和时代价值。

第二节　新乡贤文化的定位与构建路径

一、新乡贤角色和功能的转变

乡村振兴战略被正式提出以来，乡贤的地位重新回归民众视野和媒体议程。新时代的乡村振兴呼唤新的建设理念，期待更多“接地气”的发展路径，其中“人”的因素表现得尤为明显。结合基层社会治理的传统经验，新时代的乡贤功能与作用成为乡村治理的关注目标之一，与此同时，新的社会环境也促使乡贤文化产生了新的时代内涵。2005 年 10 月，党的十六届五中全会提出建设社会主义新农村。在新的历史背景下，农村建设的各行各业都需要面对新的时代课题，乡贤原先的角色定位、功能发挥也将发生新变化，因此将“新乡贤”作为一个新概念进行提炼、阐释显得尤为重要。

(一) 新乡贤的角色定位

随着乡村振兴战略的推行，新乡贤的受关注程度不断提升。国内众多学者也开始对新乡贤进行了研究，内容主要涉及新乡贤与传统乡贤的区别、新乡贤在乡村治理及文化培育等方面的作用、新乡贤及乡贤文化建设的具体路径和措施等。

基于现有文献对“乡贤”概念的归纳与总结，相关研究者结合新农村建设语境对“新乡贤”这一概念进行了新界定，相对有代表性的说法是“新乡贤是农村精英的代表，在政治、经济、文化等方面具有优势，他们是对农村发展作出一定贡献的人”①。这是从现代性和时代性的内涵层面来解读新乡贤，具有一定的代表性。整体而言，新乡贤是服务于新时代农村建设和治理的“意见领袖”，在农村建设中具备教化和领导的功能，能够凭借自身道德优势、认知优势、实践优势帮助实现乡村建设与乡村治理。

新乡贤面对的是与古代相比知识水平更高、认知意识更强的乡村民众，这需要新乡贤具有更高的影响力，以获得民众的认同。换言之，一个人要想成为新乡贤，必然要具备政治、经济、文化等诸多方面的自身影响力与感染力，或依托于个人的文化修养，或依托于个人的声望，以其自身某一方面或者某些方面的优势来树立权威，在彰显个人魅力与凸显领导力的过程中，获得村民的普遍认可与最大限度的信服，并通过实实在在的工作成效满足村民的期待。这要求新乡贤必然受到特定乡土文化的充分熏陶。

(二) 新乡贤的功能转变

传统乡贤大抵都是生于故土、长于故土的“在乡”人士，随着中国社会经济发展步伐的加快、城乡一体化建设的布局，现代社会中农村劳动力开始逐步为大城市的建设、运营、发展提供生产、配套、服务等保障，乡村一度出现劳动力严重短缺、“空巢”现象加剧等现实问题。与此同时，众多农村人口转变为城市人，一代又一代的乡村青年迁徙城市，造成农村人才匮乏。乡村经济建设活力不

① 郎友兴，张品，肖可扬. 新乡贤与农村治理的有效性——基于浙江省德清县洛舍镇东衡村的经验[J]. 中共浙江省委党校学报，2017(4)：16 - 24.

足、乡土文化传承明显断裂、乡土理念逐渐淡化等诸多现实问题，促使国家相继出台政策来保证农村本土“人才回流”和外部“人才引入”，因此，新乡贤既可以是在乡人士，也可以是来自外界的有志有识之士，如来自其他地方的大学生村官、乡村社会工作者或者是热心于乡村建设的社会精英群体。这些农村优秀基层干部、脱贫致富的带头人、大学生村官和乡村道德模范们，都怀着致力于乡村富强的赤子之心，奉献自己全部的精力与智慧。他们所展现的个人与社会价值，是当今新时代的社会背景下传统乡贤文化的继承和突破。

纵观我国社会基层管理的历史脉络，乡村治理包含经济发展、宗族兴旺、文化传承、家风建设等共性问题，同时也涵盖随着社会发展而产生的人口迁移、青壮年人口缺失、优质宗族文化传播断层等新问题。无论是过去，还是当下的新时代，社会基层治理需要调集诸多资源共同参与，但乡贤及基于此而形成的乡贤文化的社会功能始终处于被调整和重塑的状态。

传统乡贤大多扮演领导者、监督者的角色。作为道德榜样，他们团结村民，投身乡村建设，实现教化功能。当代农村治理过程中不断呈现出社会矛盾加剧、治理能力不足、人才外流等问题，促使新乡贤不仅需要实现传统乡贤的功能，还需要成为民众和政府的中间人角色，成为“下情上达”与“上情下达”的桥梁和纽带。

为了实现中华民族伟大复兴的中国梦，新乡贤需要加强农村地区的社会主义核心价值观宣传力度，使社会主义核心价值观深入人心；帮助农村贫困人口实现脱贫致富目标，巩固脱贫攻坚成果，提出更为科学的合理建议，提供符合当代乡村振兴的发展路径，不断提升自我，迎难而上，攻克难关。

二、新乡贤的类型构成

传统乡贤是中国古代乡村连接官府和民众的中间特有阶层，通常是指品德才学都受到村民推崇敬重的人，后发展成为乡村的内生资源，成为乡村治理的重要主体。新乡贤是对传统乡贤的继承和发展，是新时代背景下具有爱乡情怀、愿意为乡村振兴作贡献的精英群体。新乡贤肩负着助力乡村振兴的重要责任，成为社会主义新农村建设的多元主体之一，是推动乡村振兴的重要人才支撑。随着时代的发展，新乡贤构成主体及主要职能等都发生了较大变化。按照不同的标准对乡贤类型进行划分，有助于人们科学把握新乡贤的呈现方式，充分发挥新乡贤在乡村振兴中的独特优势，成为推动乡村振兴的有效潜在力量。

（一）根据“在场”与否，分为“在场”乡贤和“不在场”乡贤

根据乡贤是否在乡村居住或生活，可分为“在场”乡贤和“不在场”乡贤。“在场”乡贤是指在乡村出生、成长并一直在此工作、生活的精英人士，传统乡贤大都属于此种类型。“不在场”乡贤是指在乡村出生或祖籍在乡村，但生活、工作于他乡，仍心系家乡建设，通过多种途径和方式助力家乡发展的贤能之士，现代新乡贤有部分属于此种类型。现代乡村治理需要多元主体共同参与，无论乡贤“在场”与否，他们都是实现乡村振兴的重要力量，要充分发挥“在场”乡贤和“不在场”乡贤的不同优势，共同助力家乡建设。

（二）根据社会功能，分为政治乡贤、经济乡贤、文化乡贤和社会乡贤

新乡贤群体广泛，根据在乡村社会不同领域表现出的社会功能，可将其分为政治乡贤、经济乡贤、文化乡贤和社会乡贤。政治乡贤是现代乡村治理的实际掌舵人，其主体是长期在乡村工作的基层干部，也包括离开家乡在其他地方政府机关工作的贤能之士。经济乡贤是指在现代乡村经济发展中涌现的经济能人和经济精英，包含了乡镇集体经济的管理者、农村私营企业主和农业专业大户等，他们对乡村社会发展的经济贡献较为突出，因而在乡村公共事务中具有较强的影响力。文化乡贤是指在现代乡村社会发展中对于乡村文化建设、传统文化传播和传承具有突出影响的知识群体，包括了以乡村教师为代表的乡村知识精英、具有独特技能的民间文化艺人以及离乡工作于其他地方党政机关和企事业单位的知识分子群体，他们因具备丰富的知识储备、开阔的视野、先进的学习理念而引领乡村文化的发展。社会乡贤的功能主要表现在社会纠纷调解、公益事业开展以及维持社会稳定等方面，其构成主要是退休的乡村老支书、老党员和宗族精英，因其较高的威望和出色的组织协调能力，对维持现代乡村社会秩序、实现乡村社会的稳定和谐运行有重要作用。上述不同类型的乡贤分属于不同的领域，具有丰富且不同类型的资源，他们都心系乡村经济社会发展，为乡村振兴作出独特的贡献。

（三）根据构成数量，分为个体乡贤和群体乡贤

新乡贤在乡村振兴的新征程中被寄予厚望，根据他们的构成数量形式，分为个体乡贤和群体乡贤。个体乡贤是指在乡村经济、文化、教育、医疗等各领域建设中有突出贡献的个体，他们可以是生活在乡村的各领域能手，也可以是离开家乡已成为各行业翘楚的专家学者或知名企业家等杰出人士，他们具有丰富的资源和较高的社会影响力，对于促进乡村的经济建设、文化传承以及改善医疗教育条件有着得天独厚的优势。群体乡贤是指以组织或团队的形式积极参与乡村建设的乡贤群体，他们作为个体时的性格特征表现得不是很明显，作为群体时却表现出独特的性格特征。如四川省达州市渠县马鞍村成立“乡贤公益联盟”“乡贤志愿服务队”，开展“乡贤认领微心愿”“乡贤志愿微服务”活动，以组团的形式积极参与结对帮扶、捐资助学、基础建设等活动，共建和谐美丽乡村。

三、新乡贤文化的构建路径

乡贤的产生都有特定的时代背景，传统乡贤和新乡贤都是一定历史条件下的产物。在当前环境下，新乡贤在完善乡村治理、推动乡村振兴过程中具有重要作用。为实现乡贤文化在新时代背景下的传承和创新应用，应积极推动新乡贤文化建设，不断探索其有效构建路径。

（一）挖掘乡贤文化资源，营造良好的建设环境

乡贤文化是中华优秀传统文化的重要组成部分，是全国各地劳动人民在长期的劳动和生活中创造出来的智慧结晶，每个地区都积淀了丰富的特色乡贤文化资源。这些资源形成于不同的历史时期，分布于不同的地理空间，需要专业的机构或人员进行全面的发掘梳理，充分发挥乡贤文化的强大影响力。地方政府应根据当地的实际情况，成立专门的乡贤文化研究机构，对历史文化遗产及当代乡贤文化资源进行全面调查，并实现资源的整合重构。乡贤文化研究机构通过对乡贤文化资源要素的提炼和创新呈现，提升乡贤文化的影响力和渗透力，增强本地民众的自豪感和责任感，营造乡贤文化建设的良好环境，增强文化

赋能乡村振兴的能力，最终实现乡村振兴的目标。

（二）构建乡贤文化多元主体，培育新乡贤文化群体

新乡贤是新乡贤文化建设的主体。由于中国城市化进程加快、乡村地区经济发展水平相对较低，乡村地区精英人才不断流向城市，能够参与当地文化建设的人员较为匮乏。新乡贤文化建设是一个长期且持续的过程，需要投入大量的人力、物力等资源，尤其是新乡贤文化群体的培育对新乡贤文化建设起到至关重要的作用，因此构建新乡贤文化多元主体、壮大新乡贤队伍已迫在眉睫。新乡贤文化建设需要多方共同参与，要充分发挥当地政府、各类组织以及人民群众的力量。政府可出台相应政策，以乡情为纽带，鼓励支持退休的专家学者、军人、干部等回乡发展，加入新乡贤队伍。加强经济、文化、社会、公益等各类组织的建设和完善，积极搭建助学、助医、助残等各类平台，提高组织的专业化和便民化水平，不断壮大新乡贤队伍。充分发挥人民群众的力量，通过村民推荐或开展新乡贤评选活动，将乡村优秀的基层干部、技术能人、道德模范等有较高知名度和影响的人培育成新乡贤。新乡贤文化建设需要多元主体共同参与并为家乡发展群策群力，不断充实新乡贤文化建设的内容、形式，实现新乡贤文化的健康持续发展。

（三）搭建乡贤文化多样载体，创新乡贤文化传播渠道

传统的乡贤文化传播主要依靠口口相传，但在新媒体环境下，乡贤文化传播的内容和形式均呈现多元化趋势，传播渠道也在不断创新。充分挖掘当地的乡村文化资源，以新乡贤为主角、新乡贤事迹为素材，开发出体现当地特色的戏曲、歌谣、电影、电视剧等文化艺术产品，让村民在实际生活和艺术作品中受到乡贤文化的浸润并接受、吸收新乡贤文化。积极运用AR（增强现实）、VR（虚拟现实）等技术，加强乡贤文化宣传，让受众通过政府网站上的“乡贤人物”“乡村技艺”“乡村文化长廊”等栏目充分了解当地的乡贤文化，实现乡贤文化的沉浸式传播，增强文化传播效果并获得文化认同。重视年轻群体的消费习惯，强化短视频应用，利用声画结合的形式，采用多种媒介传播乡贤文化，可以合理运用现有优秀成品，同时鼓励个体用户对乡贤文化作品进行二次创作，以增强乡贤文化的传播力。例如，《白鹿原》作为反映陕西关中地区乡贤文化的优秀作品被

广为关注，当地政府在获得版权许可后，可将《白鹿原》中以白嘉轩、朱先生为主体，蕴含乡贤文化的精彩片段制作成短视频在各个平台进行传播，提升当地乡贤文化传播效果①。大数据时代的到来，乡贤文化传播的智能化、数字化传播趋势更加显著，多元化的传播渠道不仅打破了时空界限，还丰富了传播路径，有利于提升乡贤文化的社会影响力。

（四）增强政府扶持激励力度，完善乡贤文化运行机制

乡贤文化数千年的发展历程表明，乡贤的社会地位功能决定了乡贤文化兴衰与否。传统乡贤文化因其在乡村公共事务和社会治理中具有重要价值而得到沿袭传承，要实现乡贤文化的传承和重构，政府必须重视新乡贤地位功能的提升，增强扶持激励力度，不断完善乡贤文化运行机制。在新乡贤文化建设中，要始终坚持基层党组织的核心领导地位，充分挖掘本地乡贤文化资源，搭建新乡贤文化建设平台，形成尊重新乡贤、以新乡贤为荣的良好氛围。地方政府应建立有效的人才保障机制，可以设立专门的新乡贤群体评选和管理部门，对于杰出的新乡贤人才要给予精神表彰和物质奖励，充分调动其参与当地乡村文化建设的积极性。地方政府、社会、市场应协同建立有效的激励机制，通过设立“功德名册”“乡贤文化长廊”或者修建功德祠等形式调动新乡贤参与乡村建设的积极性，通过电视台、电台、新媒体等大众传媒传播新乡贤事迹，让现代乡贤的社会功能和地位得到认可，形成完善的新乡贤荣誉激励机制。县、乡（镇）两级财政应加大对新乡贤文化建设的财政支持力度，设置新乡贤文化建设资金，定期为新乡贤文化建设组织购买、更新软硬件设备，并想方设法吸引广大社会力量和民间资本来推进新乡贤文化建设，为新乡贤文化建设源源不断注入活力。

第三节　新时代乡贤文化与政务新媒体

基于网民数量逐年增加，我国在线政务服务用户规模也日渐扩大，加之新媒体传播在社会治理方面的价值逐渐凸显，借助新媒体平台传播乡贤文化，已

① 康鸿，陶丽萍. 新媒体环境下乡贤文化的创新传播[J]. 传媒论坛，2021，4(11)：108－110.

成为各级各类社会治理组织的重要命题。新媒体平台的可读性、可视性、可听性、组合性、版块性为传播乡贤文化的传播奠定良好基础。政务新媒体平台的使用,能够更大限度地带动基层社会治理,发挥新乡贤的独特作用,加快乡村产业的发展与振兴,促进治理体系的不断完善。

一、政务新媒体的内容生产与呈现方式

基于互联网平台的新媒体传播发挥的治理功能非常明显,但就乡贤文化传播而言,地方政府(特别是乡镇一级的政府)在内容生产、呈现方式这两方面依然处于探索阶段,传统媒体宣传的思维定式较为明显,基于新媒体平台的可读性、可视性、可听性、组合性、版块性等有待进一步改变。

(一)政务新媒体

通过对中国互联网络信息中心(CNNIC)所发布的《中国互联网络发展状况统计报告》进行跟踪研究,我国的政务新媒体取得了长足的开展。截至2018年12月,中国在线政务服务用户规模达到3.94亿,占总体网民的47.5%。我国共有gov.cn域名39147个;共有31个省(自治区、直辖市)开通微信城市服务,其累积的用户已经超过了5.7亿,和2017年相比增长了1.5亿;共有31个省(自治区、直辖市)开通政务微博,经过新浪平台认证的政务微博达到138253个;共有31个省(自治区、直辖市)开通了政务头条号,共有各级党政机关开通政务头条号账号78180个,较2017年底增加4256个。截至2019年6月,中国的网民规模大幅度增长,已经突破了8.5亿,与2018年12月相比增加了2598万,互联网的普及率已经达到了64.5%,和2018年底相比增长了4.9%。截至2020年12月,我国的在线政务服务平台用户规模已经突破了8.43亿。我国多个地区的政府已经建成并持续完善各自的"一网通办"政务服务平台,解决个人与企业"办不完的手续、盖不完的章、跑断腿的路"等实际困难。

在"互联网+"理念的引导下,政务服务借助互联网得到了充分发展,"线上线下"一体化传播理念不仅便捷地提供各类政务信息的及时服务,尽可能减少了工作的延误与失误,而且技术不断更新的数据共享平台,因实用性、便捷性等极大地增强了群众的使用黏度。除了互联网平台,我国各地积极开展县级融媒

体中心建设，努力将全县广播电视、报纸、网站、新媒体等单位的信息生产、发布等功能进行有效整合，这种统一管理、规范服务的政务行为，不仅强化了信息的科学性、权威性，而且更为扎实、更“接地气”地服务百姓。2018 年、2019 年和 2020 年这三组数据的构成与变化，直观体现了我国网民规模逐年增长，我国在线政府服务用户规模也日渐扩大，这就为融合传播时代的乡贤文化的有效传播创造了新契机。

1. **政务层面新媒体**

政务新媒体是政府和有关组织在开展工作和服务的时候的重要载体。它是依托互联网技术以及各项终端设备而存在的平台，是政府和有关组织跟群众之间联系的桥梁。基于它的存在，政府有关部门以及相关组织能够更加有效地开展工作，执行各项任务。在融合传播时代，政务新媒体主要利用政务微博、政务微信以及政务 APP 来开展相关政务工作。政务新媒体的不断发展，进一步提高了政府信息公开化的力度，同时也大大提高了政府为基层群众解决问题的效率，有利于灵活处理公共危机、改善政府形象、增强政府公信力。

新时代的政务新媒体有双重属性，既有普通新媒体具有的一般属性（时效性、交互性等特点），也具有独特的政务属性（其独有的权威性），它不仅是新媒体，还是电子政务的重要平台。

2. **政务新媒体的特点**

(1) 时效性

在政务新媒体出现之前，政府发布相关工作信息、政策、法规等主要是通过报纸、电视、广播等传统媒体，但是传统媒体难以确保全天候、没有地域限制地服务公众。传统媒体受时间和空间的局限，往往不能够及时地传播消息，公众接收到政务信息的时间经常会滞后于政府部门实际发布该信息的时间，同样，这一“时差”现象也存在于公众向有关部门反映实际情况等问题上。政务新媒体兴起之后，公众对政府信息的获取和表达在一定程度上变得更快、更好，因为新媒体的运用突破了时空的限制。随着“互联网＋”的不断发展，政府的政务服务借助其进行政务信息的传播，提高了信息的时效性，沟通的畅通性以及服务的便利性。在其发展过程中，政务信息逐渐透明化，政务服务的效率也在不断提高。公众能够凭借手机等终端设备连接互联网，在不违反国家法律法规的情况下，尽情地搜索、浏览、阅读各种资讯信息，当然也可以通过互联网在线政务服务平台(网站、官方微博等)与政府部门进行异地互动、交流。公众足不出户便可在线办事,网上参与社会公众管理。政府等政务部门在公共事件突发时,可以在第一时间通过各种官方渠道发布相关信息,解释、澄清、调查事件,公众在看到官方公布的信息之后又可以几乎无时差地转载,实现官方期望的二次传播。这样做,既有助于引导社会舆论方向,也更有利于维护政府的公信力。

(2) 交互性

随着微博、微信等新媒体所提供的服务在不断地增加,政务新媒体的发展逐渐深入,在众多领域都有所覆盖,不断提供细致的帮助。传统的政务信息发布是单向的、一对多的,缺乏互动性,主要通过报纸、电视等媒体主动发布信息,公众只能被动接受,其需求不能得到及时反馈。而政务新媒体则让公众有可能成为主动传播的一方——政务信息的发布者。公众只需动动手指头进行转载、留言、评论,便可以实现多对多传播。

(3) 权威性

政务新媒体的权威性这一特点是其他媒体难以比拟的,其业务和有关信息的发布方主要是各级党委和政府、国家组织及其工作人员。政务新媒体平台的信息发布、舆情引领、官方辟谣等具有很强的权威性,关乎着人民群众的信任度、好感度。因此,我国各级政府部门需要主动运用微博、微信、新闻客户端、抖音等新媒体,加强网络平台政务信息服务的实用性,精心设置话题,积极与群众交流,切实了解百姓需求,在根本上为国家治理体系和治理能力现代化尽心尽责。

(4) 普及性

随着5G、大数据、物联网、人工智能等新技术的发展,政务新媒体也快速崛起。各级党政机关紧跟时代潮流,纷纷进驻各大新闻媒体平台并建立官方账号。据CNNIC发布的第51次《中国互联网络发展状况统计报告》,截至2022年12月,经过新浪平台认证的政务机构微博有14.5万个。我国31个省(自治区、直辖市)均已开通政务微博,其中河南省各级政府共开通政务机构微博10017个,居全国首位。2022年,上线的政务小程序已达9.5万个,同比增长20%,超85%用户在日常生活、出行办事中使用政务小程序办理政务服务。由此可见,政务新媒体在我国已经普及,且仍呈现增长趋势。政务新媒体的普及和应用赋予了政务服务更多的可能性,也为世界政府媒体的传播提供一种全新的“中国经验”。

3. **政务新媒体的功能**

政务新媒体始于电子政务网站。此后，随着新技术的发展，逐渐形成了由政务微博、政务微信公众号、政务短视频以及政务客户端的融合传播矩阵。政务新媒体作为互联网传播主体之一，主要发挥着传播政务信息、引导舆论、提供政务服务及塑造政府形象等多重功能。

（1）提高政务信息传播效果

政务新媒体作为党和政府联系群众、服务群众的重要渠道，是政务信息传播的载体，也是群众获取政务信息、网上办事的主要途径。各式新媒体的强社交属性和各种功能的推陈出新，使得开设政务账号的新媒体平台也越来越多。政务新媒体在政策解读和政务信息传播方面具有独特的优势，可以将信息以图片、视频等不同的形式进行展示。以政务短视频为例，我们可以把经济、文化、人口等政务数据制作成短视频，把静态数字以动态画面的形式进行传播；可以把政府文件和公共政策以视频的形式进行解读，实现抽象信息的可视化传播，打破传统政务传播模式的限制，有利于公众更好地接收和理解政务信息，从而提升政务信息传播效果。

（2）发挥舆论引导作用

随着互联网及数字技术的迅速发展，媒体领域发生了深刻变化，媒介传播形式及用户获取信息的渠道更加多元化，新闻信息传播范围更加广泛且传播速度有了显著提升，媒体行业呈现出多平台、多领域、快传播的特点。传播途径的优化降低了信息传播的门槛，年轻化的受众群体更加积极地表达观点，导致各大网络平台出现不实信息、极端言论、情绪化话语的情况较多，这就对政务新媒体提出了新的要求。在互联网时代，当社会舆论导向出现问题时，政务新媒体要充分发挥党的喉舌作用，坚持从人民群众的利益出发，报道人民群众以及党和政府所关心的新闻事件，同时加强危机管理，引导民众的舆论走向并进行有效的舆论监督，履行政务新媒体肩负的重要职责。

（3）创新政务服务模式

当前，人们的生产生活已全面“触网”，人民群众日益增长的个性化、多样化的需求对各级政府的服务形式和服务质量提出了新的要求，政务新媒体的应用有力地推进了“互联网＋政务服务”新模式的出现，成为提升政府治理能力的重要途径，成为加快政府智慧服务的重要支撑。以抖音政务短视频为例，科普宣传、文旅推广、公益扶贫、疫情防控等成为政务服务创新的典型模式。如扶贫公益项目“山货上头条”就是抖音和各地政府合作，通过政务短视频传播当地贫困户的农产品信息，精准推荐给有需要的客户，帮助当地农产品出村进城，促进地方农特产业发展，从而实现对当地农户的精准扶贫。据新疆文旅厅的数据，新疆有一批文旅局局长在互联网上通过短视频、直播等方式推介当地旅游，受到众多网友关注并火速“出圈”。2022 年 5 月 19 日，新疆文旅厅还推选出在全国具有影响力的 15 名新疆文旅局局长和 45 名网络“达人”成为“新疆文旅宣传推介人”。政务新媒体因其独特的媒介性质和传播特性不断创新政务服务模式，推动政府职能改变。

（4）塑造政府形象

目前，随着 5G、大数据时代的到来，新媒体已经融入百姓日常生活，同时也不断渗透到政治生活当中。新媒体为公众参政议政提供重要平台，改变了公众参与政治的方式，也影响到地方政府的形象塑造，因此政府行政管理方式必须进行改革以适应当下的新媒体环境。政府网站、政务微博、政务微信和政务短视频等新媒体的相继出现，为政府和公众提供了双向沟通的多元化渠道，有助于改善地方政府的传统形象。如政务微博、政务微信等以图文并茂的形式聚合大量信息，完成政府新闻发布的信息传播职能，受众也更习惯于在此类平台获取新闻资讯，并完成相应的社交活动。以抖音、快手为主的短视频平台则以寓教于乐、亲民化的短视频形式传播信息，改变了公众对于政务新媒体严肃僵硬的刻板印象，在成功吸引受众的同时也提升了自身的影响力，促进政府亲民形象的树立，有效提升当地政府形象。

（二）内容生产与呈现方式的多样性

中央和地方各级新闻单位积极促进媒体间不断进行交流与融合，政务新媒体平台有其得天独厚的优势，充分发挥原创内容制作的优势，利用强大的采编队伍，确保信息源的权威性，通过专业化、标准化的流程进行高质量的内容生产。随着新媒体的运用，政务新闻的内涵和外延变得越来越丰富。新闻内容不再是单一的文字、图片、视频，而是多种形态的相互交织、展现，政务新媒体提高了政府信息的可读性、可视性、可听性，具有组合性、版块性特点。

1. 政务新媒体内容生产与传播的特征

人工智能、大数据、物联网等新兴技术在政务传播领域的应用，驱动了政务新媒体的转型升级。新兴媒体与传统媒体更迭、传媒生态变迁，在政务新媒体的内容生产与传播上表现突出。利用新兴技术构建线上智慧服务平台，有效提升了政务新媒体传播能力和传播效果，成功塑造全新"网上政府"形象。

（1）新兴技术成为政务新媒体创新升级的重要动能

技术革新加快了我国媒体转型的步伐，大数据、云计算、算法等新兴技术融入媒体生产实践，使政务新媒体更加多元化和智能化。2015 年，春节与两会期间，中央电视台策划了两个大数据新闻栏目——"据说过年"和"数字两会"，通过与数据分析公司协作，对第一手数据进行分析，挖掘出新闻热点背后的故事，并进行可视化体现，取得了可观的传播效果。上海报业集团推出的新媒体项目"上海观察"，是传统主流媒体转战互联网主阵地的先锋代表，该项目整合了传统党报的编辑资源和组织资源优势。编辑资源的优势保证了稿件的质量，原创内容和独家内容的比例皆占 90%以上。"上海观察"栏目在节目制作过程中，将焦点放在节目的内容方面，不断促进节目内容的深化，对新闻的根源进行探究[①]。上海报业集团在制作精良内容的基础上，积极运用新兴技术进行数字化传播，已形成全媒体传播格局。据上海报业集团官方网站，截至 2022 年底，上海报业集团拥有网站、客户端、微博、微信公众号、手机报等多种新媒体形态共计 332 个端口，覆盖用户超过 9.55 亿；在数据新闻方面，拥有三个成熟产品，分别是上观数据、澎湃美数课、界面数据线，覆盖 8 个渠道，基本每日推出数据新闻报道，日均点击量累计近 60 万次[②]，实现数据新闻内容稳定输出，成为市委机关报与新媒体融合发展的典型案例。

（2）完善的平台建设形成政务新媒体协同联动传播矩阵

政务新媒体的建设始于 2009 年，经过十余年的发展，我国政务新媒体的平台建设日益完善，应用形态更加多样，传播效果显著提升。从平台建设角度看，政务新媒体在积极研发政务客户端的同时，通过入驻微博、微信、抖音等商业平台，构建起"两微一端一视频"协同联动的信息传播矩阵。在该矩阵中，政务微

---

① 高渊. 从"改革自贸区"到"融合一体化"——新媒体阅读产品"上海观察"的二次裂变[J]. 传媒评论，2016(10)：36－39.

② 季颖. 上海报业集团深度融合发展的实践与思考[J]. 传媒，2021(20)：24－25.

博、政务微信和政务客户端是较早建立的政务新媒体平台，在政务信息发布和与公众信息沟通方面发挥着顶梁柱的作用。随着新媒体环境的变迁，政务短视频迅速崛起，政务抖音号、政务视频号等在政务信息传播中效果突出。总体而言，完善的平台建设促使政务信息能够实现跨平台的信息联动传播，覆盖广泛的用户群体，形成多元化的传播矩阵。

(3) 行政部门及职能领域的全面布局实现了政务信息的“全上网”

在国家治理体系和治理能力现代化的总体布局下，政务新媒体积极运用新兴平台功能，转变政务传播方式，大大提升了政务信息传播效果。从主体分布角度来看，截至2022年12月，全国31个省(自治区、直辖市)已全部开通政务微博、政务微信以及政务抖音号。从账号主体来看，政法、文旅、消防、环卫等各个领域基本实现政务新媒体职能领域全覆盖。从主体行政级别来看，中央、省、市、县等各级行政单位都开设了账号，甚至许多单位开设了多个平台的不同账号。据CNNIC发布的第51次《中国互联网络发展状况统计报告》，截至2022年12月，我国在线政务服务用户数量达到9.26亿人，较2021年12月增长515万，占网民整体的86.7%。政务部门运用新媒体平台转变政务传播方式，取得了显著成效。

2. 政务新媒体呈现方式的多样性

全媒体时代，随着网民数量的增加，在党和政府的舆论引导工作中，公众对政务信息的需求呈现出多元化、个性化的特点。政务新媒体作为传播政务信息、提供公共服务的重要窗口，针对不同新媒体平台的特点，实施重点内容分类，以精准化定位进行内容生产和高效输出，逐渐深入国家治理和社会服务的各个角落，成为被公众所认可的政府信息沟通渠道。

(1) 政务微博

政务微博是最早出现的政务新媒体类型。2009年的湖南桃源县官方微博“桃源网”是我国开通的第一个政务微博，随后，云南省委宣传部开通了官方微博“微博云南”，之后越来越多的政府部门相继开通官方微博，政务微博迅速发展并得到了广泛应用。截至2022年12月，我国31个省(自治区、直辖市)均已开通政务机构微博。从内容上看，政务微博侧重实时综合短资讯的发布。以共青团中央微博账号为例，通过对其于2023年9—10月发布的微博样本进行分析，结果显示时事热点类短消息占整体信息发布的10.3%，仅就2023年10月

18日发布的11条微博来看，其中5条是有关第三届“一带一路”国际合作高峰论坛的报道，以最快的速度、多样化的方式，让受众了解论坛盛况。此外，政务微博在信息传播上具有的时效性、参与性、裂变性等特点，有助于政府借助互联网技术创新公共管理与公共服务模式，尤其在现代信息技术的支撑下，移动政务的迅速发展可以提升公众对政府的满意度和信任度，促进我国服务型政府的建设。

(2) 政务微信

政务微信是各级各类政府机构利用微信公众平台，向公众提供政务信息、进行政务互动、实施管理与服务的一种特殊形式。2012年8月30日，广州白云区政府的应急管理办公室开通微信号，成为我国第一个政务微信，此后我国政务微信的数量快速增长。微信中的公众号分为订阅号和服务号两种，服务号侧重于提供服务，一般适用于企业用户；订阅号侧重于提供信息，适用于媒体和政府机构用户。政务微信为政府信息发布与政务处理提供了新的思路，成为政府机构处理行政事务的创新途径。与政务微博相比，政务微信的编辑成本高、时效性弱，但因其文本长度不受限制而具有深度内容传播的优势。从内容来看，不同的政务微信内容选取差别较大，且公众对内容的喜爱程度亦存在较大差异。例如，共青团中央的微信公众号通常选择科普、评价和价值引领等内容题材，如青年健康、时事新闻点评、青年励志等内容，以对青年人的正确价值引领为重点。① 而微信公众号“广东发布”整体上以民生服务类内容为主，为公众提供惠民政策解读、民生指南、食品安全等民生服务内容。② 从传播度来看，政务微信提供的不同类型的内容供给，其传播度存在较大差异。一般而言，便民服务类信息的传播度较高，而政务公开类信息的传播度则相对较低，究其原因应该是与政务公开类信息在语言风格、内容陈述上缺乏新媒体思维有较大关系。政务微信成为政府与公众进行沟通与交流的重要途径，借助微信平台，政府部门可以及时解决公众在社会生活以及公共管理方面提出的问题，在给人民群众带来便利的同时，也减轻了相关政府部门的压力，是大数据推动下社会管理创新的体现。

---

① 赵琳.政务新媒体内容生产的创新路径——以共青团中央新媒体为例[J].传媒，2022(3)：57-59.

② 黄家荣.政务新媒体的内容生产和传播特征——以广东省政务新媒体为例[J].传播与版权，2021(11)：64-66.

(3) 政务短视频

政务短视频是继政务微博、政务微信、政务客户端之后出现的政务新媒体，是指政府机关及其相关部门通过在短视频平台开通并实名认证的短视频账号，发布有关政务性、事务性、服务性、宣传性信息的短视频，以实现引导舆情、服务群众、管理社会等政府需要，保证政府部门与公众之间的有效沟通，并提升政府部门宣传形象的新媒体形式。政务短视频的发展是随微信视频号、抖音、快手等短视频 APP 的发展而崛起的。据字节跳动公司统计，截至 2022 年上半年，全国注册抖音政务号数量超 21000 个，其中山东省各级党政机关注册抖音政务号 1600 余个，居全国首位。[①] 此外，各级政务机构纷纷进驻快手短视频平台，包括教育部、人民网、新华社等中央部委和中央媒体。由中央政法委快手官方号"中国长安网"创作的短视频《马背上的派出所》于 2018 年 6 月 29 日发布，仅仅 5 小时，就拥有了 5100 万的播放量，创下快手破 5000 万播放量最快纪录。2022 年 3 月 8 日，最高人民检察院在作工作报告时首次运用虚拟人技术，通过虚拟检察官解读报告内容。该报告由最高人民检察院联合快手共同推出，现场与会代表通过扫描纸质版报告首页右上角的二维码就可观看虚拟检察官版报告，公众在快手搜索"最高检工作报告"也可收看这条视频内容。得益于短视频平台庞大的用户群及用户对短视频传播的消费偏好，政务短视频已成为最为活跃的政务新媒体之一，其传播力、影响力有赶超政务微博、政务微信等新媒体之势。政务部门在快手上更新视频、进行直播、推出虚拟人的形象，丰富了政务传播的形式，提高了政务传播效率和互动性，为政务新媒体的迭代升级提供了新的契机，推动政务宣发生态的智慧化、信息化转型。

(4) 政务 APP

政务 APP(又称政务客户端)是指政府或相关公共服务部门根据自己的政务需求，开发的一种可以在智能手机、平板电脑及其他移动终端运行的软件程序，具有网络接入更便捷、移动终端更多样、服务内容更丰富、用户体验更人性化等特征。[②] 政务 APP 借助现代网络信息技术，以公共服务为导向，汇聚政务服务资源，为公众提供方便、快捷的自助式服务，是政府治理模式的创新探索。

---

① 李婵娟. 山东省级抖音政务号发展策略浅析[J]. 全媒体探索，2022(10)：95－96.

② 薛万庆，谢明荣. 服务型政府视角下政务 APP 的发展现状与策略思考[J]. 电子政务，2015(3)：38－42.

政务 APP 与政务微博、政务微信等政务新媒体有较大的差别，政务微博的优势在于可以快速及时地发布信息，政务微信可以为公众提供便捷、轻量化的服务，而政务 APP 在为公众提供全面完善服务的同时，可以更好地保护个人信息，其作用不可替代。首先，政务 APP 可以实现信息、新闻的即时发布，且信息发布不受字数、内容形式等限制，方便公众咨询，互动自由度高；其次，政务 APP 可以满足公众的基本生活服务及政务服务的需求，如查询车辆违章、缴纳水电费、查看政府公开的信息数据等；最后，政务 APP 可以全面保存业务数据并进行分析，能够形成政务大数据，作为政府决策与政策制定的重要依据。随着 5G 和大数据的普及应用，当前公众生活已依赖于互联网，移动互联网已深度融入人民日常生活。在移动互联网时代，政务 APP 已成为人民群众不可或缺的信息来源与生活模式，随时随地为公众提供电子商务消费、生活服务查询等方便快捷的终端服务。作为重要的政务服务平台，政务 APP 必将利用更先进的技术提供更加全面的政务服务，不断推动服务型政府的建设。

“互联网 + 政务服务”这一政策的推出，是政府加快职能转化步伐的有效体现，是一件推进服务型政府转变、便民利民、为民服务的大事。新媒体平台建设与监管需要传媒技术和业务深度融合，涉及制度创新和流程优化再造，具有重要的现实意义。

二、乡贤文化及其传播意义

重新构建传统乡村文化急需一批有担当、有水平、有素质的贤才，并通过新乡贤文化将其完善。作为乡村传统文化的守望者、新时代的道德模范和一批具有正能量的人物，新乡贤发挥的积极而独特的作用是巩固乡村自我管理、提升基层治理水平的应有之义，最终实现基层管理的和谐发展。

（一）国家关于乡贤文化的政策

从历史的纵向发展来看，乡贤应该并且有能力成为农村社会治理的重要力量。因此，认识乡贤在农村社会治理中的价值，不仅是从过去的历史经验出发，而且关系到新时代的迫切需要。简言之，既有乡贤个人意志的主观能动性，也有国家相关系列政策宏观指导的客观要求。

2014年，中共中央宣传部在培育和践行社会主义核心价值观工作经验交流会上提出要继承和弘扬有益于当代的乡贤文化，发挥新乡贤的示范引领作用，这是从国家层面首次提出要传承弘扬乡贤文化，并使用了“新乡贤”一词，引起学界和业界的重视。

2015年，中央一号文件提出：“创新乡贤文化，弘扬善行义举，以乡情乡愁为纽带吸引和凝聚各方人士支持家乡建设，传承乡村文明。”同年，中共中央宣传部召开创新发展乡贤文化现场交流会，提出：“积极创新发展乡贤文化，推动社会主义核心价值观建设任务落细落小落实。”之后，全国农村精神文明建设工作经验交流会上提出：“培育新型农民、优良家风、文明乡风和新乡贤文化。”从相关政策的密集发布可以看出，国家高度重视新乡贤文化的培育和建设。

2016年，中央一号文件中提出“培育文明乡风、优良家风、新乡贤文化”这一要求。

2017年，党的十九大报告强调了乡村振兴战略的实施，要求促进乡村的不断发展，实现“产业兴旺、生态宜居、乡风文明、治理有效、生活富裕”。同年，中央一号文件中提出“培育与社会主义核心价值观相契合、与社会主义新农村建设相适应的优良家风、文明乡风和新乡贤文化”。中共中央办公厅、国务院办公厅印发的《关于实施中华优秀传统文化传承发展工程的意见》中提出“挖掘和保护乡土文化资源，建设新乡贤文化，培育和扶持乡村文化骨干，提升乡土文化内涵，形成良性乡村文化生态，让子孙后代记得住乡愁”。《国家“十三五”时期文化发展改革规划纲要》中提出“弘扬中华传统美德，创新发展乡贤文化，开展孝敬教育、勤劳节俭教育、文明礼仪教育”。梳理上述政策，我们不难发现，伴随乡村振兴战略的提出和实施，国家强调新乡贤要在乡村治理中发挥作用，并对乡村治理体系作出相应的调整举措，提出应做到自治、法治、德治相结合，加强乡村的有效治理。

2018年的中央一号文件针对乡村振兴的战略实施提出了众多指导意见，其中提出要积极发挥新乡贤作用。在新时代不断发展的过程中，我们应该不断地促进乡贤文化的传播与发展，发挥好乡贤的作用，深入挖掘和传承传统乡村文化、乡村民俗，助推乡村产业振兴，完善乡村现代治理体系。同年，中央农村工作领导小组办公室提出《乡村振兴战略规划（2018—2022年）》，要求“提升乡村德治水平，积极发挥新乡贤作用”。实施乡村振兴战略，有利于平衡或解决现今城乡发展不平衡和农村发展不充分的问题，有利于促进乡村更好、更快地发展。重视发挥乡贤人才的作用是巩固乡村自我管理、提升基层治理水平的应有之义。

以上是近年来中央文件中有关乡贤文化发展指导与部署的内容，由此可见乡贤参与乡村建设已上升到国家顶层设计的范畴。国家在出台宏观政策的同时，也出台了一系列扶持乡村振兴的政策，包括国家农业扶持政策、农村人才扶持政策等，发挥人才、资金等各种资源流向乡村的引导作用。在国家顶层设计的部署下，许多省市也结合实际情况纷纷出台相应政策，激励新乡贤返乡参与乡村振兴发展，引导新乡贤在乡村治理中发挥积极作用，为新乡贤文化的发展与传播提供了良好的契机。

（二）乡贤文化传播的意义

乡贤对实现乡村振兴、建设中国特色社会主义新农村、弘扬中国特色社会主义核心价值观有着不可估量的影响力。与此同时，乡贤文化既是优秀传统文化、母土文化在乡村社会延续性发展的生动体现，又代表着地区的特色文化和伦理道德，呈现出地方特色文化的综合性。这种“乡村与乡情相互融合”的表征，体现“乡村精神文明追求和发展方向的价值基座，有着贯通‘大传统’和‘小传统’的独特机理”①。当前乡村面临着乡村人口与人才大量外流、乡村优秀传统文化逐渐式微的严重问题，这在一定程度上弱化了乡村治理的基础。面对当前乡村治理的困境，当代传媒理应扮演分忧解难、积极作为的角色，传媒人应该把“传播当代优秀乡贤文化”摆在媒体议程的重要位置，促使“提升乡贤媒介综合素养”成为基层综合治理能力的主要内容。

1. 乡贤文化传播有助于解决乡村现实问题

新农村建设必然遇到政策、经济、技术、利益等诸多方面的问题，但它毕竟与人民对美好生活向往有着直接关联，因此国家对此进行专项治理有着长远的现实意义。面对诸多难点与各类问题，乡贤文化的激活、回归与有效传播，可在

① 张静，王泽应. 乡贤文化的理论内涵及其传承与创新[J]. 南通大学学报(社会科学版)，2018(3)：12－17.

精神文化、文化消费等层面为基层治理产生积极的促进作用。当前，乡村主要面临如下问题：首先，乡村人才大量流失造成农业生产率低下，农村经济发展缺乏活力，而且由于人口结构失衡容易引发一系列社会问题；其次，农村市场的供给侧失衡使得农村商品供应出现短板，在一定程度上给农村居民生活带来了不便；最后，乡村公共权力形式不当容易滋生基层腐败。

此外，一些地方在乡村治理过程中主题定位和职责分工不够明确，这使得村委会在政策执行上存在不合理和效率差等问题。在文化方面，传统乡风民俗亟须结合现实需要进行重建，应该取其精华，去其糟粕。对于其中的优秀部分，我们应该积极地宣扬，鼓励人们继承优秀传统文化，培养中华民族的文化自信。优秀的乡风民俗不仅可以帮助村民养成良好的道德习惯，还可以为社会主义核心价值观的弘扬提供帮助。

传播乡贤文化、切实呼唤乡贤回归是解决目前乡村基层治理难题的必要手段，媒体应当利用自身特点充当呼唤乡贤回归的主力军与先行军，这既是时代赋予的重要议题，亦是来自基层民众内心的呼唤。传播乡贤文化需要人们保护好濒危的乡贤文化遗产，发掘和整理乡贤文化历史资料，对乡贤精神加大传播力度，促进乡贤文化资源的合理配置，发挥出乡贤文化在现代乡村社会治理中的功能和作用。

2. 乡贤文化的媒介议题助力乡村振兴目标实现

传播乡贤文化对乡村振兴在历史维度、文化维度、时代维度等层面有重大助推作用。从历史上看，乡贤治理对乡村社会秩序的稳定、乡村传统文化的传承发挥了顺乎民情的作用，对当代乡村振兴战略的实施具有切实可行的参考价值。从文化上看，大部分乡贤文化都属于优秀的传统文化，其具有的历史和人文内涵为乡村振兴注入源源不断的精神动力，同时能够涵育乡风文明，振兴乡村精神风貌。从时代特征上看，我们可以依靠乡贤的智慧与力量，构建新时代乡村利益共同体、价值共同体、治理共同体。为了推动“三农”工作高质量发展，农村地区应该贯彻落实乡村振兴战略。在政治层面上，实施乡村振兴战略体现了党的初心和使命，是在农村践行群众路线的具体实践。

3. 乡贤文化是涵养社会主义核心价值观的重要源泉

乡贤文化是典型的地域优秀文化，无数地域与民族的优秀文化构成了中华优秀传统文化这一有机整体，从这种角度来看，乡贤文化也是中华优秀传统文化的重要构成。乡贤文化自古以来就备受重视，唐朝《史通·杂述》曾记载："郡书赤矜其乡贤，美其邦族"；明朝《宁夏志》专门列举了"乡贤"人物，并开始建立乡贤祠；清朝开始把乡贤列入当地志书。① 乡贤文化是扎根家乡的母土文化，对当地人们的言行有着深刻的影响，激励人们见贤思齐、积极向善。乡贤作为当地的榜样人物，更贴近当地百姓的生活，可以起到引领示范作用，成为当地的精神文化标记，推动当地社会经济文化和谐发展，成为传播社会正能量的重要载体。对离开故土的海内外人士而言，乡贤文化是连接故土、维系乡情的精神纽带，是海内外游子探寻文化血脉、弘扬固有文化传统的精神动力。一个地域历代明贤积淀下来的乡土文化是该地域思想、信仰、价值的文化形态展现，是该地域的先进文化代表，是地域文化涵养社会主义核心价值观的重要源泉。

因此，在融媒体环境下，传统媒体与新媒体的优势理应得到充分发挥。积极并主动推动乡贤文化的传播，一方面可以使得社会聚焦于农村建设和治理，推动农村建设进程并强化乡贤在农村建设中的作用，另一方面，乡贤文化是不局限于地理层面的，它在心理层面上也表达了人们对于家乡的热爱之情。广大人民群众对于家乡的传统乡贤文化取其精华，去其糟粕，并且将新的时代精神融入其中，使得乡贤文化能够在新时代焕发出新的活力，帮助农村吸引大量的优秀人才，提高农村原住居民的凝聚力，不断促进美丽乡村的建设。避免农村地区出现大量人口迁移的状况，帮助人们保留记忆中的故乡。② 乡贤文化是推动新农村建设中农村政治与农村文化平衡发展的重要抓手，也体现了当代乡贤的现实价值和应有意义。

三、乡贤文化宣传的"接收与接受"

乡贤文化的宣传要考虑到"接收"与"接受"两个层面，这两个层面概念的厘清，在议程设置、效果效能、主体客体等多方面影响着乡贤文化的宣传诉求。

---

① 王志良. 继承和弘扬乡贤文化 践行社会主义核心价值观[N]. 光明日报，2014-07-23(1).

② 刘德萍. 传承乡贤文化为实施乡村振兴战略凝聚力量[J]. 社科纵横，2018(9)：6-8.

（一）“接收”与“接受”

先说“接受”。“接受”是人的一种主动认同类行为，往往更多与观点、理念、信仰等精神层面之间有着密切关联，是在面对外界的人和事物时，个人基于自身价值判断、综合衡量、主观筛选之后而接纳的一种行为心理，与法律意义上的“承诺”有着异曲同工之处。

相比而言，“接收”侧重于表述客体给予主体某种物或行为，与物质、物理空间、某种行动、某种观念等之间有直接关联，且这种关联仅仅局限于接触层面，未上升至价值判断之后的理念。换而言之，“接收”是收到、看到、听到、感受到、接触到的意思，还未上升至认可层面。“接收”与“接受”这两个词虽然字面差别不明显，但在文字表达上天差地别。

（二）乡贤文化宣传的“接收与接受”

从传播角度来看，“接收与接受”与“使用与满足”理论之间存在直接关联。仅就乡贤文化传播与基层社会治理效能之间的互动性而言，当前基层乡镇官员的媒介素养正处于逐步提升状态，乡贤文化宣传的惯用方式、思维等正逐步转变，停留于支离破碎的人物介绍、事件报道、策划性报道、应急性宣传等现象正在改变：宏观上注重乡贤文化在新农村建设过程中的先进性、榜样性；中观上强化新乡贤积极运用政策、技术、资源等方面的反哺教化作用；微观上凸显新乡贤带领村民劳动致富的荣誉感、归属感、成就感。

首先是乡贤文化宣传的“接收与接受”。乡贤文化宣传接收是指过去以零散化、随意化、简单化的方式将乡村治理的信息，通过口语传播、板报宣传、橱窗展示等形式，宣传给村民，村民被动接受，要么遵照执行，要么视而不见；而乡贤文化宣传接受是指村民借助互联网平台，充分运用移动媒体优势，在大众传播、圈层传播的信息搜集与消费过程中，主动获取乡贤文化信息，持续关注新乡贤参与乡村振兴的建设成效，尤其注重新乡贤因自身能力、品行、实效而产生的积极作用，强化新乡贤反哺的教化作用，从而在潜意识中接受乡贤及乡贤文化，并以见贤思齐的行动，主动改变自己观念，共同参与新农村建设，共创美好家园。

其次是乡贤文化从“接收”到“接受”的途径。乡贤文化能否真正落实，与其宣传成效之间存在直接关联。整体而言，目前基层政府主要采用人才项目与基金项目，并取得了相对令人满意的成效。

人才项目主要包含两个方面：其一是请回“不在场”的优秀原村民，其二是培育“在场”的新乡贤。

请回“不在场”的优秀原村民是指通过基层乡村人才的深度调查，整合各类大数据的统计资料，积极摸排从乡村走出去并且已经在社会各行业中取得相对成功的精英人才，通过政策、技术、资源等先行优势吸引人才回流。

当前各级政府的服务型功能表现得越发充分，主动“牵线搭桥”，成立“全国乡友会”“××区、县成功人士乡友会”“乡贤会”等，联系五湖四海的游子，集结社会不同领域的贤能人才，邀请有志于投资或投身于家乡建设的人回老家坐坐，见证家乡的新变化。与此同时，当地政府需要及时梳理新农村建设的各类项目，在各类座谈会、见面会上高效推介与精准对接，鼓励或吸引新乡贤进行商业投资，或是利用其影响力与优质平台，多渠道推广家乡特色优质项目，或是吸引外界的投资，增加乡村项目资金，抑或是借助业界人士更开阔的视野，为美丽乡村的内涵建设、乡村振兴的未来发展献计献策。

培育“在场”的新乡贤是指立足农村现状，在现有乡村环境中发掘能人雅士，比如乡村优秀党员、基层优秀干部、见义勇为者等一些先进个人、模范带头人等，这些能人工作在农村，生活在农村。作为土生土长的乡里人，他们对农村生活习惯、区域地方文化了如指掌，知晓村民的诉求，明白当地区域经济发展的长板与短板，因此这些本土乡贤的想法、做法、目标实现路径等，更能被村民接受，更能够得到村民的支持。这些人是新乡贤的主体，他们在新农村建设中更能发挥主体作用。

乡贤们为家乡的建设与治理奉献自己，不是为了寻求回报和声誉，而是为了知恩图报、回馈家乡。对于乡镇来讲，乡贤为家乡所作的贡献需要通过传统媒体、新媒体等平台，进行融合式传播与宣传。对于乐善好施的乡贤，我们可以通过宣传他们反哺故里的种种行为来给予其足够的赞颂与认可，比如在乡村文化活动中进行乡贤精神的学习，又如设立乡贤墙、乡贤堂，通过乡村广播、乡镇电视台、乡镇小报等进行宣传，特别是要通过新媒体方式传播当地乡贤的先进事迹，歌颂当地乡贤的崇高品格。传播这些，不仅为乡贤的所作所为赢得了一定的声誉，增加他们的荣誉感和使命感，更可以鼓励其他人见贤思齐，更加主动投身于家乡建设治理。

基金项目是指在新农村建设过程中针对留守儿童、“空巢”老人、其他困难群体而专门设立的基金项目。2018年底，众多媒体报道了“慈孝基金”项目，在网络上引发热议，得到大多数网民的认同，这种基金项目可以为乡村里的“空巢”老人、留守儿童带去温暖和关怀，让他们感受到远方亲人的牵挂和关心。

在此种思维的激发下，当代乡村还可以设立“教育基金”，资助贫困家庭的学子读书上学，以知识摆脱贫穷，为乡村培养新鲜的血液。这种类型的基金项目可以让乡村孩子享受音乐、体育、美术等教育机会，促进儿童德智体美劳全面发展。“教育基金”项目会产生持续的、良性的循环效应，一些学子小时候受到基金会帮助，长大后成为对社会有贡献的人，他们更加愿意回到家乡报答这份恩情，积极主动参与乡村建设和治理。

除了“慈孝基金”“教育基金”等项目，乡镇政府还可以根据家乡发展的实际情况，实施符合当地经济发展的各类产业项目，引导乡贤投资养老度假、休闲疗养、现代农业、美丽绿色乡村旅游等项目，吸引农村劳动力返乡就业，促进农村经济发展等。这不仅在宏观上注重乡贤文化的先进性、榜样性宣传，也在中观上强化新乡贤反哺的教化作用，同时又在微观上凸显新乡贤的荣誉感、归属感、成就感。

乡贤文化的宣传应与美丽乡村建设相结合，尽可能对农村居民的生产生活环境进行改善。不管是请回来的还是培养出来的乡贤人才，他们都对自己的家乡有着深厚感情，有着为家乡办实事、办好事的强烈愿望。基层政府要发挥自身引导力，让乡贤积极参与村庄规划、街道整治、村庄绿化、文化墙绘制等农村工作，为美丽乡村建设建言献策，有钱出钱，有力出力，有点子出点子。

第六章
乡贤文化新媒体传播的现状与对策

第一节　乡贤文化新媒体传播的现状

乡村振兴是一个渐进的发展历程，宣传好乡贤文化至关重要。乡贤文化既有历史积淀的厚重感，也有与时俱进的时代性。基于新媒体平台的乡贤文化传播，一方面需要深度了解乡贤文化的知识型人才，另一方面还需要通晓新媒体传播的技术型人才，通过故事讲述的形式，提炼乡贤文化的地方性与独特性，实现乡贤文化的故事性、文化性、价值性、时代性与历史感。

一、传统媒体与新媒体对乡贤文化传播的差异性

近年来，“乡贤”的概念逐步走进国人的视野，作为中华传统优秀文化的重要组成部分，乡贤文化体现的社会价值日益凸显。党的二十大报告指出，加快建设农业强国，扎实推动乡村产业、人才、文化、生态、组织振兴。乡村振兴的领头人对于实现这一总要求来说不可或缺。脱贫攻坚战成果的巩固、乡村振兴、美丽乡村建设等诸多工作中，当代乡贤扮演着至关重要的角色。传媒需要通过图片、文字、声频、视频等融合传播方式，积极呈现这些深入基层、积极发挥“领头雁”作用的人以及他们的作为，激活社会正能量，强化基层社会治理成效。

值得关注的是，在城市化不断发展的过程中，农村劳动力出现了严重的短缺，不少人口从农村流向城市，部分农村出现人口严重老龄化趋势，留守儿童和

“空巢”老人数量较多，诸多新型基层社会问题浮出水面。有些农村不仅没有保留乡村原有的生活特色，乡村的一些习俗文化也得不到传承，从而导致传统的乡村秩序得不到维护，传统社会关系越来越松散。

再者，在全球化时代，不同国家之间的文化交流频繁，我国传统的乡贤文化一方面引起其他国家受众的关注，另一方面也受到国外文化的冲击。与此同时，国人目前还没有对乡贤文化形成足够的关注度，且乡贤文化传播方式单一、表现形式相对落后，导致一些著名乡贤及其本身的价值意义逐渐被人们遗忘，人们不能够理解乡贤的作用，不愿意返乡创新发展。如何激励乡贤回归，将其真正地纳入中国乡村建设的一部分，实现以乡贤文化促进乡村产业发展、文化传承？在此，加大对乡贤文化的传播显得尤为重要，以新的传播渠道对乡贤文化进行有效宣传，使乡贤文化不断与时俱进，实现新的发展。

与此同时，CNNIC 发布的第 52 次《中国互联网络发展状况统计报告》的数据显示：截至 2023 年 6 月，我国网民规模达 10.79 亿人，较 2022 年 12 月增长 1109 万人，互联网普及率达 76.4%。越来越多的国人通过互联网交流分享信息，促进各种文化交流碰撞。在此情形下，新媒体传播为乡贤文化带来新机遇，不断加大学习、传承和发展乡贤文化的力度，提升乡贤文化传播的广度与深度。

虽然新闻传播在一定程度上促进了乡贤文化的发展，但是由于互联网的相关限制较少，主体越来越多元化，网络话语权下放，互联网对于信息的把关与监控不足，网络上关于乡贤文化的信息鱼龙混杂，受众很难根据自身条件对其进行理性辨析。相对于新媒体而言，传统媒体的信息发布系统具有一套严格的采写编程序，信息内容相对于新媒体而言真实可靠，具有一定的权威性。因此，我们应当明确传统媒体与新媒体在乡贤文化传播当中扮演的角色，能更好地利用这两种各具特色的媒体进行有效传播，为乡村社会注入新的发展力量，凸显民族文化特色。

（一）传统媒体侧重引导，新媒体注重具体实施

传统媒体长期融入人们的生活、工作和学习，影响着人们接受信息的方式，具有明显的科学性与权威性。在互联网技术的催生下，新媒体蓬勃发展，一度出现“传统媒体衰亡”的热议。事实证明，在我国，新媒体并不可能完全取代传统媒体，传统媒体与新媒体各具特色，起到相辅相成的作用。总体而言，对于乡

贤文化的传播，新媒体侧重于具体落实，传统媒体侧重于引导。

首先是利用新媒体对乡贤文化进行传播。新媒体注重乡贤文化传播在互联网平台、移动客户端等平台的有效落实。现实生活中，手机是人们日常生活当中必不可少的工具，信息传受系统发生变革。从新媒体技术诞生以来，博客、微信、微博、新闻客户端等数字技术平台纷至沓来，每个平台都有其特定的传播特征。

对于乡贤文化，我们可以结合特定的新媒体平台落实宣传，扩大关于乡贤文化内容的覆盖面。例如，基于微信的人际交往平台，朋友圈与公众号是人们信息的主要来源，乡贤文化结合公众号的形式，符合人们碎片化阅读的习惯；微博具有裂变式传播的特点，并且具备“热搜”（即展示在特定时间段内引起广大受众共同关注的热点事件）的功能，由微博触发人们对乡贤文化的关注与思考。当然，人们也可以根据自身需求使用新媒体新闻客户端，来获取乡贤文化的相关信息，提高信息的利用效率。

其次是利用传统媒体的权威性、科学性对乡贤文化进行深度挖掘。著名学者麦克卢汉在其著作《理解媒介：论人的延伸》中强调，媒介本身是最为重要的，而并非媒介发布的信息内容。[①] 传统媒体在进行价值观引导方面发挥着积极的作用，有助于树立乡贤的正能量形象，强化乡贤文化的影响力。例如庆阳乡贤文化研究会对庆阳历史上的名贤生平事迹及作品进行有组织、有步骤的研究发掘，先后出版《庆阳乡贤文化》《庆阳孝德文化》《庆阳德范人物》等系列丛书，以纸质形式对名人文化遗产进行抢救性保护，深入挖掘乡贤文化背后的精神，引导人们见贤思齐。

相对于新媒体而言，传统媒体在时效性、信息内容范围、传播方式等方面略显逊色，但传统媒体所呈现给受众的信息是经过层层把关筛选出来的，内容的制作与生产往往是经济效益与社会效益两者相结合的成果，并且长期以点对面的传播形式向受众输出信息内容，在受众心目中的权威性与可信度是新媒体难以比拟的。传统媒体可以对信息内容进行深度挖掘，最大限度地还原有关乡贤文化的信息内容的面貌，从而积极引导人们重视乡贤文化。移动媒体占据信息消费层面的主导地位后，互联网的特点使得信息过载现象越发明显，远远超出

---

① 赫伯特·马歇尔·麦克卢汉. 理解媒介：论人的延伸[M]. 何道宽，译. 北京：商务印书馆，2000：74.

了人们的辨析能力，使得人们特别需要专业人士为这些信息提供合理的、系统的解释。

（二）助推乡贤回归的方式不同

费孝通先生在《损蚀冲洗下的乡土》中明确强调，农村人口的大量转移导致中国千年以来的落叶归根的传统难以继承与发展。众多农村人口没有回到自己的故乡，一方面他们不愿意回到落后的家乡，另一方面他们也不能仅仅局限在落后的农村。[①] 如何让更多走出家乡的有所作为的人反哺乡村，回报乡村，令这些饱学之士、贤达之人成为乡村振兴的中坚力量，推动乡村人才机制合理发展？一个重要途径就是要有效利用传统媒体与新媒体两者的宣传传播特点，引导这些走出去的能者回乡作贡献。

传统媒体利用公信力优势与地位赋予功能，通过提升荣誉感来吸引人才。拉扎斯菲尔德和默顿指出，大众传媒具备由社会地位带来的功能，这意味着在受到大众传媒的广泛关注后，所有的商品、组织、社会活动及意见看法都会在社会环境中受到重视，其知名度和社会地位都会得到不断提升。[②] 传统媒体长期在日常生活中担任着信息传达的作用，在受众心目中有着较高的地位，而正因为如此，传统媒体的地位赋予功能有助于唤起人们对于乡贤的高度认同，重塑乡镇治理共识，增强乡贤的归属感与荣誉感。

2015 年 9 月 30 日，《人民日报》刊登评论性文章《重视现代乡贤》，深入探究基层“乡贤治理”的实际效果。[③]《人民日报》等传统媒体在人们心目中具有行为指向标的作用，利用传统媒体的公信力优势，强调了乡贤在乡村治理中的重要角色，并给予正面肯定。传统媒体传播的是主流思想，其政治导向正确，是受众喜闻乐见、容易接受的信息内容。社会各个阶层对乡贤的肯定，以及乡村社会对乡贤的迫切需求，更加激发乡贤人才参与乡村治理的热情，他们把在城市工作生活中获得的技术、知识、精神文明带到乡村，改善乡村“空心化”现象，更好地投身于乡村文化建设，并以此为引导，最终实现良性循环的效果：乡村经济得

① 姜方炳．“乡贤回归”：城乡循环修复与精英结构再造——以改革开放 40 年的城乡关系变迁为分析背景[J]．浙江社会科学，2018(10)：71－78．

② 郭庆光．传播学教程[M]．北京：中国人民大学出版社，1999：56．

③ 张颐武．重视现代乡贤[N]．人民日报，2015－09－30(7)．

到更好发展，乡村人文特质建构充分，乡村精神文明硕果累累，“绿水青山就是金山银山”的现实氛围能够吸引、培养更多新一代乡贤投身乡村建设，为美丽乡村建设提供源源不断的动力。

以情感作纽带，新媒体更倾向于以情动人。我们可以借助互联网平台，利用新媒体的“新”的特征，挖掘文字、声音、图片、短视频等传播形式，把乡贤文化中的情感发挥到极致，以更为人性化、情感化的传播方式替代生搬硬造式的乡贤文化传播，触动在外漂泊游子内心最为柔软的一角，唤醒他们造福家乡的热情。比如，江西的“掌上安义”平台携手安义县各乡镇乡贤制作专题《VR 全景解码安义》，利用 VR 全景技术，以独特的航拍视角展现各乡镇风貌，并逐步挖掘乡镇历史演变、人文典故、杰出企业及名人代表等元素，将现代元素与乡贤文化相结合，对家乡全貌进行还原，鼓励乡贤回归投资，令乡贤文化的传播内容呈现不再单调乏味，而是更加富有情感。

不仅如此，新媒体对于乡贤文化的传播还能够跨越国界，向国外游子展示中国乡村的发展现状与对人才的迫切需求，勾起在外乡贤的思乡之情，激发他们产生回乡推动家乡发展、共建美好生活的意愿。

（三）推进乡贤文化传播的手段不一样

麦克卢汉在著作《理解媒介：论人的延伸》中指明：媒介是人的感觉能力的延伸或扩展。举例来说，通过延伸人的视觉能力得到文字和印刷媒介，通过延伸听觉能力得到广播声音，而电视是人的各种感官能力的综合延伸。不过，随着互联网的问世，互联网给人类带来的影响，已经远远超越这些传统媒体所带来的影响。新媒体便是互联网时代的产物。与传统媒体相比，互联网突破时空界限，具有瞬时性、碎片化传播的特点，信息如洪水般滔滔不绝，令人目不暇接。电子传播技术的继续升级将对人们的信息感知、信息消费产生重要影响。

在传统媒体时代，报纸展示的是文字与图片，广播传送的是声音，而电视提供的是动态的图像，这些传播形式与新媒体相比显得较为单一。因此传统媒体更注重对信息内容的逻辑把关，更倾向于呈现对乡贤文化的叙事与解构，深度挖掘乡贤文化所体现的人文精神与社会价值。例如山东卫视《数风流人物》栏目的特别节目之《齐鲁乡贤——任继愈》一期，赞颂了任继愈的崇高品德，展示了其精神风貌，以激励现代人为中国乡村作出建设性贡献。与此同时，纪录片、纸质图书等传播方式一方面便于人们更加深入地剖析事物本质，不仅仅停留于对乡贤文化的表面了解，另一方面，在外拼搏的乡贤可以从其中找到符合自身精神需求的“契合点”，从而产生回乡发展的意愿。

新媒体碎片化传播手段适应快节奏时代，利用新技术加强“在场效应”。传统媒体更擅长交代完整的叙事过程，而在新媒体环境之中，信息较为琐碎且数量庞大，碎片化呈现的形式更为简洁有力，文字、图片、音频、视频等结合在一起，加上沉浸式体验给予受众全新的冲击，使受众更能体会乡贤文化的价值体系。同时，中国乡贤文化历史悠久，不同的地区有不同的乡村风貌、古代遗迹、乡贤故事、乡贤典型等，新媒体传播的多样性有助于针对不同的乡贤文化特点进行传播，不仅打破乡贤文化传播的壁垒，拓宽传播和发展空间，同时也促进乡贤文化与其他优秀文化交流与碰撞，从而为乡贤文化注入更丰沛的活力。

由此，新媒体不同的传播特色为受众带来不一样的乡贤文化体验。如“90后”作家刘骏文拒绝高薪，返回家乡，策划了短视频栏目《乡贤》，介绍抚州当代才子故事，旨在挖掘和推广当代的抚州才子，让才子们的乡愁情感可以被记录。当然，也有通过网络直播形式对乡贤文化进行传播的。2019 年，安徽阜阳的洲孜村举办了第一届乡贤文化节，运用网络技术的形式对现场进行直播，点击量达到 7.5 万次，扩大了本土乡贤文化的影响力。新媒体的便捷性与普及性为乡贤文化的传播搭建了桥梁，让在外打拼的乡贤可以随时随地了解家乡发展进程，为家乡发展积蓄力量，提升文化自信。

满足受众感官上的享受是新媒体的丛林法则之一，而维护社会效益则是传统媒体的原则导向。相比之下，传统媒体多采用传统新闻形式进行传播，信息内容的生产与呈现的结构较为稳定。尽管互联网的开放为我们打开了现实世界的窗口，但是互联网也是一把双刃剑，对于媒介素养较差的人们而言，碎片化、瞬时化与海量的信息反而扰乱了他们对信息内容的辨析与选择。

（四）公众信息消费的心理距离不同

不同的传播方式会影响受众对信息的理解，信息传播技术的发展影响着人们的生活与交往。在传播学者波兹曼看来，由印刷时代到读图时代的转变，意味着我们理解世界的方式也随之发生了改变。

乡贤文化能够聚拢人们的民族力量，凝聚人们的民族精神。受众通过浏览观看乡贤文化的内容，能够满足爱国爱乡情怀，激发回乡的意愿。如今的年轻人生活在互联网时代，随着传播技术的发展，在不同类型的媒体平台进行各类信息的接收与分享已成为其生活本能，这同时也意味着不同媒体对于当代青年受众而言，其亲密度、距离感、便捷性、使用意愿等媒介信息消费的关系度也不一致。传播学者卡兹在著作《个人对大众传播的使用》中论析了“使用与满足”理论对于受众媒介选择的影响，“受众群体大多时间是基于自身的社会与心理因素产生需求和目标，从而主动地、而非被动地选择媒介并进行媒介接触的行为”①，因此，就乡贤文化的内容传播来说，传统媒体与新媒体两者的传播方式、传播特点、传播理念大不相同，受众选择媒介时的态度与亲密度也不一致。

传统媒体多为宏观性、政策性的方向把控，与公众信息消费之间存在一定的距离感。长期以来，传统媒体的传播模式是以点对面，完全掌控信息传播的主动性，从受众的角度来看参与性不足，但实际上所有的受众具有特殊性，点对面的传播形式意味着传统媒体对于乡贤文化的传播方式不能满足所有受众的需求，个性化的不足使得受众与其亲密度不足，并且，传统媒体由专业的传播机构负责，信息内容的生产与呈现经过层层把关审查，例如报纸的版面、标题、字体大小，电视的节目时间长短，广播的语速等都具备着一套完整的运作系统，相比于新媒体传播形式的多样化，传统媒体的传播形式显得呆板。传统媒体对于乡贤文化的传播建立在受众已有的思维范围，传播形式很难推陈出新，乡贤文化仍在“神坛”之上，很难拉近与受众的距离。

新媒体与公众连接入口较多，其年轻化的传播手段更能拉近与公众的距离。如社交媒体中的微信、微博等，视频分享平台中的抖音、快手等，论坛社区中的豆瓣、知乎等，新媒体更为细化与小众化，受众可根据自己喜好与需求，选择传播渠道以及搜索关于乡贤文化的内容，以此满足自身的精神需求，在接受乡贤文化信息的过程之中获得身份认同。

新媒体年轻化的传播手段更加符合现代人接受信息的方式，令乡贤文化的传播方式更能抓住人们的痛点，使其充分领悟其中的价值内涵。在读图时代，文字逐渐游走到“舞台”后方，可视化呈现为我们提供更便捷的理解方式，例如

---

① 周浒，董浩. 移动互联网时代知识付费 APP 发展的态势分析——基于 SWOT 分析的方法[J]. 河北广播电视大学学报，2019(4)：73-77.

微信的H5形式，包括了文字、声音、图片、视频、链接等，可以将抽象的乡贤文化以多种不同的表达方式进行呈现，在提供生动形象、具有趣味性的内容的同时，也满足了人们感官上的享受，拉近了与受众的距离，使乡贤文化不再遥不可及，而是成为人们能够切身体会的一份精神享受，也令"不在场"的人们记住乡愁，从而吸引更多人关注乡村的发展，为乡村的建设贡献出谋献策。

（五）受众参与度不同

传统媒体与新媒体对乡贤文化传播的差异，不仅仅体现在传播手段的不同，还体现在受众的角色差异上。传统媒体时代，媒体垄断了话语权，以单方向的模式进行信息的传播，受众只能通过报纸、广播、电视来获取自己需要的信息内容，很难参与信息内容的生产与制作。新媒体打破了话语权的垄断，人人都具备麦克风。因传播主体发生改变，受众可以通过手机、电脑等互联网终端设备进行信息的生产、搜集、分享，与传播者进行互动，甚至角色互换，受众对于媒体的参与达到了前所未有的高度。受众在传统媒体与新媒体中的参与程度不同，也就注定了他们对乡贤文化传播的接收与接受度的不同。

相比新媒体较强的受众互动性，传统媒体的受众参与度较低。乡贤文化也基本通过电视频道、学者的文章等进行传播，这是单一的信息传播模式，受众难以进行及时性、便捷性的互动反馈。但是由于传统媒体具有一定的门槛，要求从业人员具备较高的媒介素养，对于乡贤文化具备相对翔实的了解认知，以保证信息源的真实性、可靠性，最终达到乡贤文化内容输出较为优质的效果。这种传统媒体的传播特质，在一定程度上避免了因受众媒介素质不一而出现的信息内容参差不齐的问题，在内容上遏制了乡贤文化内容娱乐化的倾向，在传播效果上彰显了我国优秀传统文化的精髓，有其自身明显的传播特色。

新媒体重视受众主体性，强调参与互动。由于互联网的使用门槛低，反馈渠道多元且通畅，新媒体注重受众的主观感受，允许受众发表自己的意见建议，受众可以参与生产、分享、传播乡贤文化信息内容的各个环节。通过微信、微博等社交平台，受众自身便能传播乡贤文化，把身边关于乡贤的优秀事迹、古代传说、乡贤故居等信息内容发布到平台上，扩大乡贤文化的传播面。在传播过程中，传播者可以与网民进行实时互动，受众可以进行点赞、评论、转发，这种传播样态不仅可以促进乡贤文化二次传播的目标实现，也可以促使传播者进一步优化传播方式，推出更优质的乡贤文化内容，吸引更多的在外乡贤回乡发展。同时，互联网具有大数据分析以及算法推送技术，受众在互联网上所使用的痕迹包括点击浏览、观看视频、搜索引擎、购物买单等行为都是大数据分析和算法推送的基础，利用这些技术，可以实现乡贤文化的精准传播。

随着新媒体技术的进一步发展，受众对乡贤文化的主动搜索——例如 VR 与乡贤文化的结合——不仅能够突破空间的束缚，让受众随时随地体会家乡的自然与人文场景，还能够利用人机交互技术，将人的感官触角与场景中的事物进行互动，实现对场景的操控，从而获得更深层次的乡愁感悟。

二、传统媒体与新媒体对乡贤文化传播的共同目标

改革开放以来，中国经济迅速腾飞，农村经济实现了快速发展，但不可否认的是，“空心村”、生态危机等导致的文化凋敝、伦理失范等社会问题也愈来愈严重。在不断推进的城市化进程中，大批出身乡村的人才流失，出现了越来越多“不愿回家”的农村子弟，削弱了农村社会自治与发展的内在支撑与内生动力。

面对乡村振兴的迫切要求，近年来各级政府从帮扶乡村产业经济发展、优化乡村治理等方面实施了一系列经济政策，并取得了明显成效，但一味依靠经济造血功能很难全方位确保乡村振兴的高质量发展。要想实现乡村振兴，除了现有经济、政策、技术等方面的支持，还需要持续激活文化发展的内生原动力。传播乡贤文化，唤醒人们的乡土意识与“报本反始”“认祖归宗”的乡土情结，以乡愁为纽带吸引身处异乡的人才回归家乡，减缓乡村人口流出，进而解决乡村实际问题。虽然传统媒体和新媒体在传播乡贤文化的过程采用的方式方法、侧重点各有不同，但二者具有同样的目的、意义，都是为了吸引乡贤人才反哺家乡，修复城乡循环体系，平衡城乡发展差距，构建全面发展格局。

（一）加快乡村振兴战略推进，促进乡贤文化传播

乡村是一个兼容多种功能包括生产、生活、生态、文化等于一体的区域，是城镇发展的有效支撑。我国自古以来就是农业大国，中国社会的每一次变革，都跟农村息息相关。没有乡村的强大推动力，国家发展速度也不可能如此之快，可谓乡村兴则国家兴。党的十九大报告明确提出，我国社会的主要矛盾转

变为人民日益增长的美好生活需要和不平衡不充分的发展之间的矛盾，这一矛盾在乡村表现得尤为突出。

实施乡村振兴战略是党的十九大报告作出的重大决策部署。2017 年 12 月 29 日，中央农村工作会议提出走中国特色社会主义乡村振兴道路，让农业发展更具实力，提高农民的生活幸福程度，把农村打造成我国人民生存生活的欢乐家园。2018 年中央一号文件旗帜鲜明地突出乡村振兴战略的重要价值。2018 年 9 月 21 日，中共中央政治局就实施乡村振兴战略进行第八次集体学习，再次强调乡村振兴战略是党的十九大提出的一项重大战略，是关系全面建设社会主义现代化国家的全局性、历史性任务，是新时代“三农”工作总抓手。2018 年 9 月，中共中央、国务院印发《乡村振兴战略规划(2018—2022 年)》，要求各个地区的相关政府部门在本地区实际发展情况的基础上积极推进乡村振兴战略计划。

当前，我国的基本国情与“三农”问题直接关联，无论是城镇一体化建设，还是美丽乡村建设，其根本要义依然指向农村地区，只有实实在在地解决了这个最困难、最繁重、最突出的问题，才能真实谋划全面建成社会主义现代化强国的美好未来。在国内国际经济双循环新格局的指引下，我国农村地区具备强大的发展潜力，具有广阔、深厚的发展前景。因此，乡村振兴战略的实施计划，不仅直面解决我国社会发展的主要矛盾问题，同时也是积极迈向第二个百年奋斗目标，努力实现中华民族伟大复兴的发展需求。

从历史的发展情况来看，文化虽然是一种精神力量，但也可以有效地转化为物质力量，在社会的方方面面产生深刻影响。社会想要获得健康发展，就必须大力推进文化发展，乡贤文化是其中重要的组成部分，其作用不言而喻。

2015 年的中央一号文件明确提出“创新乡贤文化”的要求，此后连续四年的中央一号文件都涉及“新乡贤”“新乡贤文化”等关键词。《中华人民共和国国民经济和社会发展第十三个五年规划纲要》明确了“培育新乡贤文化”发展目标，同时详细介绍了乡贤文化的内容。2018 年，《中共中央国务院关于实施乡村振兴战略的意见》明确指出“积极发挥新乡贤作用”。上述文件的出台表明乡贤文化的重要价值和意义。

媒体和政府部门在乡贤议程设置方面相互支持，指引并鼓励各类新乡贤积极参与乡村治理工作，制定新型的村规民约，保障乡村地区发展的持续性和积极性。在报道乡贤文化的过程中，传统媒体与新媒体都表现出了吸引乡贤返乡的目的，即通过报道乡贤事迹、政府招商引资政策、家乡发展现状等内容，鼓励在教育、技术、德行、商业等方面已有一定建树的新乡贤结合各自乡村的产业、文化、地理位置、资源特色等现实因素，针对性地汇聚资源，积极打通人力、物力、财力之间的通道，真正成为乡村振兴的资源汇聚者、战略规划者和战术引领者，切实带动普通村民积极投身美丽乡村、和谐乡村、富裕乡村的全方位建设。

同时，要在全社会形成推动乡村建设的良好氛围，通过对先进事例的报道，以反哺桑梓的文化情怀，吸引更多的产业、技术、数字等领域的本土企业家、工程师、公务员积极参与并持续关心家乡的振兴项目，帮助更多的群体树立乡村建设的自觉意识，为农村建设项目吸引更多的社会群体力量。乡村振兴还可以综合实际存在的乡村资源，发展"独具特征的'策划师''工程师''组织员'或'宣传员'"①。在满足发展条件的地区内，基层各系统的党支部更是需要密切关注人才建设的可持续发展，鼓励更多的新乡贤成为乡村振兴高质量发展的组织者、实施者和推进者。

（二）修复城乡循环体系，再造乡村精英结构

中国自古以来就存在城乡差别，早在西周和春秋时期，就有"国人"与"野人"之分。《周礼》中有"国人郊人从其有司"的说法。贾公彦疏："国人者，谓住在国城之内，即六乡之民也。"这就是将城市中居住的"国人"和乡村中生存的"野人"区分开来，但居民可以在城乡之间自由流动。《周礼》中也有相关记录，"以廛里任国中之地，以场圃任园地，以宅田、士田、贾田任近郊之地，以官田、牛田、赏田、牧田任远郊之地……"为了管理六乡或三乡的"野人"居住区，会有一些"国人"居住在"远郊"，即所谓的"以官田、牛田、赏田、牧田任远郊之地"。在中国漫长的社会发展过程中，乡村精英、乡村贤达人士为基层治理发挥了难以磨灭的作用。

第一是城乡循环体系的润滑与修复作用。20 世纪 50 年代中期，为发展国民经济、满足特定时期政治需要，"城乡二元分割体制成为我国户籍制度推行的

---

① 姜长云. 实施乡村振兴战略的难点和基点[J]. 农业经济与管理，2018(3)：5－9.

核心"[①]。按照地域和家庭成员的不同，居民的户籍区分为农业户口与非农业户口，以此来限制城乡人口的自由流动。我国从 1978 年开始实施改革开放政策，在乡村地区大力推行家庭联产承包责任制，极大促进了乡村经济进步。随着市场经济的发展与城镇化进程的加快，城乡之间的户籍、产业、文化、旅游等社会壁垒逐一破除，人口流动的限制逐步取消，许多农村居民因读书、打工、创业等需求涌向城市，留在城市，服务城市，渐而使得"乡土中国"的"空心村"现象越发明显。

城乡二元分割体系在新中国成立初期为政治经济发展带来了很大成效，但也带来了城乡差距加大、发展不平衡等问题。为缩减城乡发展差距，修复城乡循环体系，当代乡贤需要积极作为，发挥基层社会治理的润滑与修复作用。

第二是大学生村官计划的推进与反思。大学生村官计划号召应届全日制普通高校本科及以上学历毕业生担任村党支部书记助理、村主任助理或其他职务，旨在为基层干部队伍提供人才储备，为现代乡村发展注入知识力量。当然，有的大学生村官在乡村工作时会遇到一定的阻力。《2016—2017 中国大学生村官发展报告》指出，受到各种主客观因素的影响，大学生村官普遍出现了"融入难、创业难、干事难"等现象，无法完全承担应负的责任。刚告别学校的大学生村官们身上充满青年人的活力，且具备较为现代的专业知识，能够较为明显地提升乡村区域的知识水平，但他们一毕业就参与到乡村治理中，缺乏乡村社会需要的社会经验和资源，结果往往不尽如人意。[②]

第三是积极发挥政府招引乡贤的传播优势。乡贤往往是在某一领域积累丰厚经验、获得较大成就、拥有优质资源的精英人才，他们回归乡里时往往会带来大量技术、资金、渠道等资源，这种反哺在客观上为美丽乡村建设创造无可比拟的机遇。同时，乡贤回归在一段时间内能够为乡村社会带来新的发展动力，乡贤成为乡村社会新的权威，在此基础上形成了乡村治理的优质体系。在乡贤文化的传播过程中，传统媒体和新媒体对于政府招引乡贤的优惠政策的报道，还是以情感为纽带，传递乡愁情结，不可避免地带有吸引乡贤回乡的

---

① 李强. 社会分层十讲[M]. 北京：社会科学文献出版社，2008：87.

② 姜方炳."乡贤回归"：城乡循环修复与精英结构再造——以改革开放 40 年的城乡关系变迁为分析背景[J]. 浙江社会科学，2018(10)：71 - 78.

目的性。

除外地回乡的各类精英外，长期生活在本地的村民也占有一席之地，成为当代意义上的在地乡贤。乡村干部作为合法的乡村管理人员，既是国家政策的传达者与实践者，同时也是普通村民利益的代言人。① 媒体在以旁观者的立场对乡村干部进行监督的同时也要做好知识传递工作，促进乡村干部业务能力、政策知识水平的提高。面对普通村民群体，媒体则要注重培养村民的参与能力，激发村民主体性，为广大普通村民提供与管理者对话、互动、反馈的渠道，从而在普通村民中培养出乡贤，进一步丰富乡村精英结构。

当代乡贤回归是修复城乡循环体系的重要力量来源，有利于促进乡村社会内在发展动力生成。媒体在报道乡贤文化、吸引乡贤回归的过程中，也需从另一层面对乡村精英结构进行二次构建，为乡村注入新的力量，助推乡村社会可持续发展。

（三）发扬乡贤文化教育功能，凝聚人心，淳化民风

在中国传统文化的传播过程中，“家国天下”的思想不断延续。如今，“家”指的是单独的家庭个体，但古时候的“家”是指由血缘关系紧密联结的一个村庄或家族。当地理位置和“家”以扩大化的形式相连接时，就构成“乡”这一行政单位，《周礼》中记载“五州为乡”，秦汉时期则以“十里为一亭，十亭为一乡”，也就是说“乡”的概念建立在“家”的基础之上，渐而形成家乡共同体，其成员之间互相帮扶，在“一荣俱荣，一损俱损”的心理影响下形成独特的循环机制：一方面，广大普通乡村居民对乡中的优秀子弟抱有“反哺桑梓”的共同期待，并时常采取行动帮助优秀子弟，如提供经济支持等；另一方面，受到乡亲恩待的优秀子弟发迹后也对家乡和乡亲存有回报之心，通过捐财捐物等方式回报家乡父老。这种家乡共同体的精神体现儒家伦理特色，蕴含于传统乡风民俗之中，也是形成乡贤文化的重要基础。

媒体在对乡贤文化进行传播时，首先要发挥融合传播优势，激发人们对乡土的认同感与归属感。由于城镇化进程加快，更多的人喜欢前往发达城市发展，导致农村建设缺乏人才，传统乡村文化逐渐被遗忘，甚至被更加灵活开放的

---

① 李晓斐.当代乡贤：理论、实践与培育[J].理论月刊，2018(2)：161－166.

城市文化所取代，乡村精神文化发展处于迟缓甚至停滞状态。伴随市场经济迅速发展而来的急功近利的心态，使得民众过度重视物质追求和经济建设，文化传承和精神建设却被逐渐忽视，很多传统村落景观让位于经济建设，重视伦理、邻里互帮互助等传统价值观被视为陈旧保守，好逸恶劳、崇尚攀比等不良之风在乡村蔓延。甚至民族传统节日、传统手艺等民俗文化被边缘化，世代相传的文化记忆逐渐褪色，乡村传统文化萎靡不振，乡贤文化中的文化符号日益黯淡。在此情形之下，媒体重新重视对乡贤文化的传播报道，是对乡村文化、民俗民风的有力唤醒，大众传播媒介通过自身的传播力、影响力来增强乡村居民对于乡土的认同感与归属感。

其次是慎用媒体，合理维权，注重教化。在农村经济持续发展的背景下，我国农民的生活水平得到快速提高，伴随而来的是农村的各类矛盾纠纷发生频率增加。由于农民的知识水平相对较低、法律意识亦较为薄弱等，部分农民在维权时甚至出现滥用媒体、污名化传播的“闹访”现象。乡贤作为政府和普通村民之间的沟通渠道，能够发挥自身本土化优势，更深入地了解民情民意，及时将村民诉求传达给管理部门，成为村民和基层组织之间的桥梁，化解乡村矛盾。① 媒体在传播乡贤文化、乡贤事迹的同时，也发挥了教化作用。媒体可通过普及基础的法律意识、报道成功的维权案例，利用自身潜移默化的影响力，引导村民遵法守法，合理维权，进而减少乡村矛盾冲突，保证乡村稳定发展。

最后是注重乡村文化传播的品质，力避“泛娱乐化”现象。在以传统媒体为主体的传播时代，乡贤文化的传递大多依靠报纸、书籍、杂志等印刷媒体进行传播。“民国时期鲁迅创作的《阿Q正传》《祝福》等，自传和小说文体居多。新中国成立之后随着社会转型，大多以长篇小说的形式传播，出现周立波《山乡巨变》、陈忠实《白鹿原》等优秀长篇小说作品，这两个时期的乡贤文学作品内容丰富深刻，具有明显的教育和认知功能。”②

以《白鹿原》为例，这部小说自1992年刊载于《当代》杂志，通过杂志这一印刷媒介进入公众视野；1993年，《白鹿原》以单行本的图书载体，持续巩固作品的

① 殷民娥.培育乡贤“内生型经纪”机制——从委托代理的角度探讨乡村治理新模式[J].江淮论坛，2018(4):25-29.

② 张燕.多元化、移动化、社交化——新媒体语境中乡贤文化文学传播多维路径的嬗变[J].视听，2019(12):206-207.

传播影响力；2012 年，由小说改编的同名电影上映，将静止的文字符号转变为动态的镜头语言，载体进行了又一次转换；由《白鹿原》改编的话剧、舞台剧也不断登上舞台，保持持续性传播；2017 年，江苏卫视、安徽卫视开始播放电视剧《白鹿原》，观众接收到乡土文化的传播。由此可见，我国实行的改革开放政策，不仅在市场经济领域产生积极影响，也促进了文化产品的生产与传播，越来越多的文化作品通过更为多元的传播载体得到受众的喜爱。当然，文化作品的教育价值和深刻性也存在被娱乐化、快餐式消费的隐忧。在传播乡贤文化时，传统媒体和新媒体需要格外注意市场化及泛娱乐化所带来的消极作用，在文化传播的过程中需要注重思维的发展，避免传播的教化功能被淡化，不使乡贤文化对当地村民的教化作用“打折扣”。

（四）吸引乡贤人才反哺家乡，促进乡镇治理优化升级

在 20 世纪七八十年代，受到后工业社会发展的影响，学术界针对工业主义模式中的标准化和精确性特征展开不断的思考，对所谓的工业社会不再盲目乐观，而是逐渐意识到工业社会引发的风险问题和各种不可控的因素。在这种环境中，过去广泛应用的自上而下式的传统管理受到严峻的考验，人们开始将目光投向多元参与的治理模式。治理与管理相比，最大的差异在于治理抛弃了“俯瞰”态度，没有自上而下的方向性，而是一种强调协商合作的伙伴式互动的持续过程。管理是以政府权威作为依靠，而治理则更加重视多元、互动的合作网络的权威。[①] “管理”到“治理”的概念及内涵转变得到了中国学界的认可，社会治理逐渐成为学者研究的重点所在。

媒体在传播乡贤及乡贤文化时，应注意以下三点。

首先是“线下”乡贤的真实状态与“线上”乡贤的虚拟状态。在当下中国乡村治理的过程中，有一个重点不能忽略，那就是对村民主体性和行动逻辑的认识以及对非正式制度与多元参与的强调。[②] 因此，从农耕社会逐步发展到如今的现代社会，乡村在中国社会发展过程中扮演了重要角色，乡村治理自然成为中国社会治理不可绕过的话题。乡贤在促进村民主体性提升、多元参与乡村治

① 俞可平. 治理与善治[M]. 北京：社会科学文献出版社，2000：54.

② 贺雪峰，董磊明，陈柏峰. 乡村治理研究的现状与前瞻[J]. 学习与实践，2007(8)：116 - 126.

理这一层面具有较强的号召力与感染力,能够作为连接政府与乡村当地普通民众之间的桥梁。

与日常生活中的乡贤相比,媒介传播中的乡贤形象则需要更加注重真实性、客观性与可信性的呈现。乡贤成长于特定的文化土壤,在乡土社会中具有客观上的影响力和号召力。需要引起我们重视的是,如果媒体在传播乡贤行为时,将其号召力、影响力过于夸大,一旦超过边界,乡贤的影响力就会受到削弱。“贤”意味着乡贤个体能够获得一定的民间认同和支配能力。乡贤要具有一定的权威,在某些方面具有过人之处,能够得到当地普通村民的认可、信赖,或是能够满足当地村民的某种普遍期待。①

其次是“线下”的“民间领袖”与“线上”的“意见领袖”。乡贤身上所具有的本土性和号召性特点,使得乡贤在其特定的影响范围内扮演起“民间领袖”的角色。对于普通村民而言,来自工商领域的经济精英积累了丰厚的经济资本,成为村民眼中的“成功人士”,慕强心理使得村民对乡贤产生向往。同时乡贤作为民间与政府之间的桥梁,相比起政府,乡贤与普通村民间的距离更近,基于乡愁的情感纽带将乡贤与村民紧密联系在一起。当地普通村民在乡贤的号召力下,更有可能被激发起主体性,积极参与乡村治理。

在传播乡贤文化的过程中,传统媒体和新媒体虽然在具体手段上有所差别,但有一点是相同的,那就是积极发挥自身的传播力量和媒体优势,吸引乡贤回乡建设,反哺家乡,积极促进乡村治理优化升级。传统媒体可凭借自身与当地政府部门之间的紧密关系,从宏观角度传播乡贤文化,通过报道政府招引身居外地的人才回归的各种举措(如优厚的政府扶持政策),凭借传统媒体本身的公信力来吸引在外创业成功者,激发他们参与乡村建设的热情,利用他们在政治经济方面的资源优势,通过项目回迁、信息回馈、技术回援、资金回流等方式反哺家乡,提高乡村公共产品的有效供给,从而促进当地经济发展。

新媒体则拥有多元渠道优势,传播语态更加“接地气”,与受众间的距离更近,在情感叙事上具有独到的优势。新媒体常常采用乡情叙事,通过描述乡愁激发客居外地的各种人才的思乡之情来吸引他们回归家乡。拉扎斯菲尔德和默顿指出,大众传媒具备由社会地位带来的功能,这意味着在受到大众传媒的

① 李晓斐.当代乡贤:理论、实践与培育[J].理论月刊,2018(2):161-166.

广泛关注后，所有的商品、组织、社会活动及意见看法都会在社会环境中受到重视，其知名度和社会地位都会得到不断提升。“脸面在某种意义上是中国人证明自己存在的价值和意义的方式。”[①]即便多年客居他乡，但“衣锦还乡”“荣归故里”这样的观念仍然是激发乡贤群体回归家乡的重要心理动力。

最后是新媒体时代乡贤文化的创新传播。互联网和电子信息技术的发展，加快了社会各方面信息化的步伐，新媒体时代悄然来临。在此模式下，大量重要的载体应运而生，例如手机之类的移动终端逐渐变为传递信息的关键途径，从而不断削弱传统媒体的影响力。在这样的大背景下，乡贤文化的传播策略转变迫在眉睫，从原本以传统媒体为主转向多元媒体整合传播。

C. W. 米尔斯认为，大众媒介是人们获得认同感和社会抱负的主要源泉。无论是传统媒体还是新媒体，在传播当代乡贤文化时都要重视创新传播内容，变革传播方式，在优质内容的基础之上打造立体传播渠道，整合资源进行线上线下多媒体传播。在充分认识两类媒体对乡贤文化传播的不同侧重点的基础上，既发扬传统媒体提纲挈领、宏观指引的作用，又兼顾新媒体多元互动的渠道优势，建立顺畅的反馈机制。同时结合受众需求，利用不同媒介间的组合效应，进一步提升传播效果，探索一条契合当下媒介环境的乡贤文化全媒体传播路径。

三、乡村文化传播的新媒体复合型人才

乡村文化根植于农村，其乡土特色为人类社会文明提供了丰富多彩的文化来源。为了让这种易于接受的文化内涵得以充分展现，当前的乡贤文化传播需要切实加强人才建设，打造一支复合型人才采编团队，提炼乡贤文化的地方性与独特性，通过故事讲述的形式，“接地气”地实现乡贤文化的故事性、文化性、价值性、时代性与历史感。

（一）乡村文化新媒体传播的自觉意识

乡村文化具备乡土性、大众性、地域性、亲缘性、朴素性等特点，乡村文化的

① 翟学伟. 中国人的日常呈现：面子与人情的社会学研究[M]. 南京：南京大学出版社，2016：25.

传播亟需复合型人才和多元化的传播手段。

1. 乡村文化的新媒体传播特质

"我国是一个以'农业立国'的文明古国，乡村社会是国家旺盛生命力的来源，它决定了中国古代社会发展的基本轨迹。"①乡村文化存活于远离城市中心的偏僻村庄，是广大村民日常生产生活方式和精神世界的反映，涵盖了饮食习惯、耕种习惯、交往礼仪、节日庆典、婚嫁丧事等范围。就文化的传承与发展而言，发源于人类早期农耕社会的乡村文化已成为与现代都市文明并存的一种文化形态。在当代新农村建设过程中，基层社会治理能力现代化目标的实现，需要整合多种资源，媒体就是其中一种重要资源，我们必须充分彰显融合传播的智慧。

第一是以乡土性内涵传播激发思念故土之情。乡土性具有非常浓厚的地域色彩。比如费孝通在《乡土中国》中明确指出，中国社会的一大特点就是乡土性。费孝通认为农村才是中国社会不断发展的基础，一切发展都离不开乡土。虽然城市化的速度在不断地加快，中国社会乡土性的特点较以往来说比较难以察觉，但是在中国的社会群体中，农民依旧是最大的群体，乡土性依旧是社会的典型特点。乡土的观念已经渗透到中国人的一言一行中。每一个人都对故土、亲人有一种怀念、依恋之情。家族观念就是这种乡土性的代表，我国传统社会结构和社会关系基本上都来源于这种根深蒂固的家族观念。

第二是以大众性内容传播提升民众的文化消费质量。乡村文化扎根乡村，与生活在这片土地上的广大民众密不可分，具有广泛性的特点。整体而言，乡土文化是老百姓喜闻乐见的文化，是群众可以随时在田间地头广泛参与和多元议论的生活内容，比如戏曲歌舞、棋牌游戏、庙会文艺等。

第三是以地域性传播内容汇聚村民的圈层效应。不同地区所形成的乡村文化有其自身独特的内涵和风味，它与当地的地理环境和人文环境密切关联，甚至有时划分的范围非常小，可能仅仅一村之隔，文化形态就发生了改变。

第四是以亲缘性的传播内容贴近民众心理。乡村文化与乡村特有的政治组织、经济结构、制度形态、乡村伦理、人际关系等有直接关系，诸多以宗族样态

---

① 骆正林. 中国古代乡村政治文化的特点——家族势力与国家势力的博弈与合流[J]. 重庆师范大学学报(哲学社会科学版)，2007(4)：11－16.

存在的乡土文化，为乡村治理提供了伦理道德方面的规约与保护。这些非正式制度代代相传，得到继承并不断深化和发展，最终才能够延续至今。在实际生活中，一般以说教的形式制约着村民的道德、原则和价值观念。

第五是以朴素性的内容传播彰显人的存在状态。传统习俗、血缘关系、乡俗文化等非正式的乡风民俗源于乡村的社会秩序，对日常生活进行指导。乡土文化，无论是过去还是现在，都异常重视人与自然的和谐，这种文化的本质中闪现着天人合一、尊重礼法的道德诉求，至今依然熠熠生辉。

2. 乡贤文化传播需要复合型的新媒体人才

随着时代的不断发展，传媒行业不断与时俱进，新旧媒体正在进行融合，传播技术不断突破，传播形式不断变化。传媒行业评判人才的标准逐渐转变，即需要复合型的新媒体人才。

就目前而言，复合型的新媒体人才是指能够在文字撰写、视频制作、声频采集、微信微博推送、新闻客户端运营、现场直播等方面具有综合能力的从业人员。他们能够以娴熟的媒介技术，借助故事讲述的形式，提炼乡贤文化的地方性与独特性特点，"接地气"地实现乡贤文化的故事性、价值性、时代性、文化性与历史感。

如今，智媒体的进一步发展为信息生产与传播带来颠覆性的革命，其新型化、智能化、交互化、多元化以及个性化的特点也越来越明显。因而，乡贤文化的新时代传播对复合型人才的媒介素养要求更为严苛。

（二）乡贤文化新媒体传播人才培养的"短板"

就整体传播效果来说，乡贤文化传播目前存在着较为明显的"短板"。在传统媒体时代，有关乡贤、乡贤文化的报道更多依赖记者，或是相关通讯员。在网络传播时代，这种现象貌似已经改变，实质并未发生根本性变化。

在当前的新媒体生态下，以微信、微博、新闻客户端、抖音等各类平台为载体的乡贤文化传播，相较于传统媒体丰富了很多，但真正有质量、有品位的优质内容依然鲜见，其主要原因有两方面：一是不少科班出身的新闻专业人员对乡村文化的真实内涵相对隔膜；二是真实了解乡村文化的人，其媒介传播素养相对欠缺，其新媒体技术素养更有很大提升空间。

从传播效应来看，基于新媒体平台的乡贤文化传播，其出发点依然要聚焦于广大乡村受众的需求。在移动媒体异常发达的今天，受众获取、消费信息的方式已突破传统意义上的被动限制，可以随心随意、随时随地对各类乡贤文化传播进行评论。因此，媒体及时关注网民的反馈，积极调整内容生产的方式，优化传播路径，持续争取正向传播效能，尤为重要。

与此同时，乡贤文化的新媒体传播，需要力避传播误区。人文基础不够深厚的新媒体传播人才，不仅很难写出原汁原味的乡村报道，还容易导致宣传内容浅薄，从而消解乡贤文化的艺术性与科学性。

（三）乡贤文化新媒体传播人才的政治素养

无论是作为乡村治理成效的重要内容，还是作为公众文化消费选择的路径之一，新时代的乡贤文化传播与传承都扮演着异常重要的角色。从传播的严肃性、科学性与权威性的视角来说，政务平台的乡贤文化传播尤其值得密切关注，这在本质上不仅体现了为人民服务的政府工作宗旨，还是乡贤文化得以精准、优质传播的重要路径。

当前基层政务新媒体平台中，宣传乡贤文化网站的内容相对少，网页设计亦较为简陋，版面设计的艺术性有待进一步提升；以"两微一端"为平台的新媒体宣传重点不明确，传播议程紧盯时效性而长远性规划不明显，信息混杂，分类不明确。随着政务新媒体不断发展，乡贤文化传播缺少公开性、互动性以及内容有效性等问题，需要引起足够重视，并加以有效解决。

首先是信息发布流程不严谨。部分政务新媒体对于具体的信息发布流程没有明确的规定，导致工作出现了随意性。在内容确定之前没有进行细致的规划，经常出现低级错误。另外，部分政务号在成立之后，并没有发布有效的内容，或者出现推送次数过少的内容，最终变成摆设。有的政务号发布的休闲娱乐性的内容较多，而政务服务内容较少。

其次是互动不活跃，服务功能不完善。不少乡贤文化类新媒体要么没有提供公众参与的渠道，要么就是有了参与平台，公众也进行了提议留言，但并没有得到有关人员的回应，没有人员与公众进行有效的沟通。有的政务新媒体转载别人的内容过多，原创的针对本地区的特色内容较少。

最后是融媒体采编队伍不专业。一些基层的政府部门本身就缺少特定的负责宣传的人员，即使有的话，也大多是非专业人员，其中了解新媒体的人更是少之又少。

基层的政务新媒体平台本身就有传播乡村文化和改善乡村文化环境的职责，积极传播乡贤文化，有利于政务传统媒体向融媒体的转型发展，更进一步地发挥基层政府职能。出于技术、资金、人才等多维角度的考量，当前基层政务新媒体平台仍需不断提升站位，积极规划长远发展目标，从内容优化执行、推广路径多元性等角度持续加强传播力度。同时，政务新媒体平台应加强乡贤文化的传播内容设计，充分借力各商业新媒体热门平台进行宣传。

（四）乡贤文化新媒体传播团队的创新性建构

高质量的乡贤文化新媒体传播团队，需要积极打造一支强有力的新闻采编队伍，在各类新媒体平台及时快速地发布优质新闻内容，打造"爆款"文章、"现象级"新闻。

首先是基层政府新媒体传播的思维更新。要建设一支战斗力十足的新媒体传播团队并不容易，不仅需要了解传统媒体平台，还需娴熟运用新媒体平台。换而言之，需要将传统媒体的成熟经验融入新媒体。这样，既可以客观上形成一批综合素养更高的全能型人才，让传播团队整体水平得到明显提升，切实满足媒体转型建设所需，又可以减少基层政府乡贤文化的宣传成本，避免队伍重复建设的巨额投入。这种新媒体思维的积极更新，不仅能够使基层政府新媒体传播专业能力得到提升，还可以与时俱进地打开基层宣传的崭新局面。

其次是持续加强乡贤文化新媒体传播议程的顶层设计。乡贤文化值得宣传的内容众多，就"上情下达"方面来说主要有基层党建的有效解读、惠农政策的适时宣讲、企业生产的积极助力等；"下情上达"则包含地方优秀文化的呈现、对"空巢"老人的帮助、对留守儿童的关爱、生产生活的规划等社情民意。持续强化的顶层设计，最终产生涵化效应，当代乡贤在新媒体平台积极回应群众、主动为群众答疑解惑的长期行为，无疑为基层治理能力的提升发挥了积极的补充性作用。

最后是整合互联网优势，增加宣传效果。乡贤文化新媒体传播的方式差异，将直接导致传播效果的强弱。在融合传播时代，基层政府乡贤文化的宣传，需要将单一的文字内容变为文字、图片、视频、音频等多种形式。在传播效应方面，当前可视化、多媒体的展现形式，平民化表达方式，更符合群众信息消费习惯，更能产生传播效应；在官方话语的构建方面，必须改变表达方式单一、呈现语气较为严肃、传授距离感明显等惯习。

四、乡贤文化新媒体传播的运行维护

中国乡村素有勤俭节约的传统。作为乡村振兴战略的重要环节，乡贤文化的新媒体传播，需要在节约资源、注重成本的过程中，倡导先辈勤俭节约、艰苦奋斗的优良传统，以“接地气”的传播行为，切实践行社会主义核心价值观。整体而言，新媒体的固定投入成本相对较低，但运营维护的成本较高，因此要以最小成本实现效益最大化，积极聚焦成效，力避铺张浪费，持续传承与传播乡村固有的、传统的节约美德。

（一）乡村节约美德折射乡贤文化特质

自古以来，我国社会就崇尚简朴节约的生活观念。古代很多先贤都主张过一种简朴的生活，比如，宋代司马光秉持“由俭入奢易，由奢入俭难”的观点，三国时期的诸葛亮坚持“静以修身，俭以养德”之美德。

在物质财富丰富的当下，勤俭节约的美德在乡村依旧传承。政府的“三农”政策以惠农为根本指向，积极关爱乡村留守儿童、“空巢”老人，持续提升乡村居民生活幸福指数。诚然，父母或子女在外打工赚钱，在很大程度上改善了经济状况，提升了生活水平，但大多数村民依然保有本真的、淳朴的节约意识。

当然，在建设美丽乡村的过程中，为数不多的一些地方的确存在盲目扩大规模，只重视硬件建设，却忽视文化建设的问题。为此，党的十九大报告明确指出，务必把节约资源、保护环境放在首位，在产业结构、布局、效能等方面坚持动态平衡的空间格局。与此同时，各地在稳步推进乡村振兴战略的进程中，应坚持节约资源和保护环境基本国策，以实现“产业兴旺、生态宜居、乡风文明、治理有效、生活富裕”[①]的目标。因此，在推动乡村振兴工作的实际过程中，依然需要将勤俭节约、生态保护、文化传承等观念落到实处。这些大局观念之

① 李升松. 国土空间规划下村庄空间评价与优化策略研究[D]. 广西大学，2020.

下的切实措施，不仅是美丽乡村建设的根本要求，也是乡村振兴高质量发展的基本要义。

（二）乡贤文化新媒体运行维护的节俭意识

乡贤文化有许多与民众生活息息相关的特质，其中重要的一点就是传承至今的节约意识。在融合传播的当下，新媒体传播已成为不可逆转的趋势，且其运营的固定成本相对较低，符合节俭要求。与此同时，随着互联网技术的普及，新媒体的进入门槛降低，普通民众“人人都有麦克风”，他们对乡村生活的方方面面都可以积极发言、实时反馈。因此，当下乡贤文化的新媒体传播符合民众信息消费习惯，可产生持续性传播效应。

1. 固定投入较低的新媒体平台

新媒体比传统媒体门槛低，流程也简单，使用成本比传统媒体相对要低。官方与商业新媒体传播固然亦需各类经费投入，但总体而言其信息采集、生产、传播的流程简化，其时效性、活跃度、反馈性等传播效果相较于传统媒体占据明显优势，特别是对于乡贤文化的新媒体传播而言，其互动性、用户黏性明显更高。

与此同时，当前基于新媒体平台的微博、微信、抖音等多个平台，已经相对成熟，基层政府的乡贤文化传播无须建立专属平台，且各类新媒体平台对传播特质明显、活跃度高、点击率高的乡贤文化亦异常欢迎，完全可以形成“共赢”局面，从而避免花费大量人力、物力、财力去开发客户端，在根本上减少固定资本投资。

2. 运维成本较高的新媒体传播

为真正有效落实当前乡贤文化在基层社会治理过程中的作用，新时代乡贤文化的新媒体运营需从“粉丝增长”和“提高内容”两方面着手，用优质的内容吸引用户，以“接地气”的传播技巧增强乡贤文化的传播效果。在国家县级融媒体中心建构的热潮中，基层乡镇新媒体运营团队的人员相对精简，其成本主要是新媒体作品的推广费、运营者工资等，但节俭并不意味着乡村新媒体传播工作的简化，而是同样要把政务新媒体做好，把乡贤文化传播好。

从实际成效来看，新媒体传播固定投入相对较少，但其运维成本较高亦是事实，其中包括新媒体传播所需高配置的硬件支持、高端技术支持、运营费用支持等。《中国青年报》于2019年11月18日报道了某市政府的一项"市政府微博微信建设项目",其中90万元的采购预算引起舆论的密切关注。在普通网民看来,如此高的"双微"运营价格令人咋舌。不过,根据有关专业人士的评估,该费用包含的附加内容非常大,不只有"双微"运营的服务内容。从调查中可以发现,有的地方政府给政务微博微信的运维开出的价格从15万元/年到50万元/年不等。

新媒体运维费用之所以高,是因为它在"涨粉"上投入了大量的财力,究其本质是为了吸引流量。互联网上新媒体运营具体来说包括以下方面:一是内容运营,二是用户运营,三是活动运营,四是投放运营,等等。其中,内容运营主要负责相关图文或者视频的内容产出,用户运营主要负责提高用户的活跃度,活动运营主要负责举办各项线上活动,包括转发、抽奖等等,投放运营主要负责合作互推,尤其是找行业KOL(关键意见领袖)合作。

与此同时,一些网络平台上推出的专门的付费培训课程,同样值得基层管理部门及新媒体传播人员的密切关注,例如抖音的自媒体培训系列、短视频、微信营销三大课程体系,其中自媒体培训系列包括素材整理、内容设计、形式创意、微信公众号快速推广细分、微博涨粉攻略、自媒体运营等内容。这些新媒体传播的方式、方法、理念、技巧等都将直接挑战基层新媒体传播人员的综合素养,并对乡贤文化的切实传播产生影响。

第二节　乡贤文化新媒体传播中存在的问题

乡贤文化是中国乡村地方文化久经沉淀的现代呈现,是支持现代乡村发展的地域精神力量,发展乡贤文化是乡村振兴战略实现的重要途径。经过数千年的传承,乡贤文化从传播主体、传播内容到传播形式都发生了翻天覆地的变化。现代科学技术的发展,尤其是新媒体的变革,为当代乡贤文化传播带来了机遇,但同时也带来了挑战。在当代乡贤文化发展中,我们一定要积极运用新媒体,发挥其传播优势,客观认识并解决新媒体传播中存在的问题,不断提升乡贤文化的传播效果。

一、乡贤文化传播主体分散，缺少高知名度的乡贤精英

（一）传播主体分散，新媒体素养有待提升

在传统媒体时代，乡贤群体的言传身教是乡贤文化传播的主要形式，其次是各级政府和学者通过报纸、杂志、广播、电视等媒体进行传播，传播主体较为单一。随着媒体环境的改变，技术赋权使得乡贤文化传播主体更加多元化，也更加分散化。作为乡贤文化主要传播者的乡贤群体，为了获得更好的发展，他们不断从乡村转移到城市，导致“在场”乡贤数量急剧减少。作为乡贤文化传播重要主体的政府，在乡贤文化传播工作中存在一些不足，如未能提供完善有效的保障措施导致乡贤文化主要传播主体规模不足，而整合能力的缺乏又不能调动社会力量为乡贤文化传播提供有力的条件支持，传播能力有待提升。新媒体进入门槛的降低使得更多的普通人可以通过微博、微信、短视频平台成为乡贤文化的传播者，但因为他们对新媒体的特质、功能缺乏正确的认识，缺少鉴别能力，导致传播的信息内容较为粗糙，影响乡贤文化传播效果，新媒体素养亟待提升。

（二）新乡贤典型树立较少，知名度有待提高

随着乡贤文化建设热潮的持续推进，各地都涌现出了一批热爱家乡、支持家乡建设的新乡贤，但是关于新乡贤典型案例的宣传往往都局限于当地，传播力度不够，知名度有待提高。据调查，南方省份（尤其是浙江、广东等省）涌现的新乡贤典型要比北方省份多，乡贤文化的建设成效优于北方省份，因此其他各省要积极学习他们的经验，要深度挖掘本地新乡贤文化资源，精心选树新乡贤典范，通过政府、媒体及其他各方共同努力，将其打造成为当地、全省乃至全国的知名典型，以形成强大的品牌效应，激发更多的新乡贤投身乡村振兴实践，为全面实现家乡振兴、加快农村现代化贡献力量。

二、乡贤文化传播内容流于表面，受众认同感较弱

（一）传播内容较为粗浅，地方特色文化有待挖掘

新媒体环境的到来，使得原有的媒体格局、舆论生态发生了深刻变化，尤其

传播技术的日新月异更是让信息传播和接受的方式产生了翻天覆地的变化，但传播内容始终是乡贤文化传播的根本所在，当下乡贤文化传播在内容方面尚存在一些问题。例如，对地方特色文化挖掘的深度不够，对乡贤文化挖掘整理的系统性不强，导致传播内容停留在表面且较为零散；在内容呈现上又以说教为主，缺乏感染力，导致当地村民很难产生共鸣，对乡贤文化的认同感较低。乡贤文化的传播内容需要不断优化。

（二）传播内容不丰富，村民对新乡贤的认可度有待提升

乡贤文化传播内容单一，村民对新乡贤的认可度较低，都影响了我国广大乡村地区的新乡贤文化建设进程。随着时代的发展，新乡贤群体范围不断扩大，不仅包括了土生土长的本地乡贤，还包括了返乡及外来乡贤。村民对后者缺少了解，误认为这部分乡贤投身乡村建设只是为了自身获取更多的经济效益，从而对其产生抵触心理。此外，有些地方急于扩大新乡贤人才队伍，选拔、审核标准较为宽泛，导致一些做事不积极或能力不足的人进入新乡贤队伍，村民对他们的认可度也较低，并因此失去对新乡贤文化的建设热情。

三、乡贤文化传播形式单一，社会影响力较低

（一）传播形式单一，多样化呈现形式有待发现

新媒体环境下，文化传播的途径多种多样，但乡贤文化的传播媒介仍旧以传统媒体为主，传播形式主要是以个人为主体的人际传播和以政府为主体的组织传播，传播形式单一且多为单向传播，导致传播者与受众之间无法形成良好的互动，难以获得理想的传播效果。现代科学技术的发展以及新媒体的快速普及，导致传播主体、传播手段以及传播受众都发生了改变，尤其是传播受众越来越年轻化，乡贤文化的传播渠道、传播形式也需要与时俱进，满足年轻受众的需求。现阶段的乡贤文化传播，如果还延续传统的传播方式，将无法促进乡贤文化的传承弘扬，进而影响其在现代乡村建设中作用的发挥。

（二）社会影响力较低，乡贤群体的引领作用有待加强

人们对任何一种文化的接受都基于有效的传播。有效的传播使人们不仅

可以充分了解该文化的内涵，也更容易接受该文化的熏陶。虽然新乡贤文化建设在各地都得到了重视，但传播力度明显不够，加之乡贤文化原本就表现出明显的地域属性，现有的传播方式主要以当地村民为传播对象，导致乡贤文化传播范围比较局限，乡贤文化受众面较窄，整体的社会影响力较低。乡贤参与乡村建设，不仅可以推动当地乡村产业的发展，完善乡村治理，还有助于树立良好乡风，为广大村民提供良好的学习榜样，传播先进的思想理念、成功的工作经验，从而激发本地居民投身家乡建设的热情。各地可充分利用微博、微信、新闻网站等媒体平台，大力宣传报道当地先进的乡贤典型，深度挖掘乡贤文化的地域特色和时代精神，加强乡贤群体在新时代背景下的示范引领作用。

四、乡贤文化新媒体传播面临的挑战

如何将快速发展的互联网技术有效地服务于经济建设、社会发展、文化传承等，一直是当前国家社会治理体系和治理能力现代化的重要内容之一。在新媒体技术日新月异的发展过程中，诸如舆情引领能力欠缺、“后真相”、新闻逆转、虚假新闻、信息过载等问题，使得互联网监管面临巨大挑战。

新时代的乡贤文化传播同样面临着上述问题，网络实名制政策尽管已初步发挥监管效应，但网络“恶搞”现象屡禁不止。

对新时代乡贤的概念、内涵及其存在价值，当前社会仍存在一定的轻视现象；对乡贤文化对于基层社会治理的重要价值，群众同样存在怀疑情绪。在媒介素养亟需提升、新媒体表达亟需审慎、媒介发声亟需理性的融合传播时代，对乡贤文化与新乡贤进行“恶搞”、戏谑、调侃、嘲讽、解构的互联网行为，有着深层次的缘由。

（一）互联网用户网络行为的相关现状

第 52 次《中国互联网络发展状况统计报告》显示，截至 2023 年 6 月，我国非网民规模为 3.33 亿人，较 2022 年 12 月减少 1109 万人。从地区来看，我国非网民仍以农村地区为主，农村地区非网民占比为 59.0%，高于全国农村人口比例 23.8 个百分点。使用技能缺乏、文化程度限制、设备不足和年龄因素是非网民不上网的主要原因。因为“不懂电脑或网络”而不上网的非网民占比为

56.1%;因为“不懂拼音等文化程度限制”而不上网的非网民占比为 28.4%;因为“没有电脑等上网设备”而不上网的非网民占比为 19.0%;因为“年龄太大或太小”而不上网的非网民占比为 15.1%。这些数据显示当前我国网民整体的互联网素养、新媒体表达的成熟度、圈层文化互动的审慎性等,仍然存在较大的提升空间。

与此同时,微博、微信、抖音等依托数字传播技术的平台,活跃着众多年轻人,部分青年网民思维的活跃性、网络行为的随意性依然值得密切关注。互联网的蓬勃兴起,为乡贤文化的新时代传播带来机遇,同时也产生了新的挑战,各类鱼龙混杂的内容传播所产生的负面作用,亟待改变。

(二) 网络的“恶搞”之风

即便在网络实名制管控下,互联网“恶搞”之风依旧盛行。有些行为为此惹上版权纠纷、肖像权纠纷、名誉权纠纷等。

纵览网络庞杂多样的恶搞视频、图片、歌曲,传播者大抵出于“眼球效应”和自娱自乐心理。前者是传播者为了吸引网民目光,获得流量和关注度,进而将此转化为商业利益;后者是传播者单纯地觉得好玩,以博大众一笑。

一度流行的“鬼畜”视频便是如此。作为视频创作的类型之一,“鬼畜”视频的特点在于高度重复的画面和声音,伴随着强烈的节奏感,其创作者将视频素材不断切换以形成“抽搐”效果,再配上特定音乐为观众提供一种洗脑感和喜感。在某网站上,“鬼畜”视频甚为流行。尽管“鬼畜”视频在某种情况下具有一定的娱乐性,但其“恶搞”和低俗成分也引发了争议。

第三节　乡贤文化新媒体传播的对策建议

借助互联网技术的互动性、及时性、反馈性等优势,新媒体(特别是移动媒体)获取了大批受众。如今小学生、年轻人、老年人惯常的刷屏行为改变了信息获取、生产、再传播的消费习惯,我们已经进入媒介中心的消费时代。与此同时,国家层面的脱贫攻坚战已取得胜利,乡村振兴亦开展得如火如荼。在美丽乡村建设的潮流中,乡贤及乡贤文化为新时代社会基层治理能力与治理体系的现代化发挥了重要的、积极的作用。

党的二十大报告指出，从现在起，中国共产党的中心任务就是团结带领全国各族人民全面建成社会主义现代化强国、实现第二个百年奋斗目标，以中国式现代化全面推进中华民族伟大复兴。面对美好未来的建设蓝图，着眼当下乡贤文化的传播生态，乡村干部新媒体素养、政策杠杆撬动作用、乡贤综合能力提升、微传播先进性、乡贤文化的舆情引领等要义都将对未来中国乡村建设产生促进作用。

一、乡村干部提升新媒体素养，发挥新媒体传播的引领性

乡村干部是乡村治理的重要主体，他们充当着国家政策落实的基层实践者、村民利益代言人的双重角色，需要充分了解并传达国家政策内容，及时准确掌握村民的实际需求，构建符合乡村建设需求的最佳政治环境。[①] 在融合传播时代，新媒体传播技术不仅为乡村干部基层工作的创新提供技术支持，还优化了乡村治理的方式。

相比而言，乡村干部对乡贤文化传统媒体传播流程较为熟悉，与不同类型、级别的媒体保持着良好的合作，但面对新媒体传播的全新局面，部分乡村干部感到茫然、畏惧甚至是排斥。这种对新媒体的认知、掌握和运用不熟练的实际现状，直接影响乡贤文化的融合传播效果，碎片化、无序化、内容较为单一、形式较为陈旧、传播面相对狭窄等系列问题纷至沓来。

为保持乡贤文化传播的与时俱进性和乡村治理的科学性、有效性，积极且多元提升乡村干部的新媒体素养势在必行。媒介素养通常是指面对媒体提供的各类信息，消费者具备的选择、辨识、理解、质疑、评估、接受、创造和再生产的思辨能力。当前，新媒体素养主要归纳为三点：一是群众对新媒体的使用以及认知的能力；二是大众对新媒体内容选择、接受、理解、辨析认识以及在这个过程中所展现的批判性领悟能力；三是由于新媒体的发展而产生的影响等。[②] 结合上述要求，乡村干部需从思想观念和实践操作两个层面持续提升新媒体素养。

---

① 李晓斐. 当代乡贤：理论、实践与培育[J]. 理论月刊，2018(2)：161 - 166.

② 刘婉露. 新媒体素养研究综述[J]. 新闻研究导刊，2016(4)：42 - 43.

（一）思想是行动的先导

在新媒体已经全面发展的传播生态下，乡村干部需要意识到新媒体对传播乡贤文化发挥着至关重要的作用，转变思想观念，树立互联网思维模式。新媒体环境下的网络执政方式、各类乡贤行为的新媒体宣传手段，都可以有效推进基层社会的各项工作，并在新媒体长期实践中，切实形成互联网思维。一是必须培养系统思维，增强议程设置能力，充分提升协同治理能力；二是积极锻炼大数据思维，加强“算法推荐”运用能力，保证决策的出台更优化、更“接地气”、更高效；三是凸显“受者中心”思维，持续促进“互联网＋政务服务”的升级意识；四是拓展立体式思维，摸清家底，整合资源，精准提升工作效率。

（二）实践出真知

无论是青年一代还是年纪稍长的乡村干部都要掌握新媒体传播技术，积极多维呈现乡村优秀文化、周期性宣传乡贤文化、标杆性展示乡贤形象，这已成为共识。

乡村干部提升新媒体素养可以分两步走：第一步是转变思想，第二步是加强新媒体操作实践的培训学习，从理论和实践两方面“充电”。从已经取得成效的传播实践来看，基层管理部门需要专项定制新媒体乡贤文化的教育策略，推出本地区民众易于接受、乐于接受的教育内容。为持续提升治理能力，基层领导干部可以邀请新媒体理论专家、新媒体从业人员，就地方乡贤的榜样作为、地方乡贤文化的独特性与教育性，从时效性、版块性、组合性等角度进行专题授课。

在互联网时代，乡村干部新媒体素养还表现在能否通过网络平台及时了解民生民情民意，能否及时高效地回复村民的网络意见和建议，能否鼓励村民主动加入乡贤文化新媒体传播、吸引更多乡贤回归等，这些都能实实在在提升基层社会治理成效。

因此，乡村干部利用新媒体传播乡贤文化的顶层设计表现得尤为关键。乡村干部在工作中可汲取群众路线的智慧，主动建立、严格管理、积极宣传有关乡贤文化的微信群、公众号、网页专版、微博等，除此以外，还可以搭建政务 APP 并制定相关管理细则，尽可能地将乡贤文化传播触角伸向各类新媒体平台，让任何一种新媒体形式都为民所用。

二、发挥政策杠杆作用，专项降低新媒体使用费用

政策实际上是一种能够“对全社会的价值做权威分配”的社会治理途径，在乡村振兴战略发展中具有较强的价值作用。[①] 融媒体时代，为充分提高乡贤文化新媒体传播的广度和深度，除了不断提高乡村干部的新媒体素养，还需要持续获取上级政策的支持。因此，基层政府需要积极发挥政策杠杆作用，将资金、设备、技术、资源适当向乡村倾斜，专项降低新媒体资讯和设备使用的费用。

（一）实施数字乡村战略，加强新媒体设施建设

2019 年，中共中央办公厅、国务院印发的《数字乡村发展战略纲要》明确指出，“到 2025 年，数字乡村建设取得重要进展。乡村 4G 深化普及、5G 创新应用，城乡‘数字鸿沟’明显缩小”。数字乡村振兴发展战略的实施，旨在缩小我国城乡数字技术应用差距，有序建立充分收集社会全体信息的协商机制，消除信息“死角”的存在，帮助乡村精英及村民通过平等的方式表达自己的意见，积极打通信息“上情下达”“下情上达”的渠道，确保数字乡村建设的成效。

CNNIC 发布的第 52 次《中国互联网络发展状况统计报告》显示，截至 2023 年 6 月，我国光纤接入端口达到 10.6 亿个。农村网民规模达 3.01 亿，占整体网民的 27.9%。由此可见，我国农村居民的信息获取方式不再局限于人际传播、大众传播，而是有了质的改变。但是，相比城市更为便捷快速的网络优势，农村居民在新媒体的接触程度和使用方面依然存在着“数字鸿沟”问题，信息不对称等现象成为融媒体时代乡贤文化传播的一大障碍，这不仅阻碍了乡贤文化的自由流动，影响了信息共享的有效性，也让许多乡村干部、返村乡贤因为“数字鸿沟”而沦为技术上的弱者。

因此，有效解决乡贤文化“数字鸿沟”问题，首先需要从小处着手完善乡村公共文化服务体系，在中小学、社区、图书馆等公共场所提高信息技术设备普及

① 张淑华. 政策网络视角下我国农村政策传播的效能问题研究[J]. 现代传播（中国传媒大学学报），2020(1)：47－52.

率，支持线上查询功能，包括提供软件下载、使用等。其次需要持续开发融媒体大数据中心和“媒资库”，充分整合乡贤资料，提高在网络平台中搜寻资料或分享信息的便利程度，达到媒体资源共享的发展目标。不断优化传统媒体及新媒体平台的咨询功能，保障数据的连通性。最后是积极构建“互联网＋图书馆＋文化遗产”的乡贤文化综合保护机制，让全国各地的人民共享乡贤文化发展成果。

（二）消弭乡贤文化传播危机，强化“上通下达”效果

面对乡贤文化新媒体传播的短板，基层政府需要充分运用自有或商业新媒体平台，强化新媒体平台监管，激活村民移动媒体良性运用的主体性，帮助农民成为自身事务管理的主人。

与此同时，基层政府亦需在政策网络中嵌入平等协商的关系协调机制，充分发挥新乡贤农村舆论领袖的作用，构建全体参与的工作体系，帮助村民在政策调研、颁布、实施、反馈等各个环节全程“在场”，最终实现政策争议由“介入仲裁”逐渐转变为“自主协商”的目的，进而组建符合网络时代发展特征的“全体投票＋多方讨论＋上级裁决”的新型民主集中制决策机制和传播体制，①真正实现乡贤“上情下达”与“下情上达”的基层社会治理目标。

三、聚焦文本生产质量，凸显微传播优势

融媒体语境下，信息传播的碎片化、移动化、多元化趋势越发明显。乡贤文化的新媒体传播，不仅需要密切关注这些现实因素，还要充分利用新媒体传播优势，聚焦文本生产质量，持续增强文本生产的故事性，凸显跨地域方言传播优势，全面适应微传播的先进性。

（一）增强文本生产的故事性，讲好乡贤故事

在古时候，乡贤对普通人的影响主要表现在崇文右学、匡扶正义、乐善好施之类的道德精神层面，并得以代代传承，其中乡贤故事的传播更容易为后人关

---

① 张淑华.政策网络视角下我国农村政策传播的效能问题研究[J].现代传播（中国传媒大学学报），2020(1)：47－52.

注和接受。当今融合传播生态下，故事式的乡贤文化传播依然有着天然优势——与时俱进的时代特征，切合民生的精神消费，触摸心底的故乡味道。

首先，当代乡贤故事符合社会主义核心价值观。为更好地传播乡村榜样和优质“中国故事”，央视《朝闻天下》和《新闻联播》连续播出新闻报道《走基层・我眼中的乡贤》，将全国多个乡村地区内具备传统美德和时代精神的榜样和精英人物故事搬到荧幕中，在电视新闻报道中开启了乡贤文化发展的热潮，在我国农村地区不断推进社会主义核心价值观的发展内容及传播形式。[①] 这种国家级传统媒体的选题策划，摆脱了一味说教的形式，走进基层，展现原生态。

与此同时，基层政府可以结合本地情况举办乡贤大讲堂，通过人际传播、组织传播的方式，宣传先进事迹，激发群众情感共鸣。在加强现存文化建设过程中，积极采用群众喜闻乐见的戏曲、评书、相声、小品、话剧等艺术形式，再现古乡贤、当代乡贤的感人事迹，深植爱祖国、爱社会、爱家乡的文化情怀。

其次，平民化视角原生态讲述乡愁故事。平民化叙事视角是指故事的主角为普通人，通过记录他们的实际生活，以饱含生活气息的语言传播真实故事，实现思想传播的目标。以《走基层・我眼中的乡贤》为例，故事主人公平凡却不平庸，新闻报道不仅注重挖掘乡贤人物事迹中的细节，又注重寻找每个乡贤人物与受众的同理心，以乡情乡愁为纽带，吸引外出乡贤反哺家乡。

乡愁是游子内心深处对家乡、对曾经生活过的地方或经历过的事物的记忆、怀念，是内心深处最亲切、最柔软的情感。客居他乡之人对家乡有着特殊的情感，怀念并向往和家人团聚，这种情感随着离乡时间越长而越强烈。因此，通过乡愁集聚新乡贤为乡村振兴发力，会有事半功倍之效。

另外，互联网传播中的网络用语、网络剧、网络综艺节目等，具有较强的趣味性和大众性，同样可以发挥借力作用。借助央视《朗读者》、湖南卫视《中华文明之美》等综艺节目的制作模式，将乡贤故事制作成短视频或者公益广告，不但符合新媒体技术的发展潮流，而且也容易受到观众的喜爱。

（二）发挥方言传播的优势，传播乡村“好声音”

作为一种重要的非物质文化要素，语言文字既是文化传承、文明交流的重

---

① 杨正义. 讲好根植在乡村的榜样和精英的“中国故事”——以央视《走基层・我眼中的乡贤》系列报道为例[J]. 电视研究，2015(2)：33 - 34.

要工具之一，也是人类历史发展、社会持续进步的重要标识。不同的地理空间孕育了不同的文字形式和文化内涵，独特的乡音、共同的乡愁闪现着语言文字的无限魅力。在美丽乡村建设的时代背景下，乡村文化、乡贤文化的传播需要紧扣地方特色文化内涵，尤其需要充分激活乡言乡音的基因特质，彰显各地优秀文化内涵。

随着传播技术门槛的下降，新媒体中的方言传播因其幽默风趣、地域色彩浓厚等特性，备受受众欢迎，传播的范围也越来越广。在语言可持续发展道路上，“要突出方言文化多元丰富的特色，要依靠新技术、新媒体进行创新传播，最大程度地激发大众的自我需求和文化认同，真正做到在新媒体环境下保护、传播和传承优秀传统文化。”[①]方言传播的地域色彩与乡贤文化的地域性不谋而合，发挥方言传播的优势，传播好乡贤声音，有助于乡贤文化在新媒体时代的快速传播。

新型方言传播效果并非一蹴而就，而是一个螺旋式上升、逐渐融合的过程，“内容为王”仍是核心任务。乡贤文化的新媒体传播实践，一方面要结合受众需要推出精准服务，另一方面也要充分利用新媒体技术积极打造场景、利用新媒体社交圈群搭建关系，从更高的层次满足用户的需求，并真正获得其认可与信赖，提高用户黏性。当认同感和仪式感同时生成，方言传播的效果便日益显现，大众需求也日益得到满足。[②]

（三）乡贤故事影视品牌化，全面呈现微传播先进性

乡贤文化具有动态性和实践性，其保护与传承并非将相关文物简单储存于陈列馆，也并非毫无章法、自说自话地传播，而是需要赋予其新时代活力，目前相对成熟的做法是结合网络文化，讲述乡贤故事，将其影视品牌化。

文学与影视创作有天然联系，充分挖掘文学作品的文化价值，将其改编成影视作品，是让乡贤文化“活起来”的另一种新媒体探索。以文学作品《白鹿原》的电视剧和电影改编为例，影视作品的《白鹿原》不仅直观呈现陕西当地的乡土文化，因戏搭建的陕西白鹿原影视文化城也带动了当地旅游业的发展。

---

① 周怡帆. 基于微平台的方言传播创新探究[J]. 中国出版，2018(22)：30－32.
② 周怡帆. 基于微平台的方言传播创新探究[J]. 中国出版，2018(22)：30－32.

“一花独放不是春，百花齐放春满园。”以往乡贤文化宣传片时间较长、节奏较慢，发布渠道偏向于电视媒体。对当代青年来说，这种传统的乡贤文化传播模式极易令他们产生距离感、隔膜感，从而失去了解、消费并传播乡贤文化的契机。因此，“影视＋文化＋科技”等多元形式的新媒体传播方法，可创作出更多令人耳目一新的优秀乡贤文化作品。

新时代乡贤文化的新媒体传播，除了在影视品牌化方面积极作为，还需要充分、全面发挥微传播优势。与大众传播方式相比，微传播是指以微博、微信、移动客户端等新媒体为媒介，全面强化受众明确、针对性强等发展优势，加强精准传播。[①] 微传播的先进性为乡贤文化新媒体传播提供了新的可能，乡贤文化宣传片的制作，应注意凸显宣传片的微时长和快节奏；地方政府可以在新媒体平台投放乡贤文化宣传微视频，以利他性的传播模式，为受众带来全新的视觉体验和情感共鸣。

微传播时代，乡贤文化要借助社交媒体呈现自身价值，用新潮的表达方式适应并引领年轻人的传播喜好，积极打造乡贤文化的品牌形象。2019 年两会期间，“Vlog（视频博客）＋新闻”这种传播方式一鸣惊人，成为微传播时代的一匹黑马。与以往短视频制作方式略有不同，Vlog 更多承载着社交属性，是一种内容驱动的表达，承载着高质量的内容，注重分享与互动。Vlog 人格化的叙事方式更加带有人情味和亲和力，更易拉近乡贤群体与普通百姓的距离，传受双方在平等互动中建立密切联系。

四、组合发声，占领乡贤文化传播的舆论高地

新媒体传播对社会管理带来最直观的影响是社会舆论环境发生明显改变，“后真相”传播现象表现得越来越明显。在乡贤文化新媒体传播过程中，网络舆论生态的复杂性与多元性亦对乡村传统的伦理秩序带来直接挑战。面对当前新农村建设的国家战略、脱贫攻坚战成果持续巩固拓展的要求，乡贤文化的新时代传播需要充分发挥传统媒体与新媒体的传播优势，构建通畅的沟通机制，

---

① 唐绪军，黄楚新，刘瑞生. 微传播：正在兴起的主流传播——微传播的现状、特征及意义[J]. 新闻与写作，2014(9)：5－8.

正确引领舆论导向，以精心的议程设置、精良的文化内容、多元的传播路径积极占领舆论高地，随时做好主动发声、组合发声的准备。

（一）权威媒体主动发声，增强舆论引导力

舆论来自民间，来自百姓。受到新媒体传播的影响，传统媒体的影响力持续式微。[①] 面对新媒体时效性、互动性、用户黏性等优势的挑战，权威媒体不仅需要积极开发新媒体平台，也需要在公信力、权威性、科学性方面持续发力，积极打造“自下而上”的全新舆论场。

从社会治理成效来看，我国县级范围内的主流媒体是县级融媒体。自国家层面出台“扎实抓好县级融媒体中心建设，更好引导群众、服务群众”方针以来，县级融媒体中心的建设工作就一直备受重视，县级融媒体中心不仅是服务群众“最后一公里”的重要一环，也是“上情下达”“下情上达”的重要渠道。

就乡贤文化传播而言，权威媒体主动发声，积极设置乡贤文化的媒体议程，将公众议程引导至健康轨道，提高全社会对乡贤文化的关注度，有助于凝聚农村社会地域认同的议题，唤起全社会普遍认可与认同，促进乡贤文化的良性传播。

（二）追求组合传播效应，发挥舆论领袖作用

充分获取多种意见、及时反馈信息是新媒体传播的优势之一，权威性、科学性是传统媒体传播的本质特征。当代乡贤文化传播必须坚持“移动优先”策略，同时强化传统媒体、新媒体传播的组合效应，积极提升互动价值和引领价值，实现舆论导向功能。县级融媒体中心要以地方文化为中心，开设包括乡贤文化在内的微信公众号、微博账号与新闻客户端，积极建设融合传播的舆论引导矩阵，提高传播内容的点击量、阅读量，助力乡村治理成效。

在实现组合传播效应的同时，当代乡贤文化传播还需要积极发挥网络意见领袖的作用。意见领袖通常是指有一定人际关系、能获得大家认可且能左右多数人态度的少数人，网络意见领袖常常被称为“大 V”（网络上拥有大量“粉丝”

---

① 张晓雪. 县级主流舆论场建构路径探析——基于县级融媒体中心建设的思考[J]. 中国出版，2020(1)：11 - 16.

的用户），其在信息价值判断、信源获取、知识面、责任感等方面的优势表现明显。

乡贤文化的融合传播，需要乡村管理人员理性面对以社交媒体为核心的舆论场，不仅要团结“大V”，提升乡贤发言能力，有时还要积极主动发布有关乡贤文化的各类信息，让“大V”、政府、新乡贤等同频发声，吸引更多网络用户对乡贤文化关注和参与的热情。如在微博上有影响力的“大V”可以发起话题讨论，诸如“我眼中的乡贤”“如何更好建设家乡的乡贤文化”等，吸引网络用户参与话题讨论，为更好传播乡贤文化出谋划策。

另外，网络意见领袖具备主动传播乡贤文化的责任心和新闻敏感度，不仅要确保自身传播信息的真实性、准确性、科学性、合法性，还要对网络上散播不当言论者及时加以制止，保证舆论方向健康发展。

（三）遵循新媒体传播规律，创新舆论引导技巧

单向、线性等传统的舆论引导方式已很难适应新媒体时代的舆论环境，乡贤文化的舆论引导需切实遵循新媒体传播规律，充分运用大数据、云计算、人工智能等新媒体技术，实现单向式传播向互动式、服务式、体验式的传播转变。

基层乡贤文化管理者、传播者都必须清醒意识到，新媒体传播建立在数字技术、网络技术等现代技术基础之上，依靠人机协作的高效智慧生产，利用算法分发技术对网络用户进行年龄、地域的分类，同时基于用户画像，将信息精准传递给目标客户，并根据用户反馈与用户交流互动及时改进传播不足之处。因此，坚持技术支撑是当前提高乡贤文化融合传播引导力的关键所在。

另外，在媒介融合背景下，乡贤文化传播要把握舆论引导技巧，注意“时、度、效”等环节。“时”通常是指舆论引导时机，讲究时效和时宜。当前，我国已全面建成了小康社会，脱贫攻坚战成果的巩固拓展、乡村振兴战略的有效实施，为乡贤文化融合传播提供了良好契机。“度”是指舆论引导尺度，乡贤文化哪些可以传播，哪些需要保留，应当把握好分寸，切忌把乡贤文化“封建化”，把乡贤“神化”。“效”是指舆论引导效果，乡贤文化具有独特的文化属性，也具有时代和地方的局限性，要发挥其助力乡村振兴的正面引导力，在大力传播“最后一公里”的谋划中，极大化地发挥其舆论引导作用。

结语
乡贤文化的变迁、意义及新乡贤的高度和限度

在从传统走向现代的转型过程中，乡贤文化一方面不断地适应剧烈变动的社会环境，另一方面也在这样的调整和变化中不断展现其开拓创新的一面。就目前来看，新乡贤文化仍然处于发展的初期，生机勃勃但又不够完善。深刻地认识其内涵的高度和限度，将乡贤文化、新乡贤文化的嬗变与乡村的现实发展相结合，就能看清楚乡贤文化与中国现代化进程之间相互纠葛、紧密相连的关系。

一、乡贤文化的嬗变与中国现代化历程

自古以来，乡贤就是乡村治理过程中不可或缺的重要力量。在很长的一段时期内，乡贤都是维系乡村稳定发展的重要基石。晚清至现代，乡贤文化发生了重大转折，直至新中国成立，伴随着国家治理体系的不断改革深化，乡贤文化也随着社会政治经济的改革经历了迷茫、反思、重构的过程。近年来，随着乡村振兴战略的实施，乡贤文化重新走入了大众的视野，新乡贤文化也伴随着中国现代化的新进程以一种崭新的姿态出现在乡村建设的发展历程之中。

（一）乡贤文化的嬗变

中国乡贤文化的变迁大致经历了四个阶段：第一阶段是从晚清到新中国成立前，第二阶段是从新中国成立到改革开放前，第三阶段是从改革开放到 20 世纪末，第四阶段是从 21 世纪初到现阶段。在这四个历史阶段中，乡贤文化经历

了从解构到复兴再到重构的过程。乡贤文化的变迁体现了乡村文化、乡村社会的变革，更反映了中国社会的发展和变迁。

1. 从晚清到新中国成立前

传统乡贤文化扎根于儒家文化的土壤之上，经过经年累月的沉淀，发展出了适应传统中国乡村治理的一整套系统和流程，可以说是传统儒家文化与统治阶级意识形态有机结合后的产物。明清时期，成为乡贤就是当时乡村社会中一些有品德、有文化、有能力的人士所追求的人生目标。

晚清以降，乡绅逐渐退出历史舞台。一方面是因为科举制度的式微。乡绅文化的生长延续与科举制度关系密切。“晚清科举制度废除以后，传统士绅阶层衰落并最终消失，代之而起的是接受新式教育的新阶层。所以，到民国初年，新的‘士绅’概念外延有所变化，主要包括受学堂教育出身和任职于各类新式学校的文化人。”①另一方面，民国成立后，行政垂直化管理使“自古皇权不下乡”的治理体制成为过去。晚清到民国，随着国家科层化管理体制的逐渐完备，国家政权不断垂直下移。这意味着国家政权及其意识形态正在重新认识国家力量与乡村社会的关系，更多利用国家政权的垂直科层组织来解决诸多乡村治理的难题，而乡贤不再成为乡村治理的主要力量。晚清以来，尤其是五四新文化运动带来的新思想、新文化更是让乡贤、乡贤文化作为封建文化传统的一部分而被否定，乡贤渐渐退出了历史舞台。但是在彼时的影像记录中我们仍然能够看到如影片《孤儿救祖记》中杨寿昌这一类的富绅为代表的传统乡贤在极力挽救逐渐瓦解的乡村社会秩序。在现实中，有一批先进的知识分子以启蒙的视野主张广开民智，大力发展乡村建设，“时‘农村都市化’的主张得到知识分子的广泛认同，以梁漱溟、晏阳初、黄炎培等为代表的乡村建设派，挖掘乡村历史文化中的积极因素，力图挽救衰败的乡村。这一时期，乡贤的内涵有所扩展，这部分致力于从城市反哺乡村的知识分子成为乡贤的新生力量。得益于他们的努力，在20世纪上半叶农村经济持续衰败的情形下依旧将乡村治理作为复兴民族与乡村经济的社会实验，并躬身力行，无愧被称为‘中国社会前进的原动力’。”②

随着时代的变迁，一些传统乡贤难以适应瞬息万变的时代发展，他们中的

① 赵普光，李静. 当代文学对乡贤文化的书写[N]. 人民日报，2016-08-09(3).

② 吕霞，冀满红. 中国乡村治理中的乡贤文化作用分析：历史与现状[J]. 中国行政管理，2019(6)：63-68.

一部分人受新思潮的影响背井离乡，从乡村来到城市，成为接受新式教育的新阶层，还有一部分人伴随着乡村的衰败淹没在时光之中，有些则成为影像记录中的“土豪劣绅”。至左翼电影时期，影像记录中所描绘的真正意义上的传统乡贤已消失殆尽，自《狂流》伊始，一些土豪劣绅开始出现在银幕之上，他们为富不仁、鱼肉乡里，天然地站在了农民阶层的对立面上，成为阻挡社会发展的消极力量。但同一时期，农民阶层的崛起代表着乡村新的权力阶层的萌芽，他们是顺应社会发展而出现的新兴代表，时代赋予了这一阶层发起革命与呼唤民族意识觉醒的重要职责。农民与少量的知识分子承担起了原本属于传统乡贤的部分职责，他们带领农民阶层反抗地主阶层，为底层民众谋出路，求发展。全民族抗战爆发后，这一阶层更从反封建走向了反帝反封建的道路，如《保卫我们的土地》中的带领农民起义的农民刘山、《热血忠魂》中返乡带领敌后抗战的高旅长、《风雪太行山》里奋起反抗的农民马老汉等等。这是特殊时期的新生的革命力量，也是乡村中新的权力阶层出现的信号。这一时期，传统乡贤从乡村治理的主要力量和乡村文化的主要代表逐渐成为被新文化、新思想批判的对象，进而走向农民的对立面，他们中的一些人成为土豪劣绅。

2. 从新中国成立到改革开放前

伴随着新中国的成立，农民阶级成为参与乡村建设的主力军和乡村权力结构的新生力量。“伴随着国家权力向乡村社会的渗透，三大改造瓦解了乡村社会阶级，乡贤文化日渐式微。”[①]彼时的“农村新人”成为新一代的乡贤形象代表，如《槐树庄》中的郭大娘、《李双双》中的李双双、《抗旱曲》中的姚宝成，还有《神秧手》里的小芹等，他们或是思想先进的党员干部，或是劳动积极的生产能手，抑或是掌握了先进技术的技术员。这些“农村新人”无一例外都是根红苗正的乡村积极分子，他们也许没有太多的文化知识，但他们吃苦耐劳，有理想、有干劲，愿意和乡亲们一起建设一穷二白的社会主义新农村。

20 世纪 60 年代中后期至 70 年代，影像创作和批评中的“新人”形象进一步发展为崇高的英雄形象，作为集体化、合作化榜样的“农村新人”让位于诠释忠诚、担当使命的“高大全”式的英雄人物。在农村题材影片中，也出现了这种以

① 吕霞，冀满红. 中国乡村治理中的乡贤文化作用分析：历史与现状[J]. 中国行政管理，2019(6)：63－68.

贫下中农为代表的英雄人物。如电影《青松岭》中的张万山等。如果说20世纪60年代初期的社会主义"农村新人"形象已经越来越带有理想化的色彩，但跟新中国百废待兴、社会主义农村建设的需要基本合拍，仍带有乡土味和朴素的情感，还有艰苦奋斗、历经磨难、自我成长的过程，那么到了60年代中后期乃至70年代，主人公形象已趋于完美，无须挫折，无须成长，个人情感、自我怀疑统统摒弃，成为主流意识形态塑造的完美形象。从某种意义上讲，这样的农民形象已经脱离了普通人的范畴，成为高高在上的具有"神格"的英雄。

20世纪50—70年代影片中乡贤形象的消隐和农村新人的变迁，曲折地反映了社会主义过渡时期和社会主义初级阶段中国乡村的客观现实。

3. 从改革开放到20世纪末

历史进入了改革开放时期，乡贤文化也从消隐、解构进入复苏阶段。改革开放带来了中国社会政治经济文化的巨大变化，极大地冲击了乡村固有的治理体系，生产力标准成为衡量乡村发展的主要标准，相应地，"会种田"已经不是衡量一个乡村"能人"的主要标准了，"能赚钱"成为许多乡村人的梦想。虽然这一时期也有着诸如《老井》《咱们的牛百岁》《荒雪》等呼吁广大青年参与农村建设、带领家乡发展的影视作品，但20世纪90年代市场经济的发展进一步加剧了农村人口往城市的流动，这一现实状况导致农村人口凋敝、发展停滞，加之"城乡之间的二元对立，中国乡村文化面临日渐衰落的困境。面对乡村社会道德沦落、环境破坏、人心松散等问题，人们开始回顾中国乡村自治的历史，探讨乡贤对乡村文化建设的积极意义"①。由此，传统乡贤再次出现在影视作品之中，乡贤文化也得以重生和发展。

借鉴传统乡贤在乡村治理中的作用和功能，根据乡村文化的现实状况，这一时期的影视作品中传统乡贤的形象凸显了以下特色：一是以身作则，在日常生活中以自身嘉言懿行起到垂范作用，引导乡村伦理道德，倡导符合现代文明的新风尚，弘扬孝道、睦邻友好等传统美德；二是作为乡村文化代表，做好乡村社区公共文化服务工作，组织民众参与乡村传统文化保护；三是积极参与乡村治理。乡贤不再是乡村治理的主要力量，但仍然以当代乡贤工作室、当代乡贤理事会等民间方式参与乡村建设和乡村治理。

---

① 杨婉. 新世纪乡土小说中乡贤形象研究[D]. 南京师范大学，2019.

可以说，随着城市化进程的快速推进，乡村经济文化的转型，乡贤作为历史文化资源再一次进入人们的视野。20世纪八九十年代影视作品中的乡村叙事尤其是传统乡贤形象的复兴，经历了历史转折带来的迷茫、反思、重构和新生的过程，呈现了新时期以来中国社会城市与乡村、传统与现代的激烈碰撞，反映了乡土社会现代化变迁的复杂与艰难。

4. 从21世纪初到现阶段

21世纪以来，一部分导演在审视、反思乡村文化衰退的同时，不仅仅从传统乡贤身上寻找乡村文化重塑的有生资源，而且开始将目光集中于那些为乡村经济文化建设贡献力量的"贤人""能人"，探索新乡贤产生的历史必然性，希望于此发现一条能够黏合传统与现实的乡村建设新路。

相比于传统乡贤文化中相对狭隘的乡贤定义，新乡贤文化对于乡贤的定义较为宽泛，无论身份如何，只要是热心于乡村事务，在道德风尚、文化建设、经济发展等方面为乡村作出贡献的贤达人士都可以被称为"新乡贤"，如电视剧《索玛花开》中的下乡书记王敏，电视剧《文化站长》中的本地村民管文化，电影《我和我的家乡》中的支教老师范老师，电视剧《月是故乡明》中返乡创业的女企业家张锦绣，等等，他们通过各种方式参与乡村发展，支持乡村建设，都可以被称为"新乡贤"。新乡贤有别于传统乡贤的地方在于，新乡贤们不再着眼于传统的乡村发展模式，他们一改传统的"内卷"式的乡村发展模式，使"走出去"与"引进来"成为乡村现代化发展的主要方式。

综上，乡贤文化的变迁既具有乡村内部历史变迁的必然性，又是中国社会不同阶段历史变迁对乡村冲击和影响的鲜明反映和印证。乡贤文化其实一直扎根在中华大地的土壤当中，随着时代的变迁展现自己的不同面貌。以现代的眼光来看，封建社会的传统乡贤文化符合当时"皇权不下乡"的治理模式，以儒家思想治理乡村相对简约而有效，当这一模式被打破之后，乡贤文化就一直处于一种支离破碎又在努力适应环境的状态当中。在不断解构和重构的过程中，乡贤文化也终于找到了自己的出路，成为稳定且不断成长的新乡贤文化。"'变'永远是我们这个社会的主旋律，在'变'中的文化才是鲜活的、灵动的。"[①]而乡贤文化也正是在这种不断的变化中适应时代发展，延续至今。正如周大鸣等人所

① 唐婷婷，甘代军，李银兵，曹月如. 文化变迁的逻辑[M]. 昆明：云南大学出版社，2014：1.

认为的:“当传统文化处于不再运作良好的急迫时刻,创新更有可能发生并被接受。”①也许在不久的将来,当现今的新乡贤文化不再适用于那时的社会环境时,一种更新的乡贤文化将被提出并改造和创新原来的乡贤文化。

(二)乡贤文化与中国现代化的关切

乡贤文化的变迁反映了中国现代化进程的变迁。从历史的角度看,中国的现代化进程一头连着城市,一头连着乡村,城市化不是城市的独角戏。“乡村关注,乡村人的生态关注,已经更其具备超越‘族’而体现出‘类’的性质。乡村的发展或沉沦业已跟城市息息相关,乡村的隐忧业已跟城市的隐忧形影相随,城市与乡村已经越来越无法规避那些共同的担当,城市和乡村,物质和精神文明,在人类生存发展的前程中已经越来越成为相互制约、生死缠绵的共同体。”②因此,我们讨论乡贤文化的变迁,不仅仅是为了寻找乡村文化的复兴之路,也是从城乡互动的视角,寻找以乡贤文化为代表的乡村文化在人性异化和精神漂泊无定的现代社会中,是否可以通过对故乡美好的、温馨的记忆来构造和营建一个符合现代人精神需求的“诗意的栖息地”,提供人们对“精神家园”的追寻需求。从这个角度看,乡村文化“通过对乡村的想象和再造建构的‘精神家园’是影视作品新的人文价值建构的一种尝试,是对现代性带来的负面影响的某种调适或拯救”③。

现代化和城市化进程引发了乡村影视作品对乡村文化价值的再思考以及表现方式的转变。一方面,现代化进程给乡村文化提供了平等、自由、科学、文明、法治等现代性价值理念,为乡村文化补充了新鲜血液;另一方面,在城市文化前所未有的强大冲击下,乡村文化和传统的伦理道德受到了巨大破坏和严重挤压,乡村文化发生了明显的质变。在这样的历史背景下,乡村影视作品对乡村文化不再一味采取批判、启蒙、革命等话语叙述,而是力图重新阐发其价值。一方面,亲近土地、亲近动植物以及人与人之间亲密相处的乡村生活方式被赋予了生态、和谐、“天人合一”等新的内涵,乡村生活还被认为是一种健康的“慢

① 周大鸣.文化人类学概论[M].广州:中山大学出版社,2009:76.
② 黄毓璜.文学与乡村[J].文学评论,2007(1):54-56.
③ 李静.20世纪中国女性作家乡土小说的文化意义和叙事价值[J].学术研究,2013(1):151-154.

生活”;另一方面,乡村民俗活动不再意味着“迷信”,不仅得以相对自然地再现,还寄寓着浓浓的乡愁,对于我们了解乡村的历史文化,传承祖辈的文化记忆,增进民族文化认同,无疑有着不可替代的重要作用。

首先,乡村生活作为人类一种极其重要的生活方式,它有着城市生活无法取代的功能与价值。在技术主义、消费文化的全球化语境下,人一方面追逐世俗的、物质的享受和放纵,变得从众、刻板、单一,另一方面在追逐现实功利的同时破坏了人与人、人与大自然、人与社会的和谐统一。“影视乡村”叙事通过对乡村日常生活的发掘和想象,寻找到了一种来自乡村生活原型的理想生存方式—— 一种自由的、个体化和本真的生存状态,也就是被海德格尔称为“诗意地栖居”的生存方式。比如前面提到的《一点就到家》中的云南山寨、《十八洞村》中的苗族村落、《圣水湖畔》中的现代化乡村,还有《乡村爱情》《清凌凌的水蓝莹莹的天》等东北题材的影视作品中展现的慢节奏的生活状态,等等,这些影视作品呈现给观众的是一幅乡村生态和谐的图景:淳朴的民心、健康的人性、和谐的环境。在这样的想象图景中,乡村生活是一种可以亲近自然、悠闲健康的“慢生活”。尤其是当人们以“慢生活是一种高品质的生活方式”这样的现代理念来重新打量乡村时,他们发现了乡村日常生活的悠闲、宁静,看到了一种来自乡村的本真的生活状态。

其次,乡村民俗在促进文化认同方面具有重要意义,是维系我们文化记忆和情感的重要纽带。民俗是一个国家或民族中的广大民众所创造、享用和传承的生活文化。它包括物质生产习俗(有关农业、狩猎、游牧、渔业、工匠、商业与交通的民俗),社会生活民俗(有关饮食、服饰、居住、建筑的民俗),社会组织民俗(有关宗教、社团、社区的民俗),岁时节日民俗,人生仪式民俗(有关诞生、成年、婚嫁、丧葬的民俗),信仰民俗,民间科学技术,民间口头文学,民间语言,民间艺术,民间游戏娱乐等众多方面。① 乡村民俗是人类精神生活和行为方式的一种重要表现形式,不仅历史悠久,而且影响极其广泛,是一个民族特有的生活方式、生活智慧、思维方式、想象力和文化意识的独特体现。

民俗作为乡村文化的符码和载体,是维系我们文化记忆和情感的重要纽带,可以为流动的乡村和城市人群建构一种“无场所的记忆”。“在忙碌的现代

① 李稚田.古代小说与民俗[M].太原:山西人民出版社,2005:8.

生活中，乡土文化记忆往往处于沉睡状态，有时甚至被刻意压制、遗忘。但是，它又时常会飘上心头，化为甜蜜的乡愁。只有现代社会生活与文化空间中散落的大量的乡土文化符码与民俗，才可能时常唤醒人们沉睡的乡土文化记忆，才能让乡愁有所附丽。”①这是影像的乡村带来的对乡村的思考，对乡贤文化的思考。

城市与乡村，代表着美好生活的两极。这一特征意味着城乡文化之间存在着天然的联系，城乡文化之间的互动是符合人的精神和心理需求的。我们可以吸收传统乡村文化中具有生命力、创造力的文化元素，吸收那些具有田园诗意的文化资源，共同参与建设理想生活，以增强人们的文化认同感、家园感，满足人们的心理和精神需求，进而完成现代城乡文化的新的融合。

二、新乡贤的高度与限度

新乡贤对乡村振兴和美丽乡村建设有着不可替代的作用，虽然他们发挥作用的方式、途径与传统乡贤相比发生了很大变化，但依然在乡村的政治、经济、文化建设中占有重要席位。

（一）新乡贤的高度

薛正昌在对宁夏地区乡贤文化进行研究后提出：“再造新乡贤，是现代乡土文化自觉的需要，是乡村振兴的需要，是实现小康社会的需要，是社会转型的需要。一是新乡贤文化有利于激发乡土情怀，维系集体认同感。二是乡贤文化自觉有助于重塑乡村人文精神整体风貌，凝聚乡村文化建设的内生力量。三是形成文化自觉背景下各路乡贤的回归，当代乡村自治需要乡贤文化的自觉。”②乡贤文化不仅在构建和谐社会、传承地域文化、宣传乡贤精神、弘文励教、激浊扬清等方面有着积极的作用，在影响和提升青少年的素质教育方面同样有着现实意义。

新乡贤的高度体现了新乡贤的责任、担当和使命，更体现了新乡贤的重要

① 刘依.评《城市化进程与乡村叙事的文化互动》[J].淮阴师范学院学报(哲学社会科学版)，2016(2)：275－278.

② 薛正昌.宁夏乡贤文化与乡村振兴研究[J].宁夏大学学报(人文社会科学版)，2018(5)：58－66.

作用和现实意义。新乡贤是新时代农村现代化发展中的支柱和引导者。新乡贤在参与乡村发展和治理的过程之中，以“德乡贤”“文乡贤”“富乡贤”和“技乡贤”的形式承担了乡村社会相当一部分的事务，弥补了乡村治理领域的不足，维持了乡村社会急剧变化的秩序。一方面，他们有现代意识，热衷乡村建设，出钱出力，带领乡村脱贫致富，赢得称赞和尊重；另一方面，正如薛正昌所言：“乡贤文化自觉有助于重塑乡村人文精神整体风貌，凝聚乡村文化建设的内生力量。”[①]如电视剧《喜耕田的故事》中的喜耕田积极响应国家政策回村种田，他并没有一味地囿于传统的耕种模式，在城市闯荡的经验开阔了他的眼界，他和村委、村民们办起了经济合作社，种植绿色无公害蔬菜，这些情节贴近现代人的经济、生活方式，也让我们看到了乡贤文化在现代化的环境中自发地产生了强大的内生力量。电视剧《我们村里的人》中，男主角田野是农业大学的高才生，毕业后在县里担任公职，在同村人看来，他的前途一片大好。然而，他毅然决然地辞职回村创业，办起了生态农业。用他的话说就是，“莲花村是生我养我的地方，我希望莲花村越来越好”，对故乡的热爱，成为当代新乡贤投身乡村建设的动力源泉。

（二）新乡贤的限度

当然，从21世纪影视作品中的乡贤情况看，乡贤的发展遭遇了一些困境，其参与乡村治理的过程也呈现了复杂的情景。新乡贤的作用显示了新乡贤的高度，但新乡贤遭遇的困境也暴露了目前环境下新乡贤的限度。概括而言，新乡贤主要有三方面的困境：

一是“在场”乡贤少，“不在场”乡贤多。在当代社会，新乡贤的文化内涵虽然发生了一定的变化，比如这一群体不再拘泥于“在场”，许多“不在场”新乡贤也会通过各种途径、各种方式回馈家乡，支持家乡经济文化建设。与传统乡贤相比，新乡贤大多并不生活在乡村，甚至退休之后也很少回乡居住。从实际情况看，新乡贤回归的渠道还不够完善，还面临着住房、用地、养老等现实障碍，这很大程度上制约了他们回乡的可能性和积极性。

更进一步来说，当“不在场”乡贤回归乡村时，面对城市与农民居民之间的

---

① 薛正昌.宁夏乡贤文化与乡村振兴研究[J].宁夏大学学报(人文社会科学版)，2018(5)：58-66.

身份切换，不同的社会环境造成的身份割裂感为他们带来的是处于城乡之间的迷惘与焦虑。长久的“离场”所造成的陌生感不光是视觉上的，也体现在传统熟人社会的人际关系上，“少小离家老大回，乡音无改鬓毛衰。儿童相见不相识，笑问客从何处来。”长期在外的乡贤回乡后难免会遇到猜忌和不理解，电影《返乡》中的王有志一回家就被父亲臭骂一顿，差点被拒之门外，父亲不理解他为什么放着城里的好日子不过反而要回村；电视剧《油菜花香》中的英子在城市里创业成功后仍然得不到婆婆的理解，婆婆觉得她是有钱的“城市人”，“花花肠子”太多。城市人眼中的农村人，农村人眼中的城市人，是很多“不在场”乡贤要面对的主要问题。因此，当他们经过长期的努力，终于将身份转变为城市人后，面对身份的再次转变，他们会产生犹豫和彷徨。当然，近几年，乡村基础设施的完善、生活环境的改善、社区服务的提升，不断吸引着年轻人回村发展，他们带着丰富的经验、充足的知识和广阔的视野回到家乡，为家乡的发展添砖加瓦。

因此，对于那些返乡的乡村精英，从政府到社会，亟须在观念和实践层面给予积极支持，提高新乡贤文化建设的自觉性，打破城乡身份认知的裂隙，积极培育和发展新乡贤文化。

二是较为重视“富乡贤”“技乡贤”，忽视了“文乡贤”“德乡贤”。如前文所述，“在传统社会中，乡贤在宗族自治、民风淳化、伦理维系及激发乡土情感、维系集体认同感等方面起着无可替代的作用。尤其是乡贤的道德品质，他们对乡村文化的保存、发扬光大，以及对道德伦理思想的研究充实丰富了传统文化的博大精深，很大部分成为传统优秀文化而影响至今。”①在宗族关系解体的现代社会，尤其是改革开放、现代化建设持续深入的今天，因为城市化、脱贫致富的需要，我们更多的时候更加依赖那些不仅有经济实力，而且能够热心带动乡亲共同致富，以各种方式支持家乡经济发展的经济人才和技术型人才，而忽略了乡村的文化发展，尤其是在乡村生态文明、乡风文明建设方面，要知道，没有“德乡贤”“文乡贤”，就没有乡村文化可以持续发展的内生力量。电视剧《清凌凌的水蓝莹莹的天》中的钱二宝就是开办造纸厂帮村里致富的“富乡贤”，却忽略了水污染的问题，导致水源被污染，他锒铛入狱；电视剧《青恋》中的生态环境因为

① 赵普光，李静. 当代文学对乡贤文化的书写[N]. 人民日报，2016－08－09(3).

乱挖乱采而被破坏。这些都是一些人急功近利造成的。可见,忽视了“文乡贤”和“德乡贤”,不但使传统文化的传承发展成为问题,也会因为人心变异、道德失范而对现实乡村社会的环境造成损害。

相比于“富乡贤”“技乡贤”这些主要以外来力量展现自身能力的乡贤,“文乡贤”与“德乡贤”更多是从“在场”乡贤中产生出来的,虽然在乡村发展过程中他们的话语权有待提高,但他们是乡村文化重建、发展的重要力量,是乡村生态文明、良好乡风民俗建设的带头人。

三是乡贤治理与村干部治理定位不清晰。传统乡贤的社会功能主要表现在两个方面,一是通过制定、执行乡规民约,依靠宗族和家长维持乡村自治;二是用道德伦理思想教化村民,以礼治文化和乡村民俗淳化村民、维系村庄的稳定。也就是说,传统乡贤承担着乡村的行政管理职能。与传统乡贤的职能不完全一样,当代乡村治理主要依靠国家行政的垂直化管理。这意味着国家政权及其意识形态正在重新认识国家力量与乡村社会的关系,更多利用国家政权的垂直科层组织解决诸多乡村治理的难题,而乡贤不再成为乡村治理的主要力量。

目前,村干部治理是乡村治理的主要方式,但乡贤仍有发挥作用的巨大空间。这也是新乡贤和传统乡贤参与乡村治理的不同之处。近年来,许多扶贫题材的影视作品如电影《十八洞村》、电视剧《一个都不能少》《山海情》《江山如此多娇》,都对此给予了关注。《十八洞村》的主角杨英俊看似是一个拿主意的老大哥形象,但在许多关键问题上,仍然是扶贫干部小龙拿主意。《江山如此多娇》中用“网红”经济帮助村子脱贫助力的向喜妹,也是由扶贫干部沙鸥发掘出来的。话语主导权的缺失,使非村干部的乡贤在参与乡村事务处理上成为配角。客观地讲,村干部治理为主、乡贤参与治理是现代社会的要求,但如何处理好两者之间的关系,如何更多地发挥新乡贤的作用值得进一步思考。

乡贤的治理功能和治理方式发生了改变,这是时代变化的要求。“参政而不干政”、妥善处理好与村“两委”的关系,以参与乡村文化建设为工作核心,可能是当下新乡贤的准确定位和行动的基点。以此作为观照,新乡贤主要可以在如下几个方面发挥作用:一是以身作则,在日常生活中以自身嘉言懿行起好垂范作用,引导乡村伦理道德,倡导符合现代文明的新风尚,弘扬孝道、睦邻友好等传统美德;二是作为“智库”,参与村“两委”治理,积极为乡村文化建设与乡村治理建言献策，力争在推动乡村公共事务处理、基层建言献策、助力乡村发展等方面起到良好的作用；三是作为政府与民众之间的桥梁，做好乡村社区公共文化服务工作，如通过新乡贤组织开展社区教育与留守儿童教育，组织民众集体参与乡村传统文化保护，以文艺演出等形式弘扬乡贤文化。

参考文献

1. 翟学伟. 中国人的日常呈现:面子与人情的社会学研究[M]. 南京:南京大学出版社,2016.
2. 李强. 社会分层十讲[M]. 北京:社会科学文献出版社,2008.
3. 俞可平. 治理与善治[M]. 北京:社会科学文献出版社,2000.
4. 李升松. 国土空间规划下村庄空间评价与优化策略研究[D]. 广西大学,2020.
5. 王渺. 乡村振兴战略下新乡贤参与乡村治理研究[D]. 河北大学,2019.
6. 张颐武. 重视现代乡贤[N]. 人民日报,2015-09-30.
7. 严旭. 协同治理视域下新乡贤参与乡村治理研究[J]. 湖南省社会主义学院学报,2021(1).
8. 刘津. 新"乡贤"的基因探寻及其参与乡村治理的路径优化[J]. 广东行政学院学报,2021(1).
9. 付翠莲,张慧."动员—自发"逻辑转换下新乡贤助推乡村振兴的内在机理与路径[J]. 行政论坛,2021(1).
10. 龚晓洁,乔鑫. 我国新乡贤现状研究与反思——基于CNKI(2015—2019)的文献分析[J]. 济南大学学报,2021(1).
11. 陈思诗. 大统战格局下"新乡贤+三治融合"模式的理论与实践[J]. 四川省社会主义学院学报,2021(1).
12. 王广振,王伟林. 乡村振兴视阈下乡贤文化传承与应用研究——基于文化振兴和产业振兴视角[J]. 理论学刊,2021(2).
13. 许源源,邓敏. 农村公共文化服务供给中新乡贤的作用研究[J]. 东北大学学报,2021(2).
14. 刘亚玲,纪砚耘. 乡贤回归:传统之根与现代之源的互嵌与共融[J]. 图书馆论坛,2021(3).
15. 吴莹莹. 乡贤文化视阈下的乡村社会治理路径探析——以H村为例[J]. 社会经纬,2021(3).
16. 牛畅,王素玲. 乡村振兴战略下新乡贤的培育机制研究[J]. 湖北第二师范学院学报,2021(3).

17. 高静，龚燕玲. 新时代乡贤治村的嵌入逻辑与现实检验：双案例对照[J]. 农业经济问题，2021(4).
18. 倪咸林，汪家焰. "新乡贤治村"：乡村社区治理创新的路径选择与优化策略[J]. 南京社会科学，2021(5).
19. 张晓雪. 县级主流舆论场建构路径探析——基于县级融媒体中心建设的思考[J]. 中国出版，2020(1).
20. 张淑华. 政策网络视角下我国农村政策传播的效能问题研究[J]. 现代传播(中国传媒大学学报)，2020(1).
21. 马园园. 陕北地区新乡贤融入乡村社会治理的路径研究——以乡村振兴为视角[J]. 现代交际，2020(4).
22. 蒲小勇，谭宏玲. 新时代乡村基层统战工作研究——"新乡贤"参与乡村治理与振兴的困境及思考[J]. 四川省社会主义学院学报，2020(4).
23. 周浒，董浩. 移动互联网时代知识付费 APP 发展的态势分析——基于 SWOT 分析的方法[J]. 河北广播电视大学学报，2019(4).
24. 张燕. 多元化、移动化、社交化——新媒体语境中乡贤文化文学传播多维路径的嬗变[J]. 视听，2019(12).
25. 李晓斐. 当代乡贤：理论、实践与培育[J]. 理论月刊，2018(2).
26. 张静，王泽应. 乡贤文化的理论内涵及其传承与创新[J]. 南通大学学报(社会科学版)，2018(3).
27. 姜长云. 实施乡村振兴战略的难点和基点[J]. 农业经济与管理，2018(3).
28. 殷民娥. 培育乡贤"内生型经纪"机制——从委托代理的角度探讨乡村治理新模式[J]. 江淮论坛，2018(4).
29. 张祝平. 新乡贤的成长与民间信仰的重塑[J]. 宁夏社会科学，2018(5).
30. 何阳，董小红. 乡贤参与乡村治理的政治逻辑与吸纳策略[J]. 山西农业大学学报，2018(7).
31. 刘德萍. 传承乡贤文化为实施乡村振兴战略凝聚力量[J]. 社科纵横，2018(9).
32. 姜方炳. "乡贤回归"：城乡循环修复与精英结构再造——以改革开放 40 年的城乡关系变迁为分析背景[J]. 浙江社会科学，2018(10).
33. 周怡帆. 基于微平台的方言传播创新探究[J]. 中国出版，2018(22).
34. 郎友兴，张品，肖可扬. 新乡贤与农村治理的有效性——基于浙江省德清县洛舍镇东衡村的经验[J]. 中共浙江省委党校学报，2017(4).
35. 高渊. 从"改革自贸区"到"融合一体化"——新媒体阅读产品"上海观察"的二次裂变[J]. 传媒评论，2016(10).
36. 周爱炳. 传统与时代的缝合：当代农村文化的媒介建构——《我眼中的乡贤》电视新闻报道分析研究[J]. 新闻研究导刊，2016(13).
37. 杨正义. 讲好根植在乡村的榜样和精英的"中国故事"——以央视《走基层·我眼中的乡贤》系列报道为例[J]. 电视研究，2015(2).
38. 唐绪军，黄楚新，刘瑞生. 微传播：正在兴起的主流传播——微传播的现状、特征及意义

[J]. 新闻与写作,2014(9).
39. 骆正林. 中国古代乡村政治文化的特点——家族势力与国家势力的博弈与合流[J]. 重庆师范大学学报(哲学社会科学版),2007(4).
40. 贺雪峰,董磊明,陈柏峰. 乡村治理研究的现状与前瞻[J]. 学习与实践,2007(8).
41. 夏衍. 纪念郑正秋先生[N]. 文汇电影时报,1989-02-04.
42. 秦喜清. 欧美电影与中国早期电影[M]. 北京:中国电影出版社,2008.
43. 李少白. 影史榷略[M]. 北京:文化艺术出版社,2003.
44. 徐耻痕.《最后之良心》述评[N]. 新闻报,1925-05-02.
45. 李道新. 电影启蒙与启蒙电影——郑正秋电影的精神走向及其文化涵义[J]. 当代电影,2004(2).
46. 李道新. 从《风云儿女》到《鬼子来了》:中国电影叙事的四大段[J]. 艺术评论,2015(4).
47. 田汉. 我们自己的批判[J]. 南国,1930(4).
48. 左翼戏剧家联盟. 中国左翼戏剧家联盟最近行动纲领[J]. 文学导报,1931(6-7).
49. 张石川. 传声筒里[J]. 明星,1933(1).
50. 中国电影艺术研究中心. 中国左翼电影运动[M]. 北京:中国电影出版社,1993.
51. 芜村. 关于《狂流》[N]. 晨报,1933-02-26.
52. 壮游. 观《盐潮》后[N]. 申报,1934-01-09.
53. 周星. 中国电影艺术史[M]. 北京:北京大学出版社,2005.
54. 王琳. 解放区乡土文学中的乡贤叙事研究[J]. 南昌大学学报(人文社会科学版),2020(2).
55. 陈颙. 为社会主义农村新人雕像——关于话剧《李双双》的排演[J]. 戏剧报,1963(12).
56. 尹鸿,凌燕. 新中国电影史[M]. 长沙:湖南美术出版社,2002.
57. 易劳逸. 家族、土地与祖先[M]. 苑杰,译. 重庆:重庆出版社,2019.
58. 王文奇. 乡村影像的传播与认同[D]. 华东师范大学,2011.
59. 上海社会科学院经济研究所政治经济学组农村人民公社调查组. 在毛泽东思想光辉照耀下的农村技术大革命[J]. 学术月刊,1960(6).
60. 赵普光,李静. 当代文学对乡贤文化的书写[N]. 人民日报,2016-08-09.
61. 李静,等. 城市化进程与乡村叙事的文化互动[M]. 北京:中国社会科学出版社,2015.
62. 李静. 乡村振兴与新乡贤文化建设[N]. 新华日报,2017-12-20.
63. 杨今为. 伦理视域下的"文革电影(1966—1976)"研究[D]. 西南大学,2016.
64. 卢蓉. 电视剧叙事艺术[M]. 北京:中国广播电视出版社,2004.
65. 秦启文,周永康. 形象学导论[M]. 北京:社会科学文献出版社,2004.
66. 苏军. 民族民间音乐在农村题材电视剧中的应用[J]. 中国电视,2016(7).
67. 王亚民. 现代乡贤文化的认同、培育与乡村振兴[J]. 晋阳学刊,2019(6).
68. 杨超高. "新乡贤"的生成、困境与蜕变的可能——论二十年来"新乡贤"小说叙事的一种路向[J]. 江苏社会科学,2021(2).
69. 罗祎英. 论新世纪以来文学乡贤形象的批判性建构[J]. 江苏社会科学,2021(2).
70. 夏维波. 乡村生活世界的想象——东北农村题材影视剧与生活意识形态的生产[D]. 东北师范大学,2012.

71. 徐琴. 行政介入、人情礼俗与个体理性:乡村社会整合的多重逻辑——基于赣东北X村防疫行动的考察[J]. 农林经济管理学报,2020(4).
72. 刘俊巧. 新乡贤治村中的问题以及对策研究[J]. 学理论,2017(2).
73. 王兵兵. 中国农村题材电视剧的底层叙事研究[D]. 中国艺术研究院,2015.
74. 梁娟. 村干部犯罪治理体系研究[D]. 南昌大学,2019.
75. 刘晓. 村民小组组长的双重角色:代理人与当家人——以云南某村民小组的土地征用为例[J]. 湖北广播电视大学学报,2010,30(7).
76. 吴星飞,郭济访. 雄关漫道从头越——范小青长篇小说《百日阳光》的启示及项达民形象的现实意义[J]. 群众,1998(5).
77. 吕霞,冀满红. 中国乡村治理中的乡贤文化作用分析:历史与现状[J]. 中国行政管理,2019(6).
78. 肖世庆. 耕读文化背景下的新农村人物形象——漫谈电视剧《文化站长》管文化的人物塑造[J]. 当代电视,2008(1).
79. 唐婷婷,甘代军,李银兵,曹月如. 文化变迁的逻辑[M],昆明:云南大学出版社,2014.
80. 周大鸣. 文化人类学概论[M]. 广州:中山大学出版社,2009.
81. 黄毓璜. 文学与乡村[J]. 文学评论,2007(1).
82. 李稚田. 古代小说与民俗[M]. 太原:山西人民出版社,2005.
83. 薛正昌. 宁夏乡贤文化与乡村振兴研究[J]. 宁夏大学学报(人文社会科学版),2018(5).
84. 费孝通. 乡土中国[M]. 北京:中信出版社,2019.
85. 费孝通. 费孝通文集[M]. 北京:群言出版社,1999.
86. 程季华. 中国电影发展史:第一卷[M]. 北京:中国电影出版社,1963.
87. 胡星亮. 影像中国与中国影像——百年中国电影艺术发展史[M]. 北京:北京大学出版社,2014.
88. 吴晗,费孝通,等. 皇权与绅权[M]. 上海:上海书店,1949.
89. 乌丙安. 中国民俗学[M]. 长春:长春出版社,2014.
90. 黄光国,胡先缙,等. 人情与面子——中国人的权力游戏[M]. 北京:中国人民大学出版社,2010.
91. 陈忠实. 白鹿原[M]. 北京:人民文学出版社,1993.
92. 中国电影艺术研究中心. 中国左翼电影运动[M]. 北京:中国电影出版社,1993.
93. 费孝通. 费孝通九十新语[M]. 重庆:重庆出版社,2005.
94. 费孝通. 中国绅士[M]. 北京:中国社会科学出版社,2006.
95. 梁漱溟. 梁漱溟全集[M]. 济南:山东人民出版社,1990.
96. 费正清,刘广京. 剑桥中国晚清史:上卷[M]. 北京:中国社会科学出版社,1985.
97. 李静,等. 城市化进程与乡村叙事的文化互动[M]. 北京:中国社会科学出版社,2015.
98. 张彤禾. 打工女孩:从乡村到城市的变动中国[M]. 张坤,吴怡瑶,译. 上海:上海译文出版社,2013.
99. 马炜,陈庆德. 民族文化资本化[M]. 北京:人民出版社,2004.

100. 徐杰舜，等. 人类学与乡土中国[M]. 哈尔滨：黑龙江人民出版社，2006.
101. 於可训. 中国当代文学概论[M]. 武汉：武汉大学出版社，1998.
102. 李培林. 农民工：中国进城农民工的经济社会分析[M]. 北京：社会科学文献出版社，2003.
103. 瞿同祖. 清代地方政府[M]. 范忠信，晏锋译，北京：法律出版社，2003.
104. 周晓红. 社会心理学[M]. 北京：高等教育出版社，2008.
105. 郭庆光. 传播学教程[M]. 北京：中国人民大学出版社，1999.
106. 吴士余. 大众文化研究[M]. 上海：上海三联书店出版社，2001.
107. 李满，罗小奎. 西方现代文艺理论与批评实践[M]. 北京：大众文艺出版社，2007.
108. 梁章钜. 称谓录[M]. 长沙：岳麓书社，1991.
109. 丹尼斯·麦奎尔，斯文·温德尔. 大众传播模式论[M]. 祝建华，译. 上海：上海译文出版社，1987.
110. 詹姆斯·库兰，米切尔·古尔维奇. 大众媒介与社会[M]. 杨击，译. 北京：华夏出版社，2006.
111. 奥尔森. 集体行动的逻辑[M]. 陈郁，等，译. 上海：上海人民出版社，2012.
112. 麻国庆. 社会结合和文化传统[J]. 广西民族学院学报(哲学社会科学版)，2005(5).
113. 夏艾青，钟璞. 论中国乡土文化热的中西语境[J]. 中南林业科技大学学报(社会科学版)，2009(5).
114. 李杭育. 理一理我们的“根”[J]. 作家，1985(9).
115. 韩少功. 文学的根[J]. 作家，1985(4).
116. 王金胜. 论“文化寻根”的小说渊源及文化价值取向[J]. 太原理工大学学报，2004(9).
117. 曹锦清，张乐天. 传统乡村的社会文化特征：人情与关系网——一个浙北村落的微观考察与透视[J]. 探索与争鸣，1992(2).
118. 丁帆. “城市异乡者”的梦想与现实——关于文明冲突中乡土描写的转型[J]. 文学评论，2005(4).
119. 邵牧君. 电影美学随想纪要[J]. 电影艺术，1984(11).
120. 赵霞. 传统乡村文化的秩序危机与价值重建[J]. 中国农村观察，2011(3).
121. 季中扬，胡燕. 当代乡村建设中乡贤文化自觉与践行路径[J]. 江苏社会科学，2016(2).
122. 张雨林. 县属镇的“农民工”——江苏省吴江县的调查[J]. 社会学通讯，1984(1).
123. 傅安辉. 论族群的原生性文化[J]. 吉首大学学报，2012(1).
124. 胡鹏辉，高继波. 新乡贤：内涵、作用与偏误规避[J]. 南京农业大学学报(社会科学版)，2017(1).
125. 杨筱柏，赵霞. 简析传统乡贤的自治能力及现代新乡贤的培育[J]. 社科纵横，2018(5).
126. 李兴阳. 新世纪中国乡土电视剧的现实发现与叙述选择[J]. 江苏社会科学，2014(1).
127. 李金哲. 困境与路径：以新乡贤推进当代乡村治理[J]. 求实，2017(6).
128. 季中扬. 论民间表演艺术的喜剧性审美经验及其文化功能[J]. 求索，2014(7).
129. 李静. 当代乡村叙事中乡贤形象的变迁[J]. 江苏社会科学，2016(2).
130. 裘斌. “乡贤治村”与村民自治的发展走向[J]. 甘肃社会科学，2016(2).

131. 徐祖澜. 乡绅之治与国家权力——以明清时期中国乡村社会为背景[J]. 法学家,2010(6).
132. 张兆成. 论传统乡贤与现代新乡贤的内涵界定与社会功能[J]. 江苏师范大学学报,2016(4).
133. 颜德如. 以新乡贤推进当代中国乡村治理[J]. 理论探讨,2016(1).
134. 张英魁. 农村精英人才流失与新农村人力资源再造的路径选择[J]. 华南农业大学学报(社会科学版),2008(2).
135. 贺亮."身心分离"视域下农村社会生活主体的缺失与在场——对转型期乡村社会的认识与想象[J]. 天府新论,2015(6).
136. 上虞乡贤研究会. 乡贤、乡贤! 失落的乡土文明在呼唤[J]. 半月谈,2016(2).
137. 周志强. 从现实主义到傻乐主义——论赵本山乡村叙事的去政治化[J]. 南京社会科学,2010(12).
138. 吕新雨. 新乡土主义,还是城市贫民窟? [J]. 开放时代,2010(4).
139. 艾·菲兹利埃. 文学和电影的关系[J]. 卜禾,译. 世界电影,1984(2).
140. 阿城. 文化制约着人类[N]. 光明日报,1985-07-06.
141. 马小红."乡贤"的过去与未来[N]. 法制日报,2015-11-14.
142. 王先明. 新乡贤的历史传承与当代建构[N]. 光明日报,2014-08-20.
143. 赵法生. 再造乡贤群体 重建乡土文明[N]. 光明日报,2014-08-11.
144. 黄海. 用新乡贤文化推动乡村治理现代化[N]. 人民日报,2015-09-30.
145. 吴晓杰. 新农村呼唤新乡贤[N]. 光明日报,2016-03-13.
146. 乔焕江. 电视剧创作如何"下乡"? [N]. 中国艺术报,2014-12-17.

后记

“三农”问题是关系国计民生的根本性问题。解决“三农”问题对于建设社会主义现代化国家、实现中华民族伟大复兴具有重要意义。党的十九大创造性提出了要实施乡村振兴这一历史性战略。本书即国家社会科学基金重大项目“中国现代文学中的乡贤文化研究”的子成果之一，它将乡贤文化视为乡村振兴中一股不可或缺的力量，是一份对乡贤们的崇高礼赞，更是一曲对乡土文脉的深情告白。新乡贤或是创业的领路人，或是教育的守护者，抑或是人文情怀的传承者，他们的艰苦奋斗铸就了如今乡村振兴的滚滚大势。

风云激荡历历在目，高歌呐喊犹在耳畔。乡贤，他们如山野的明灯，守望着古老的文化，用情感的呈现让乡土的传承在时光的长河里得以永恒。他们的精神同样引领着现今的科研工作者，提醒着科研工作者不忘初心，时刻铭记自己的学术职责和学术理想，也是在告诫我们，乡村振兴如同登高涉水，不会一蹴而就，在进行理论研究的同时要扎根土地，将理论同实践相结合，只有这样，才能秉承乡贤们的理想之帆，投身于乡村振兴这场伟大的浪潮中，奋楫笃行，至臻向善。

数字时代，信息如潮水般汹涌，乡贤文化的影像传播更显珍贵。他们的事迹在镜头前展现，如星辰之光，闪烁着独特的光辉，诠释着乡村的复兴与希望，如一幅乡村振兴的画卷，唤醒着我们对家园的责任与热爱。影像使人们跨过时空，捕捉人间百态，传递乡贤文化的深刻内涵；影像叙述乡土的经历，记录文化的变迁，传承着乡土的精髓。也正是这一份份影像，使得乡贤文化在岁月的雕琢下愈加光彩夺目，久远流传。此书的编写亦是一场跨越时空的同乡贤心灵的对白，是灵魂的对话。每一个字句，都是情绪的交织，都是共鸣的呢喃。乡贤们的智慧与奉献，他们的坚持与付出，在此处得以真挚而生动地展现。愿这份情感，与每位读者心心相印，与乡贤们的坚守产生共振。

岁月如白驹过隙，历史的涟漪荡漾于时间的汪洋。希望此书在这缕时光的细碎间隙，能够将那些被岁月封存的故事，如璀璨星光，熠熠生辉地呈现于世。追风赶月莫停留，平芜尽处是春山。愿这本书如同明镜一般，照亮前行的道路，延续乡贤文化的光芒，让我们在传承与创新的交织中，共同书写一段不朽的传奇。

著书工作纷繁复杂，需毛举缕析，在此我要感谢李静教授的悉心帮助，感谢南京大学博士生温芳在扩充第五章与第六章内容方面所作的贡献，感谢南京大学博士生冷南羲、王梦杰、何维、王琳等同学在校对书稿与资料核实方面所作的工作。另外，我作为中国统一战线理论研究会新的社会阶层人士统战工作理论江苏研究基地特聘研究员，感谢江苏省委统战部给予的支持。如有疏漏之处，也请各位读者批评指正！

2023年12月